KB189918

위대한 계획(The Greatest Plan):

시간 속으로 여행

위대한 계획(The Greatest Plan): 시간 속으로 여행

초판 1쇄 인쇄	2014년 05월 16일
초판 1쇄 발행	2014년 05월 23일

지은이	신 기 종		
펴낸이	손 형 국		
펴낸곳	(주)북랩		
편집인	선일영	편집	이소현, 이윤채, 조민수
디자인	이현수, 신혜림, 김루리	제작	박기성, 황동현, 구성우
마케팅	김회란		

출판등록 2004. 12. 1(제2012-000051호)
주소 서울시 금천구 가산디지털 1로 168, 우림라이온스밸리 B동 B113, 114호
홈페이지 www.book.co.kr
전화번호 (02)2026-5777 팩스 (02)2026-5747

ISBN 979-11-5585-247-7 03230(종이책) 979-11-5585-248-4 05230(전자책)

이 도서의 국립중앙도서관 출판시도서목록(CIP)은 서지정보유통지원시스템 홈페이지(http://seoji.nl.go.kr)와
국가자료공동목록시스템(http://www.nl.go.kr/kolisnet)에서 이용하실 수 있습니다.
(CIP제어번호 : 2014015749)

시간 속으로 여행. 성경에서 말하는 과거, 현재, 미래에 대한 인간의 삶 이야기

위대한 계획

신 기 종

book Lab

"

나는 이 글을 쓰는데 많은 도움을 준,
사랑하는 나의 아내이자 영호, 근호, 진호, 가희의
훌륭한 엄마인 하나님의 귀한 딸, 효숙에게
이 책을 바친다.

"

소 개 (Introduction)

나는 과거 한때 신의 존재를 부정하는 무신론자였다. 남자가 연약하게 무언가에 기대어 산다는 것은 비겁한 일이라 생각했고 노력하지 않으려는 게으름이라 생각했기 때문이다. 그런데 나는 내가 어떻게 존재하게 되었으며 어떠한 경로와 이유로 이곳 대한민국에서 살게 되었는지 알 수 없었다. 그렇기 때문에 무엇을 위해 살아야 하는지도 알 수 없었다. 여하한 노력을 하며 어떻게 살든지 간에 그 모든 것은 죽는 순간 모두 헛되고 말 것이 아닌가 하는 생각에 마음은 늘 공허했다. 목표가 있어야 일을 시작할 수 있는 것처럼 삶을 살기 위해서 나는 내가 왜 존재하게 되었는지 그 이유를 알아야만 했다. 그래서 산에 들어가 절에 머물면서 '삶'을 주제로 스님들과 말씀을 나누며 일정기간 불교에 관하여 연구를 한 적도 있었는데 나는 내 질문에 답을 줄만한 곳이라면 어디든지 가고자 했다. 하지만 그 어느 곳에서도 진정으로 원하는 답을 얻을 수는 없었다. 그러다가 접하게 된 것이 성경(Holy Bible), 즉 '구약전서와 신약전서'이었다. 그 책들을 상고하면서 나는 가슴이 흥분으로 뛰는 것을 느낄 수 있었다. 내가 왜 이 세상에 존재하게 되었는지, 이곳에서의 내 '삶'의 진정한 목적이 무엇인지 알게 되었기 때문이다. 나는 내가 깨달은 것들이 잘못된 것인가 싶어 이리저리 다시 생각해 보았으며 힌두교와 이슬람 등 다른 종교를 지닌 국가를 여행할 때마다 그들의 종교가 전하는 진리에 대해서도 알고자 애썼다. 그러나 그 어느 것도 나에게 성경이 주었던 것처럼 명확하게 답을 주지는 못했다. 구약전서와 신약전서는 내가 누구인지, 나는 어디서 왔으며 왜 이곳 지상에 살게 되었는지, 죽은 후에 나는 어떻게 될 것인지에 관해 가슴 따뜻해지는 일관된 답들을 내게 주었다. 그 책들을 읽으면서 나는 하나님을 믿는다는 것은 결코 연약하거나 게을러서가 아니라는 것을 깨달을 수 있었다. 하나님을 믿는다는 것은 마치 여행객들이 하늘의 북극성을 보고 그 가야 할 방향을 알게 되듯이 사람들이 가야 할 올바른 방향으로 그들이 인도됨을 의미했다.

어떠한 위치에 있든지, 어떠한 종교를 가졌든지 사람들은 각자 부지런히 삶을 살아간다. 삶을 산다는 것은 결코 쉬운 일이 아니기 때문이다. 그런데 그렇게 힘든 삶을 살았는데도 불구하고 그릇된 신념이나 거짓 진리로 이끌려감으로써 일생 동안 힘들여 이루어 놓은 것들이 결국 아무것도 아닌 것이 된다면 그 허망한 마음이 어떠하겠는가. 성경이 전하는 진리들로 인하여 결국 나는 내 삶의 목표를 정할 수 있었으며 지난 40년간 한 평범한 "그리스도(기독교)인"(사도행전 11:26, 26:28, 베드로전서 4:16)으로서 신앙 생활을 계속할 수 있게 되었다.

나는 내가 그랬던 것처럼 많은 사람들이 '우리가 어디서 왔고, 왜 이곳 지구에 살고 있으며, 그리고 죽은 후에는 어디로 가는지' 궁금해하리라 생각한다. 그러한 사람들에게 도움이 되었으면 좋겠다는 생각에서 이 책을 쓰게 되었다. 이 책에서 나는 독자와 함께 타임머신(Time Machine)을 타고 수천 년의 시간대를 여행할 것이다. 이 여행은 과거, 현재, 그리고 미래를 넘나드는 것이므로 '시간 속으로의 여행'이라고 할 수 있다. 이 책은 연극의 형식을 빌어 여섯 개의 막으로 형성되어 있는데 각각의 막에서 보여주는 여행 장면들은 '구약전서와 신약전서'에 나와있는 진리에 그것을 증거하는 나의 지식과 간증을 보태어 작성하였다.

부디 이번 여행에 함께 함으로써 삶에 대한 나의 의문점이 풀린 것처럼 독자들에게도 그렇게 되기를 간절히 바란다. 그리하여 이 글을 읽는 독자 개개인의 삶이 참으로 귀하고 값진 것이 된다면 나는 독자들을 안내한 한 여행 가이드(Guide)로서 그리고 이 책을 쓴 한 작자로서 더 이상 바랄 것이 없겠다.

신 기 종

목 차
(Contents)

제3막　내세 [(영의 세계)(Scene #3: Afterlife (The World of Spirits)]

서막 (序幕, Prologue)

　나는 어디에서 왔는가? 은하계의 수많은 별들 중에서 어찌하여 나
는 이 지구상에 존재하게 되었을까? 시간이 지나면 나는 왜 죽어야
만 하는가? 이곳에서 내가 죽게 되면 그것으로 모든 것이 끝나는가,
아니면 죽어서 따로 가는 곳이 있는가? 가는 곳이 있다면 과연 나는
어디로 가게 될까?

　우리가 존재하게 된 배경과 사후에 대해 우리는 한번쯤 위와 같은
궁금증을 가져보았을 것이다. 왜 우리는 이곳에 존재하게 되었을까?

　우리가 이 지구상에 존재하게 된 것은 우리의 부모가 우리를 낳아
주었기 때문이다. 우리의 부모 또한 그분들의 부모에 의해서 이 지
구상에 존재하게 되었다. 그러나 자녀를 낳은 부모들조차 자녀들의
영혼이나 몸을 직접 창조한 사람은 아무도 없다. 그냥 알 수 없는
힘에 의하여 어머니의 자궁 속에서 몸이 만들어지고 영혼이 그 속

에 머물게 되었을 뿐이다. 그렇게 세상에 나와 '나무보다도 짧은 삶'을 살고 나면 아무리 위대했던 사람일지라도 평범한 삶을 살던 보통 사람들과 마찬가지로 결국은 모두 죽게 된다. 우주를 넘나드는 현대의 과학으로도 사람들의 죽음을 막을 수는 없다. 그리하여 이런 것들에 답을 얻고자 사람들이 기대게 된 것이 토속 신앙과 신화, 그리고 철학과 종교 등인데 철학은 수많은 철학자와 성인들을 배출하였고 종교는 수많은 신들을 만들어내었다. 하지만 많은 토속 신앙과 종교와 종파는 서로 다른 주장들을 내놓음으로써 잘못된 추측과 왜곡으로 의문점을 가중시키는 결과를 초래하게 되었고 사람들로 하여금 혼란에 빠지게 하였다.

그런데 참 이상한 것은 우리가 과거를 잊었어도 뇌가 부분적으로 그 기억을 남긴다는 사실이다. 진리 또한 그러하다. 인간이 존재하게 된 진리에 대해 사람들이 잊고 살아왔어도 진리의 단편들은 기록이나, 전설, 신화, 또는 역사 등에 부분적으로 남아있어 사람들이 그것을 깨달을 수 있게 하였다. 이렇게 남아있는 진리의 단편들은 특별히 하나님의 말씀인 성경을 뒷받침해 주는데 예를 들면 인류의 기원 등이 그것이다. 이에 대해 살펴보자. 우리의 시조라 알려진 단군에 대한 "단군신화"를 보면 우리나라의 기원이 B.C 2333년이라고 되어있다. 이것은 하나님의 말씀인 성경에서 지상의 모든 사람이 죽고 겨우 여덟 사람만이 살아 남아 지상에서의 삶을 다시 시작했던 '노아의 홍수'가 일어났던 해(B.C 2344)와 그 연대가 매우 비슷하다. 그뿐만이 아니다. 성경에 나오는 노아의 홍수나 '천지창조'에 대한 기록(창세기 1장) 등은 우리나라에 전해 내려오는 다른 신화들과도 그 이야기가 유사한데 이에 대해 알아보면 다음과 같다.

구약전서의 창세기에서는 노아의 홍수에 대해 다음과 같이 기록하고 있다.

"칠일 후에 홍수가 땅에 덮이니 노아(B.C 2944년에 태어남) 육백세 되던 해(B.C 2344) 이월 곧 그 달 십 칠일이라, 그 날에 큰 깊음의 샘들이 터지며 하늘의 창들이 열려 사십 주야를 비가 땅에 쏟아졌더라 곧 그 날에 노아와 그의 아들 셈, 함, 야벳과 노아의 처와 세 자부가 다 방주로 들어갔고…… 물이 일백오십일을 땅에 창일하였더라 …… 칠월 곧 그 달 십 칠일에 방주가 아라랏산에 머물렀으며…… 육백 일년 정월 곧 그 달 일 일에 지면에 물이 걷힌지라, 노아가 방주 뚜껑을 제치고 본즉 지면에 물이 걷혔더니 이월 이십칠일에 땅이 말랐더라…… 너는 네 아내와 네 아들들과 네 자부들로 더불어 방주에서 나오고 너와 함께한 모든 혈육 있는 생물 곧 새와 육축과 땅에 기는 모든 것을 다 이끌어 내라." (창세기 7, 8장)

우리에게 전해 내려오는 것으로 이와 유사한 신화는 다음과 같다. (조선일보 2007.5.19 "우리에게도 신화가 있다").

"우리에게도 홍수신화가 있다. 옛날 큰물이 져서 물바다가 됐다. 남매만이 겨우 살게 돼 백두산같이 높은 산의 상상봉에 표착했다 사람의 씨를 잇기 위해 남매는 하늘의 뜻을 물은 후 부부가 된다. 인류의 선조는 이 남매라고 한다."

또한 창세기에서는 천지창조에 대해 다음과 같이 기록하고 있다.

"태초에 하나님이 천지를 창조하시니라 땅이 혼돈하고 공허하며 흑암이 깊음 위에 있고 하나님의 신은 수면에 운행하시니라 하나님이 가라사대 빛이 있으라 하시매 빛이 있었고…… 물 가운데 궁창이 있어 궁창 아래의 물과 궁창 위의 물로 나뉘게 하시고…… 또 별들을 만드시고." (창세기 1장)

이와 유사한 우리의 신화는 다음과 같은 것이다.(조선일보 2007.5.19 "우리에게도 신화가 있다")

"태초는 혼돈이었고 하늘과 땅은 맞붙어 있었다. 개벽의 기운이 감돌면서 하늘과 땅이 생겨났고 푸른 이슬과 검은 이슬이 합쳐지면서 만물이 생겨났다. 별이 탄생하고 구름이 생겨났다. 닭들이 크게 울자 천지왕이 천지를 개벽시켰다."

  위에서 보면 알 수 있듯이 우리나라에 전해 내려오는 신화들은 성경에 나오는 이야기들과 그 내용이 아주 유사하다. 그러므로 두 곳에서 전해지는 이야기들은 원래 그 근원이 같았을 가능성이 짙다. 그러나 우리나라의 신화들은 시간이 흐르면서 조금씩 와전된 것으로 보여진다. 인류의 시조가 홍수에서 살아남은 남매였다고 하는데 그것은 사실이 아니기 때문이다.

  하나님께서는 사람이 지상에 존재하게 됐을 때부터 사람들로 하여금 그 역사를 기록하게 하셨다. 그 중에 하나가 구약시대의 모세에게 지시하여 쓰신 '창세기'인데 우리가 위에서 알아봤던 노아의 홍수나 천지 창조에 대한 이야기는 모세가 쓴 창세기에 자세하게 나온다. 그곳에는 인류의 기원에 대해서도 나오는데 창세기를 보면 지구상에 존재하게 된 최초의 사람은 '아담'이었다. "하나님께서 지으시고 생기를 그 코에 불어넣으셔서(창세기 2:7)" 최초의 인간이 된 아담은 하나님께서 그를 위해 지어 주신 '이브(하와)'와 결혼하게 된다. 그렇게 하여 그들은 이 지상에 살게 된 인류의 첫 부모가 되었다. 그런데 지상의 사람들은 결국 모두 죽음을 맞이할 수밖에 없는데 성경은 어떻게 사람이 영원히 살 수 있다고 말하는 것일까? 신약전서를 살펴보면 하늘에 계신 '하나님'과 '동정녀(童貞女) 마리아' 사이에서 태어난 한 사람에 대한 이야기가 나온다. 그분이 바로 '예수 그리스도'이시다. 돌아가신 후 사흘 만에 부활하신 예수 그리스도로 말미암아 지구상에 살다 갈 모든 사람들은 다시 '부활(다시 생명을 얻고 태어남)'하여 영원히 살게 될 것이라고 하는데 성경 속에서는 수많은 이들이 이에 대해 증거하고 있다. 처음에는 이러한 이야기들이 전혀 납득되지 않았다. 그것들을 이해하기에는 나에게 너무나 많은 의구심과 궁금증이 있었다. 그러나 성경을 읽고 연구해가는 과정에서 나는 그것들이 참되다는 많은 증거들을 갖게 되었으며 이를 통해 그 모든 것들이 사실이라는 것을 확신하게 되었다. 하늘에서 빛나는 별을 볼 때마다, 또한 사람이 돌보지 않아도 스스로 싹을 돋우는 자연을 볼 때마다, 내가 볼 수 있는 모든 곳에서 나는 내가 읽었던 구약전서와 신약전서가 참된 성경(경전)이라는 증거를 볼 수 있었다. 세상의 창조 전부터 세상의 끝날 후까지 적혀 있는 성경을 읽으면서 나는 '내 주변의 해와 달과 모든 사물들이 어떻게 존재하게 되었는지, 나는 어디서 왔으며 왜 이곳에 살고 있는지, 그리고 죽은 후에는 나는 어디로 가는지'에 대해 더 이상 의문을 갖지 않게 되었다. 이로써 오랫동안 품어왔던 나의 궁금증은 온전히 해소되었으며 지금까지 수십 년 째 기독교인으로서 신앙생활을 지속하고 있다.

나는 우리가 지상에 살게 된 목적을 올바로 알게 된다면 우리의 삶의 목표도 달라질 것이라 생각한다. 그래서 현재 세상에서 가장 많이 팔리고 읽혀지는 성경, 즉 '구약전서와 신약전서'를 토대로 그것을 뒷받침하는 여러 책들이나 자료에서 얻은 나의 지식과 간증을 보태어 이 『위대한 계획』이란 책을 쓰게 되었다. 나는 좀더 재미있고 쉽게 이 책을 전하기 위해 타임머신을 타고 시간 속으로의 여행을 떠나는 형식으로 이 책을 작성하였다. 이 시간 속의 여행은 제 1막부터 제 6막까지 구성되어 과거, 현재, 미래를 넘나들며 각각 그 시대에서 일어났었고, 현재도 일어나고 있으며, 그리고 앞으로 일어나게 될 사건의 장면들을 보여줄 것이다. 공연장의 무대 앞에 앉아 하나의 연극을 보고 있는 것처럼 우리가 어디서 왔고 왜 이 세상에서 살게 되었는지, 그리고 죽은 후에는 어디로 가게 될 것인지 나와 함께 시간 속으로의 여행을 떠나보자.

지금부터 타임머신이 우리가 지상에 태어나기 전에 있었던 그 세계로 우리를 데려 갈 것이다.

전세(前世)

(Scene #1: Premortal Life)

"여호와께서 그 조화의 시작 곧 태초에 일하시기 전에 나를 가지셨으며 만세 전부터, 상고부터, 땅이 생기기 전부터 내가 세움을 입었나니." (잠언 8:22~23)

삶이 시작되기 전의 장소 (The Place Before the Start of Life)
인간이 이 세상(지구)에 오기 전에 영으로서
하나님과 함께 살던 곳

이 세상(지구)에 태어나기 전에 나는 어디에 있었을까? 나는 어떠한 상태로 존재하고 있었을까? 나는 인간이 아니라 혹시 원숭이나 소였던 것은 아닐까? 실제로 존재하기나 했던 것일까?

알 수 없기에 더욱더 궁금한 것이 우리가 이 세상에 존재하기 전에 있었던 일들이다. 우리는 신(神)이 아니기에 우리 생에서 일어나고 있는 모든 일들을 알 수는 없다. 그러나 처음부터 끝까지의 모든 것을 알고 있는 누군가가 그것에 대해 알려준다면, 그리고 그것들을 증명할 만한 근거들을 갖게 된다면, 우리는 우리가 이 세상에 오기 전에 있었던 일들을 알 수 있게 될 것이다. 나는 모든 것을 아시는 하나님께서 그분의 거룩한 제자들에게 기록하라 명하신 성경을 통해 우리가 이 세상에 오기 전에 있었던 일들을 알게 되었다. 이제 우리가 이 지상에 존재하기 전에 우리는 어떠한 상태로 어디에서 있었는지 그것에 대해 알아보기로 하자.

구약전서의 잠언에는 이렇게 씌어있다.

"주께서 태초에 일하실 때에, 옛적에 그의 일을 시작하시기 전에 나를 소유하셨느니라, 영원부터, 태초부터, 땅이 있기 전부터 내가 세움을 받았느니라, 깊은 곳들이 없었을 때 내가 났으니, 물이 솟는 샘들이 없었을 때라, 산들이 세워지기 전에, 작은 산들이 있기 전에 내가 났으니, 그가 아직 땅도, 들도, 세상의 가장 높은 곳의 흙도 짓지 아니하셨을 때라, 그분께서 하늘들을 마련하실 때 내가 거기 있었으며, 그가 깊은 곳의 표면 위에 범위를 정하실 때에도 내가 거기 있었느니라." (잠언 8:22~27)

지혜의 왕인 '솔로몬'이 쓴 위 글을 보면 그의 삶은 이 세상에서 시작된 것이 아니었다. 그는 이 세상이 창조되기 전부터 하나님이 계시던 곳에서 그분과 함께 있었다. 하나님께서 세상을 창조하실 때에 그는 하나님 곁에 있었는데 그곳이 바로 흔히 불교에서 전생이라고도 불려지는 '전세(前世)'이다. 우리는 이에 대해 설명된 또 다른 구절을 구약전서에서 찾아볼 수 있는데 하나님께서는 거기에서 예레미야에게 다음과 같이 말씀하셨다.

"내가 뱃속에서 너를 짓기 전에 너를 알았고 네가 태에서 나오기 전에 너를 거룩하게 하였고 너를 민족들의 선지자로 정하였노라, 하시기에." (예레미야 1:5)

하나님께서는 예레미야가 이 세상에 나오기 전에 이미 그에 대해 잘 알고 계셨다. 그것은 그가 어머니의 뱃속에서 지어지기 전에 이미 그분과 함께 살고 있었기 때문이다. 그렇다면 예레미야는 지상에 태어나기 전인 전세에서 어떠한 신분으로 하나님과 함께 살고 있었던 것일까? 구약전서의 욥기를 보면 하나님께서는 '욥'에게 땅이 창조되기 전부터 하나님과 함께 있었던 그분의 아들들에 대해 말씀하셨다.

"내가 땅의 기초들을 놓을 때 네가 어디 있었느냐? 네게 명철이 있다면 분명히 밝히라, 언제 새벽 별들이 함께 노래했으며 하나님의 아들들이 모두 기뻐서 소리쳤느냐?" (욥기 38:4,7)

위에서 하나님께서는 욥에게 땅의 기초가 놓일 때, 즉 세상(지구)이 창조될 때 네가 어디에 있었느냐고 물으셨다. 그리고는 그분의 아들들에 대하여 언급하셨는데 이어지는 하나님의 물음에서처럼 솔로몬, 예레미아, 욥은 지구가 창조되고 그곳에 사람이 살게 되기 훨씬 이전부터 이미 전세에서 하나님의 아들로서 하나님과 함께 살고 있었다. 그런데 그곳(전세)에 있었던 아들은 그들만이 아니었다. 위 글에서는 그곳에 많은 하나님의 아들들이 있었다고 말하고 있기 때문이다. 그렇다면 하나님의 자녀로서 지구가 창조되기 전에 하나님과 함께 살았던 자녀들은 누구였을까? 그들은 솔로몬이나 예레미아나 욥처럼 지상에서 육신을 입고 살게 될 모든 사람들, 즉 우리들이었다. 지구상에 살게 될 우리들은 전세에서 이미 하나님의 자녀로 존재하고 있었다. 이렇게 전세에서 하나님의 자녀로 살던 우리들은 지구가 창조되고 나서 창조된 땅에 거하게 된 것이 무척이나 기뻤던 것 같다. 왜냐하면 하나님의 아들들이 '다 기쁘게 소리 질렀다'고 씌어있기 때문이다. 그런데 창세기에 보면 또 이런 말이 나온다.

"하나님이 땅에 비를 내리지 아니하셨고 경작할 사람도 없었으므로 …… 흙으로 사람을 지으시고 생기를 그 코에 불어넣으시니 사람이 생령이 된지라." (창세기 2:5~7)

위의 글은 하나님께서 그분의 자녀들을 위해 지구를 창조하신 후에 일어난 일을 적은 것이다. 여기서 보면 땅이 창조된 후에 그곳에는 땅을 경작할 사람이 없었다고 나와있다. 그래서 하나님께서 사람을 지으시고 생기를 그 코에 불어넣으셔서 그가 '생령'(生靈, 살아 있는 넋이라는 뜻으로, '생명'을 이르는 말)이 되었다고 한다. 이것은 무슨 말일까? 우리는 분명히 땅이 창조되기 훨씬 이전의 장소인 전세에서 하나님의 자녀로서 그분과 함께 거하였다고 했다. 그런데 지상에 땅을 경작할 사람이 없으므로 하나님께서 흙으로 사람을 지으시고 '생기'를 그 사람에게 불어넣어 비로소 사람이 '생령'이 되었단다. 하나님께서는 그분의 자녀들을 위해 지구를 창조하셨으므로 여기서 생령이 되었다는 사람들은 분명히 그분의 자녀들인 우리를 의미할 것이다. 그렇다면 생령이 되기 전에 전세에서 하나님의 자녀로 있었다던 우리는 어떠한 상태로 있었던 것일까? 어떠한 상태로 있었기에 땅을 경작할 수 없었을까? 이를 알아보기 위해 다시 성경을 살펴보자. 신약전서의 히브리서에는 이렇게 씌어있다.

"또 우리 육신의 아버지가 우리를 징계하여도 존중하였거늘 영들의 아버지께는 더욱 복종하며 살아야 하지 않겠느냐?" (히브리서 12:9)

신약시대의 사도 바울은 위 글에서 두 아버지에 대해 말했는데 그

한 분은 육체의 아버지이시오, 다른 한 분은 영의 아버지이시라 하였다. 우리는 우리를 낳아주신 육체의 아버지를 알고 있다. 그분은 우리를 이 세상에 낳아주신, 말 그대로 이 세상에서의 아버지를 일컫는다. 그렇다면 위에서 말하는 모든 영의 아버지는 누구를 말함일까? 다시 성경을 살펴보자. 신약전서의 로마서에는 이렇게 씌어있다.

"성령이 친히 우리의 영과 함께 우리가 하나님의 자녀임을 증거하시거니와." (로마서 8:16)

사도 바울은 위에서 우리가 '하나님의 영의 자녀'이었다고 말한다. 즉 우리는 전세에서 하나님 아버지의 영의 자녀로 태어나 영의 상태로 그분과 함께 살았던 것이다. 그런데 우리가 하나님의 영의 자녀로 살고 있었는데도 불구하고 하나님께서는 지구를 창조하시고 나서 다시 '사람을 만들자'고 하셨다.

"우리의 형상을 따라 우리의 모양대로 우리가 사람을 만들고…… 모든 것을 다스리게 하자." (창세기 1:26)

여기서 하나님 아버지께서 사람을 만들자고 하셨던 것은 그분이 우리를 영으로 낳으신 후에 우리에게 땅을 경작할 수 있도록 육신을 주시고자 다시 흙으로 그분의 '형상'을 닮은 우리의 몸을 만들어 주셨음을 의미한다. 하나님께서는 우리를 위해 흙으로 사람(몸)을 만드신 후에 우리의 '생기(영)'가 그 몸에 들어가게 하심으로써 우리가 생령이 되도록 하셨다.

이를 다시 요약해 보자. 우리는 하나님 아버지의 영의 자녀로서 전세에서 하나님 아버지와 함께 살고 있었다. 아버지께서는 우리에게 살과 뼈가 있는 몸을 만들어 주어 지상의 모든 것을 다스리게 하시고자 하셨다. 그래서 흙으로 몸을 만들어 우리의 영이 그 속에 들어가게 함으로써 생령, 즉 지금 우리와 같은 사람이 되게 하셨다. 이렇게 하여 우리의 영은 육신을 입고 모든 것을 다스리는 사람으로서 지구상에 존재하게 된 것이다. 그렇다면 육신을 입기 전에 전세에서 살았다던 우리의 영은 어떤 상태였을까?

영(靈)과 영의 구성요소(構成要素)
(Spirit and the Composition of Spirit)

앞에서 우리는 이 세상에 오기 전인 전세에서부터 우리의 '영'이 존재하였음을 알게 되었다. 우리의 영은 하늘 부모에게서 태어났기 때문에 하나님과 같은 형상을 지니고 있으며, 그 형상은 흙으로 만들어진 현재 우리의 모습과도 유사하다. 그렇게 흙으로 만들어진 우리의 몸은 살과 뼈로 이루어져 있다. 그렇다면 우리의 몸에 거하게 된 우리의 영은 무엇으로 만들어졌을까? 전세에 있었던 우리의 영에 대해 자세히 알아보자.

2.1. 영 [(靈), Spirit)]

부활하신 후에 예수 그리스도께서는 제자들에게 나타나셔서 영과 부활한 몸의 차이점에 대해 말씀하셨다. 신약전서에서 누가의 기록을 살펴보자.

"나를 만져보라 영은 살과 뼈가 없으되 너희 보는 바와 같이 나는 있느니라." (누가복음 24:39)

예수 그리스도께서는 영은 살과 뼈가 없다고 하셨다. 살과 뼈는 흙으로 만들어진 몸에만 있는 것이다. 그렇다면 전세에 있었던 우리의 영은 무엇으로 이루어졌을까? 전세에 있었던 우리의 영은 현세의 우리의 몸처럼 형체를 지니고 있다. 형체를 지닌 우리의 영은 물질로 이루어졌으나 그 물질은 현세의 우리 몸을 이루는 물질과는 확연히 달랐다. 그 물질은 더욱 섬세하고 순수하여 보통 사람의 눈에는 보이지 않는 것이었다. 그러나 그 역시 물질이기에 우리가 온전히 청결하고 순수한 눈으로 본다면 순수한 물질로 이루어진 영을 볼 수 있을 것이다.

우리의 영은 어떤 물질로 이루어져 있을까?

2.2. 영의 구성요소 (The Composition of Spirit)

사람의 형상을 지니고 있는 우리의 영은 세 가지 요소로 구성되어 있다.

그 첫째가 인간의 몸을 이루는 물리적인 '원소(元素)'요, 둘째가 사물을 이용하고 창조하며 그것을 무한히 발전시킬 수 있는 지식의 열쇠(누가복음 11:52), 즉 '예지(叡智)'이며, 셋째가 선과 악을 스스로 선택하여 행동할 수 있는 '자유의지(自由意志, 여호수아 24:15)'이다. 이에 대해 살펴보자.

원소(元素, Element): 눈에 보이지 않는 영이 어떻게 원소이며 물질로 이루어진 것일까 궁금할 수도 있다. 보통 모든 물질은 눈에 보이는 것이라 생각할 수 있지만 사실 모든 물질이 눈에 보이는 것은 아니다. 예를 들어, 산소를 보자. 우리가 매일 숨을 쉬기 위해 들여 마시는 산소(화학적 표기는 'O')는 눈에는 보이지 않지만 공기 속에 분자나 원자 상태로 존재하고 있는 분명한 물질이다. 우리는 하나님께서 어떻게 영을 만드셨나 정확히 알 수는 없다. 그러나 눈에 보이지 않아도 영은 원소로 이루어져 있는데, 그러기에 간혹 어떤 사람들은 실제로 영을 보기도 한다.

예지(叡智, Intelligence): 인간이 하나님의 영의 자녀로 태어나기 전에 영적 원소로 존재하였던 예지는 영적인 개체를 형성하는 하나의 요소가 되었다. 사람은 타인으로부터 직접 배우지 않아도 스스로 깨닫고 깨우쳐나가는 경우가 있다. 그것은 사람의 영을 구성하는 요소 중에 예지가 있기 때문이다. 그러나 사람이 예지를 가졌다고 해서 모든 것을 저절로 알 수 있는 것은 아니다. 예지는 갈고 닦아질 수 있다. 그런 의미에서 보면 예지는 지혜와 연관이 있다. 우리가 어떤 것을 아는 것을 '지식(知識)'이라고 한다면, 그 지식을 가지고 올바르게 판단하여 적용하는 능력을 갖게 되는 것을 '지혜(智慧)'라고 한다. 예를 들어, 우리가 어떠한 것에 대해 지식이 많아지면 그것을 다룰 수 있는 지혜가 생기기 마련이다. 그래서 사람들은 '지피지기면 백전백승(知彼知己 百戰百勝)'이라 말하기도 한다. 오늘날 인간들은 그들이 갖고 있는 예지로 인해 지식에 지식이 더하여져서 전기, 컴퓨터, 스마트 폰, 인터넷, 통신, 자동차, 배 그리고 반도체를 이용한 첨단 장비 등 눈부신 과학의 발전을 이루었다. 비행기는 물론 은하계의 달과 다른 위성을 탐사하고, 그곳에 직접 갈 수 있는 인공위성도 개발하였다. 이것은 과거에는 상상조차 할 수 없는 일이었다. 사람들마다 편차가 있기는 하지만 사람들은 지식을 얻어 발전할수록 역설적이게도 하나님께로 인도된다. 지식이 발전함에 따라 사람들은(굳이 우주나 인체를 연구하는 학자가 아니더라도) 모든 만물에는 그것을 움직이는 큰 힘이 존재한다는 것을 인식하게 되기 때문이다. 하나님의 존재를 인식하게 된 사람들은 인간의 나약함을 깨닫고 나서 겸손하고 지혜롭게 되어 결국 하나님의 진리에까지 도달하게 된다. 이 모든 것은 인간에게 예지가 있기 때문에 가능한 일이다.

자유의지(自由意志, Free Agency): 인간에게는 무엇이든지 스스로 선택하고 행동할 수 있는 자유가 있다. 그것을 '자유의지'라 한다. 아침에 일어나서 밤에 잠 들 때까지 사람은 매 순간 선택을 하며 살아간다. 심지어 아무 일도 하지 않고 가만히 있는 것도 결국 사람이 그렇게 하고자 선택한 결과이다. 우리가 자유의지를 갖고 살아간다는 것은 결국 매 순간 우리가 무엇인가를 선택하며 살아간다는 것을 의미한다. 따라서 자유의지는 '선택의지(選擇意志, Will of Choice)'이기도 하다. 자유의지는 사람들이 스스로 선택하고 행동하도록 하나님께서 그분의 자녀들에게 주신 능력이자 특권이다. 하나님께서 주신 이 특권으로 인하여 사람들은 무엇이든지 그들 스스로 선택할 수 있게 되었다. 하지만 그들이 선택할 수 없는 것이 하나 있는데 바로 행위에 따른 '결과'가 그것이다. 술을 마시면 취하게 되며, 먹지 않으면 배가 고프게 된다. 사람들은 자신들이 선택한 행위에 따른 결과를 선택 할 수 없다.

자유의지는 우리에게 너무나 중요한 것이기에 나중에 좀더 자세히 다루기로 하고 다시 영으로 돌아가보자.

사람이 처음에 하나님에 의해 영으로 태어났던 것처럼 모든 식물과 동물도 처음에는 영으로 창조되었다. 그랬던 것이 지구가 만들어지고 난 후에 사람이 육체를 얻게 되자 식물과 동물도 만질 수 있는 몸을 얻게 되었다.

나는 영과 관련하여 한가지 재미있는 발표를 접한 적이 있는데 무척 흥미로워 이를 독자들과 나누고자 한다. 1906년 미국의 매사추세츠 주에서 외과의사로 일했던 던칸 맵더갈(Duncan Mavdougall: 1866~1920)이 침대 크기의 초정밀 저울을 사용해서 사람이 죽기 전과 후의 몸무게를 달아 보았다. 그 실험의 목적은 사람의 영, 즉 혼에 무게가 있을까, 있다면 그 무게는 얼마나 될까 하는 것이었다. 실험의 대상자는 매사추세츠 주의 도체스터 시에 위치한 결핵환자 요양원에서 생을 마감한 환자들이었다. 그는 사람이 죽음과 더불어 그 몸에서 영이 빠져 나갈 거란 가정하에 사람이 죽기 전의 몸무게와 죽은 후 몸무게를 재어 그 몸무게의 차이를 알아보았다. 이 실험을 하면서 그는 사람이 사망할 때 보이는 신체 근육 이완의 변화와 대소변과 땀의 증발로 인한 편차 또한 세심하게 고려하였다. 그런데 그 결과가 놀라웠다. 사람이 죽기 전과 죽은 후의 몸무게가 정확히 0.75온스(21그램)씩 차이가 났던 것이다. 그는 '인간의 영(혼)의 무게는 21그램'이라며 그의 실험 결과를 세상에 발표했다. 이 발표를 토대로 미국의 영화감독 알레한드로 곤잘레스 이나리투가 '21g'이란 영화를 제작하여 세상에 발표했는데, 그 영화의 마지막 대사는 이러하다.

"They say we all lose 21 gram at the exact moment of our death, everyone." ("그들이 말하기를 우리 모두는 죽는 바로 그 순간 21그램의 몸무게를 잃는 거야.")

그런데 이 지상에 오기 전에 하나님과 함께 전세에서 살던 우리는 그곳에서 무엇을 하고 있었을까? 그곳에는 어떤 영들이 우리와 함께 있었을까? 우리에겐 어떤 일들이 있었을까?

예수 그리스도와 루시퍼(사탄)
Jesus Christ and Lucifer (Satan)

우리는 전세에서 하나님 아버지와 함께 살고 있었다. 그곳에는 고귀하고 뛰어난 영의 자녀들이 많이 있었다. 그들 고귀하고 뛰어난 영들 중에 특별한 두 영이 있었는데 그 중에 한 영은 '예수'이시요, 다른 한 영은 '루시퍼(사탄)'였다. 이들에 대해 알아보자.

3.1. 예수 그리스도 (Jesus Christ)

예수께서는 전세에서 하나님 아버지의 영의 자녀 중 장자로 태어나셨다(로마서 8:29, 골로새서 1:15, 히브리서 1:6). 장자로 태어났기에 아브라함이 나기 전부터 계셨던 분으로(요한복음 8:58) 창세전에 미리 구세주로 알린 바 되신, 즉 *[1]예임(豫任, Foreordained) 되신 분이시다(베드로전서 1:19~20). 그는 전세에서 늘 하나님 아버지와 함께 계셨으며(창세기 1, 요한복음 1:1~2, 14, 요한일서 1:1~3) 아버지와 함께 영화를 누리셨고(요한복음 17:5) 아버지의 지시에 따라 지구와 그 위의 모든 만물을 창조하셨다(요한복음 1:3). 그는 *[2]신회(神會, Godhead)의 한 분으로(마태복음 28:19, 고린도후서 13:13) 구약성경에 나오는 하나님이셨고 고대 이스라엘의 여호와이셨다(출애굽기 6:3, 17:4). 하나님의 장자였던 그는 이 세상에 태어나신 가장 위대한 존재로서 지구상에 유일하게 하나님을 생부로 두신 하나님 아버지의 독생자(요한복음 1:14, 3:16) 이시기도 하다. 예수(Jesus)란 이름은 하나님 아버지께서 직접 지어주신 것으로 전세 때부터 예비된 이름이다(마태복음 1:21). 하나님 아버지로부터 모든 권능을 받았던 그분의 육신의 어머니는 다윗 가계에서 태어난 동정녀(童貞女, the Virgin) 마리아이다(마태복음 1:20, 25). 그래서 그는 하나님 아버지에게서는 죽음을 이길 권세(아버지처럼 영원히 삶)를, 어머니에게서는 생명을 버릴 권세(마리아처럼 세상에 태어난 인간은 반드시 죽음)를 물려받아 죽고 사는 권세 모두를 가지시게 되었다. 이 세상에서 유일하게 죄 없는 생애를 사셨던 그는 온 인류의 죄를 위해 겟세마네 동산에서 모든 땀구멍에서 피를 쏟는 고통과 비통을(누가복음 22:39~46) 겪으신 후에 골고다(해골이란 뜻) 언덕에서 십자가에 못박혀 돌아가셨다(마태복음 27:33~35). 이로써 완전한 속죄를 이룬 예수는 * ⁴구세주(救世主, the Savior, Redeemer)가 되셨다.

그는 복천년(제 5막에서 다룰 것임) 동안 이 지구를 통치하기 위해 권세와 영광으로 다시 오실 것인데, 다시 오실 땐 피 뿌린 옷(붉은)을 입고 오실 것이다(요한계시록 19:13).

* ¹예임(豫任, Foreordained): 하나님은 전세에서 특정한 영들에게 그들이 세상에 사는 동안 특별한 사명을 완수하도록 임명하셨다. 이것을 예임이라 한다. 예임된 자들은 그들의 자유의지에 따라 그 사명을 수행할 수도 있고 수행하지 않을 수도 있다. 그리고 그 사명을 수행할 때 악하게 권능을 행사할 수도 있고 또한 선하게 행사할 수도 있다. 구약시대의 에스겔은 이에 대해 다음과 같이 말했다.

"의인도 의를 떠나 악행 하면 멸망되고, 악인도 악을 버리고 선행을 하면 구원을 받는다." (에스겔 33:12~20)

* ²신회(神會, Godhead): 하나님 아버지, 예수 그리스도 그리고 * ³성

신은 신회의 한 구성원이시다(마태복음 28:19). 이들 영원하신 하나님 아버지와 그분의 독생자 예수 그리스도와 성신은 각각 분리된 존재로 각각 하나의 다른 인격체이시다. 아버지와 아들은 살과 뼈가 있으나 성신은 그 일의 특성상 영으로 남아 계신다. 이분들은 이루고자 하는 모든 목적, 복음의 완전한 통일성, 그리고 조화로움에 있어서 "하나"이시다. 그래서 간혹 그분들을 한 분이라 여겨지기도 한다(마가복음 12:32).

  * ³성신(聖神, Holy Ghost): 성신은 모든 것을 아시는 분으로 신회의 셋째 구성원으로서 '보혜사'라고도 불린다. 살과 뼈로 이루어진 육체가 아닌 영의 개체로 남아있는 성신은 영도 물질로 이루어져 있기 때문에 한 번에 한 곳에만 계실 수 있다. 그러나 영의 특성상 그의 영향력은 동시에 모든 곳에 미칠 수 있어 한꺼번에 각 사람에게 임하여 복음이 참됨을 증언하신다. 그분은 우리에게 하나님 아버지와 예수 그리스도에 대하여 증언하며(고린도전서 12:3), 우리에게 필요한 모든 것을 보여주며, 왕국의 평화로운 것들을 가르쳐주신다(요한복음 14:26, 16:13).

  * ⁴구세주(救世主, the Savior, Redeemer): 어떤 대가를 바라지 않고 대신 몸값을 치러 인간이 세상의 속박에서 자유롭게 되도록 대속(代贖, Atonement)하는 사람을 말한다. 대속은 흠 없고 죄를 짓지 아니한 깨끗한 자만이 할 수 있다. 이를 행하기에 합당한 조건을 지니신 예수께서는 대속을 통하여 온 인류가 죄로부터 구원받도록 하셨다. 예수께서

는 죽음으로 대신 죗값을 치르심으로써 온 인류가 육체적 사망으로부터 부활할 수 있도록 조건 없는 축복을 베푸셨다. 또한 그를 믿고 회개하며 끝까지 견디는 자에게는 육체적 사망뿐만 아니라 영적 사망에서도 구원받도록 하였는데 그렇게 하여 사람들은 하늘나라에서 하나님의 상속자로 아버지와 함께 영원히 살 수 있게 되었다.

3.1.1. 예수 그리스도의 명칭과 칭호
(Jesus Christ's Names and Titles)

예수께서는 구약과 신약시대에 다양한 이름으로 불리셨는데 이는 다음과 같다.

예수(Jesus): 희랍어에서 나온 말로써 히브리어로는 여호수아(Yehoshua) 또는 요슈아(Joshua)와 같다. 흔한 이름이지만 하나님께서 정해주신 이름으로 이 이름의 원래 뜻은 "여호와의 도움" 또는 "구세주"이다(마태복음 1:21).

여호와(Jehovah): 구원 또는 구세주로, "독립하여 존재하는 자" 또는 "영원히 스스로 있는 자"(출애굽기 3:14)를 뜻한다.

임마누엘(Immanuel): 히브리어에서 온 것으로 "하나님께서 우리와 함께 계시다"라는 뜻이다(마태복음 1:23, 이사야 7:14). 이 이름은 하나님의 구원의 표시로 주어졌다.

말씀(The Word): 예수 그리스도께서는 아버지의 뜻과 명령과 말씀을 실제로 집행한 분이시다. 예수 그리스도께서는 하나님 아버지의 명에 따라 창조사업을 행하셨는데 모든 만물 중 그가 없이 지어진 것은 아무것도 없었다. 따라서 그분을 "권능의 말씀"이라 일컫는다(요한복음 1:1~3, 14).

그리스도(Christ): 일반적인 이름이 아니고 성스러운 칭호이다. 희랍어에서 나온 것으로 "기름부음을 받은 자"를 뜻한다. 히브리어로는 "메시아(Messiah)"이다. 예수 그리스도는 구세주로서 기름부음 받은 그리스도이다(요한복음 1:41, 4:25).

인자(The Son of man): 인자(누가복음 9:22, 21:36)는 거룩한 사람의 아들을 의미한다(THE SON OF MAN). 그분은 성모 마리아의 소생이므로 사람의 아들이다(SON OF MAN). 그러나 그는 유일한 독생자이다(그래서 정관사 THE가 붙는다). 이 말은 예수 그리스도께서 인간으로서의 자신의 겸손한 지위를 나타내신 것과 동시에 그분이 하나님 아버지의 유일한 아들임을 공개적으로 선언한 것이다.

알파와 오메가(Alpha and Omega): 처음이자 마지막(이사야 44:6, 48:12)이란 뜻이다. 그리스어로 알파는 첫 문자이며 오메가는 마지막 문자이다. 예수 그리스도께서는 모든 창조의 시작이요, 끝이다라는 것을 보여주기 위한 상징으로 사용된다.

아도나이(Adonay): 유대인들은 여호와가 성스러운 이름이라 생각하여 대신 '아도나이' 란 칭호를 사용하였다. 이 이름은 '주'를 내포한다.

또한 예수 그리스도께서는 당신을 스스로 다음과 같이 표현하셨다.

나는 생명의 떡이요(요한복음 6:35), 빛이요(요한복음 8:12), 양의 문이요(요한복음 10:7), 선한 목자요(요한복음 10:11), 하나님의 아들이요(요한복음 10:36), 부활이며 생명이요(요한복음 11:25), 길이요, 진리요 (요한복음 14:6), 그리고 참 포도나무(요한복음 15:1)이다.

3.2. 루시퍼 [(사탄, Lucifer (Satan)]

루시퍼란 이름은 '빛나는 자' 또는 '빛을 지닌 자' 란 뜻이다. 그는 '아침의 아들'로, 전세에서 하나님 아버지의 영의 아들로 태어났다. 한때 하나님의 면전에서 권세를 지닌 천사였던(이사야 14:12, 베드로후서 2:4) 그는 영의 아들들 중 총명하고 큰 힘을 가졌던 자 중의 하나였다. 그러나 그는 욕심과 권력을 탐하여 전세에서 모반을 이끌다 패배하여 그 지위를 잃고(유다서 1:6) 하늘로부터 번개와 같이 떨어져내려 사탄이 되었다(누가복음 10:18). 그 후로 그는 하나님의 뜻을 행하려 애쓰는 의로운 자들의 적이 되어 그들을 자기와 같이 비참하게 만들려 애쓴다. 그는 전세를 잊은 우리와는 달리 태어난 후에 습득한 모든 지식을 지니고 있는 교활한 자로서 전세에서 하나님 아버지의 영의 자녀 중 3분의 1을 자기편으로 만들 정도로 악을 행하기에 노련하다. 그는 에덴동산에 옛 뱀으로(요한계시록 20:2, 창세기 3:1) 나타나 아담과 이브를 꾀어 선악과를 따 먹게 하기도 했다. 사탄은 예수 그리스도마저도 시험할 정도로 대범한 자인데 신약전서의 마태복음 4장 1절부터 11절에는 예수 그리스도께서 사십일 동안 금식할 때 사탄(마귀)으로부터 시험을 받으시는 장면이 잘 묘사되어 있다.

"그 때에 예수께서 성령에게 이끌리어 마귀에게 시험을 받으러 광야로 가사, 사십 일을 밤낮으로 금식하신 후에 주리신지라, 시험하는 자가 예수께 나아와서 이르되 네가 만일 하나님의 아들이거든 명하여 이 돌들로 떡덩이가 되게 하라, 예수께서 대답하여 이르시되 기록되었으되 사람이 떡으로만 살 것이 아니요 하나님의 입으로부터 나오는 모든 말씀으로 살 것이라 하였느니라 하시니, 이에 마귀가 예수를 거룩한 성으로 데려다가 성전 꼭대기에 세우고, 이르되 네가 만일 하나님의 아들이거든 뛰어내리라 기록되었으되 그가 너를 위하여 그의 사자들을 명하시리니 그들이 손으로 너를 받들어 발이 돌에 부딪치지 않게 하리로다 하였느니라, 예수께서 이르시되 또 기록되었으되 주 너의 하나님을 시험하지 말라 하였느니라 하시니, 마귀가 또 그를 데리고 지극히 높은 산으로 가서 천하 만국과 그 영광을 보여, 이르되 만일 내게 엎드려 경배하면 이 모든 것을 네게 주리라, 이에 예수께서 말씀하시되 사탄아 물러가라 기록되었으되 주 너의 하나님께 경배하고 다만 그를 섬기라 하였느니라, 이에 마귀는 예수를 떠나고 천사들이 나아와서 수종 드니라."

    우리는 지금까지 전세에 있던 영들 중에 뛰어나고 고귀했던 영인 예수 그리스도와 루시퍼에 대해서 알아보았다. 그렇다면 우리의 영을 낳아 주신 하나님 아버지께서는 어떤 분이신가?

하나님 아버지 (God The Father)

영원하신 하나님 아버지께서는 최고의 경지에 이르신 인격체이시며 만져볼 수 있는 불멸의 살과 뼈, 그리고 영을 갖고 계신다(창세기 1:26, 사도행전 17:29, 누가복음 24:39). 그분은 하나님 또는 엘로힘(Elohim, 구약 전서에 2,316번 기록)으로 불리신다. 인간은 하나님에 의해 그분의 형상 대로 창조되었기에(창세기 1:26~27) 하나님은 우리의 아버지이시며, 특히 우리의 "영의 아버지"이시다(히브리서 12:9, 말라기 2:10, 시편 82:6, 마태복음 6:9). 우주 최고의 통치자이신 하나님 아버지께서는 만물을 주관하시는 전지전능하신 분으로, 그분의 권능이나 영향력은 이 지구는 물론 우주 어느 곳에서나 충만하다. 그분은 가장 강력하시고(에베소서 4:6), 모든 것을 알고 계시며(마태복음 6:8), 그분의 영은 어디에나 존재하신다(시편 139:7~12). 그토록 강력한 분임에도 불구하고 하나님 아버지께서는 공의롭고 자비로우시며 선으로 가득 차신 분으로서 모든 선한 것은 그분으로부터 나온다.

하나님께서는 우리의 영의 아버지이시지만 직접 인간에게 나타나시거나 말씀하셨던 기록은 거의 없다. 그분께서 인간에게 나타나셨을 때는 주로 아들 예수 그리스도를 인간에게 소개하실 때였다. 다음은 엘로힘 하나님께서 사람들에게 직접 나타나셨던 기록이다.

"하늘로서 소리가 있어 말씀하시되 이는 내 사랑하는 아들이요 내 기뻐하는 자라 하시니라." (마태복음 3:17)

"말할 때에 홀연히 하늘 구름이 저희를 덮으며 구름 속에서 소리가 나서 가로되 이는 내 사랑하는 아들이요 기뻐하는 자니 너희는 저의 말을 들으라 하는지라." (마태복음 17:5)

"아버지여 아버지의 이름을 영광스럽게 하옵소서 하시니 이에 하늘에서 소리가 나서 가로되 내가 이미 영광스럽게 하였고 또 다시 영광스럽게

하리라 하신대, 곁에 서서 듣는 무리는 우뢰가 울렸다고도 하며 또 어떤 이
들은 천사가 저에게 말하였다고도 하니." (요한복음 12:28~29)

"스데반이 성령이 충만하여 하늘을 우러러 주목하여 하나님의 영광
과 및 예수 그리스도께서는 하나님의 우편에 서신 것을 보고, 말하되 보
라 하늘이 열리고 인자가 하나님 우편에 서신 것을 보노라 한대." (사도행전
7:55~56)

지금까지 우리는 전세에서 우리가 누구와 함께 살았는지 만나보았
다. 이제 전세에서 살던 우리에게는 어떤 일이 있었는지, 왜 우리는 전
세를 기억하지 못하는지, 그것들을 하나하나 살펴 보기로 하자.

영들의 천국회의와 천국전쟁 그리고 기억 상실의 장막
(Council and the War in Heaven and the Curtain of Loss of Memory)

우리가 하나님 아버지와 함께 살던 전세에는 하나님의 많은 영의 자녀들이 살고 있었다. 그곳에 살던 영의 자녀들은 지금의 우리처럼 지혜의 정도나 성품이 다 달랐다. 앞에서 말했던 것처럼 그 영들 중엔 특별히 뛰어난 영들이 있었는데 그 가운데 한 영은 예수 그리스도이셨고, 다른 한 영은 루시퍼(사탄)였다. 그런데 어느 날, 그곳 전세에서 중대한 회의가 열리게 되었다. 엘로힘 하나님께서 그분의 자녀들에게 중대한 발표를 하시기 위해 모두를 소집하신 것이다. 이는 말 그대로 천국에서 일어난 회의, 즉 '천국회의'였다.

5.1. 천국회의 (天國會議, Council in Heaven)

하나님 아버지께서는 그분의 영의 자녀들이 모두 그분처럼 되어 큰 능력과 기쁨을 갖게 되길 원하셨다. 사실 그들은 하나님의 상속자가 될 그분의 사랑스러운 자녀들이었기 때문에 그들도 아버지처럼 될 충분한 잠재력을 지니고 있었다(로마서 8:16~17). 하지만 육신이 없는 영만으로는 발전에 한계가 있었다. 그래서 하나님 아버지께서는 자녀들의 발전과 진보를 위해 계획을 세우시고 이를 발표하기 위해 회의를 소집하셨다. 이를 전세에서 개최된 영들의 회의, 즉 천국회의라고 한다. 하나님 아버지께서는 이 회의에서 자녀들이 아버지처럼 될 수 있는 방법과 그것으로 인해 가질 그들의 충만한 기쁨에 대해서 말씀하셨다.

자녀들이 아버지처럼 되기 위해서는 아버지가 행했던 방법대로 해야 한다. 그 방법은 살과 피가 있는 육신을 입고 지상에서의 경험을 통해 능력을 키우면서 완전을 향해 발전하는 것이었다. 연약한 육신을 입고 겪게 되는 지상 생활의 고난은 결코 쉽지만은 않을 것이다(욥기 10:1). 자녀들은 많은 시련(시험), 즉 재해, 질병, 낙담, 고통, 실패, 좌절, 이별, 그리고 전쟁 등을 겪게 될 것이기 때문이다. 그 중에는 자유의지에 따라 각자 원하는 길을 가다 길을 잃게 될 자녀도 있을 것이다. 더 큰 문제는 그분의 자녀들이 모두 예외 없이 그 과정에서 잘못을 저지르고 크든 작든 죄를 짓게 된다는 사실이다. 죄를 지은 사람은 결코 하늘나라에 들어갈 수 없다. 그것은 오직 깨끗한 자만이 하늘나라에 거할 수 있다는 '원래부터 내려오던 변경될 수 없는 하늘 나라의 율법' 때문이다. 그렇다면 어떻게 이 문제를 해결할 수 있을까? 하나님 아버지께서는, 그분의 자녀들 중에서 지상에 가서 육신을 입어도 죄를 짓지 않을 만큼 뛰어난 한 자녀를 선택해 다른 자녀들의 죄를 대신하도록 할 계획을 세우셨다. 원래 빚도 누군가 인정 많은 사람이 대신 갚아주면 청산이 되는 것 아니겠는가? 하나님 아버지께서는 회의를 소집하시고 대신 죄를 속죄할 사람이 누가 될 것인가 물으셨다.

"누구를 보낼꼬?"

아버지의 질문에 한 자녀가 대답했다.

"제가 여기 있사오니 저를 보내소서. 당신의 뜻이 이루어지리다."

이렇게 대답하신 분은 예수 그리스도였다.

그러자 이에 도전하는 도전자가 있었다.

"내가 여기 있아오니, 나를 보내소서. 내가 온 인류를 구속하여 한 영혼도 잃지 아니하리라. 그런즉 당신의 존귀를 내게 주소서."

예수 그리스도 대신에 자기가 보내지기를 원했던 그 도전자는 루시퍼였다. 그는 북극 집회(신들의 모임, 천국회의)의 윗자리에 앉아 자신의 보좌를 높이고 싶어했다. 구약전서의 이사야에는 이에 대해 다음과 같이 기록되어 있다.

"이는 네가 네 마음속에 말하기를　"내가 하늘에 올라가서 내가 내 보좌를 하나님의 별들보다 높일 것이요, 내가 또한 북편에 있는 회중의 산 위에 앉으리라, 내가 구름들의 높은 곳들 위로 올라가, 내가 지극히 높으신 분같이 되리라." 하였음이라." (이사야 14:13~14)

　　루시퍼는 지극히 높은 자와 비기고 싶어했는데, 그의 다른 이름은 아침의 아들 '계명성(啓明星)'이었다(이사야 14:12).

　　그러나 자신의 위치를 높이는 것에만 관심이 있었던 그의 의견은 받아들여지지 않았다. 하나님 아버지께서는 모퉁이 돌이 될 그분의 장자 예수를 선택하셨는데, 그 때 영들은 모두 기뻐 소리쳤다. 이에 성경에는 다음과 같이 기록하고 있다.

　　"그 기초들은 무엇 위에다 고정시켰으며 모퉁잇돌은 누가 놓았느냐? 언제 새벽별들이 함께 노래했으며 하나님의 아들들이 모두 기뻐서 소리쳤느냐?" (욥기 38:6~7)

　　그리하여 영화를 꿈꾸던 그 도전자는 결국 하늘에서 떨어지는 계명성이 되고 말았다. 그는 이 지상에 떨어진 후에 사탄이 되었는데 이에 대해 예수 그리스도께서는 다음과 같이 말씀하셨다.

"예수께서 이르시되 사탄이 하늘에서 번개 같이 떨어지는 것을 내가 보았노라." (누가복음 10:18)

이렇게 하여 루시퍼는 사탄이 되었다.

이 모든 일은 북극집회, 즉 천국회의에서 이루어졌다. 천국 회의에서는 결국 구원자로 하나님 아버지의 장자이신 예수 그리스도가 선택(예임) 되었다. 구원자가 정해지자 하나님 아버지께서는 지상으로 그분의 자녀들을 보내시려는 계획을 진행시키기 시작하셨다.

다음의 천국회의 대화 내용은 성경에 기록된 성구를 이용해 알기 쉽게 연극의 장면으로 재 구성한 것이다.

하나님: "나는 저 지구에 공간을 만들어 너희들이 살게 될 땅을 만들 것이다. 그곳에서 너희를 시험하여 주 너희 하나님이 너희에게 명하는 것이면 무엇이든지 다 행하는지 아니 하는지를 알고자 한다. 나는 창세전부터 예임 되어 너희를 구원할 자(베드로전서 1:20)를 지상에 보내려 하나니 과연 내가 너희 중에 누구를 보내길 원하느냐?"

예수가 말하길: "나를 보내소서. 아버지여 당신의 뜻이 모두 이루어질 것이니라. 그러나 제가 하는 모든 일이 나의 영광이 되지 말며, 오직 영원토록 당신의 것이 되길 원하옵니다."

루시퍼가 말을 가로채: "아버지이시여! 나를 보내소서. 내가 저 지구에 거쳐 갈 모든 인간을 구원하여 한 사람도 잃지 않으리니, 그 수고의 대가로 당신의 영광을 나에게 주소서."(이사야 14:12~17)

하나님: "나는 나의 장자 예수를 보내리라."

하나님 아버지의 이러한 결정에, "그때 새벽 별들이 기뻐 노래하며 하나님의 아들들이 다 기뻐서 소리를 질렀다." (욥기 38:7)

그런데 위 대화의 장면을 보면 루시퍼는 한 사람도 잃지 아니 하겠다고 했다. 어떻게 그것이 가능할까? 한 사람도 잃지 않기 위해 그가 생각해 낸 방법은 사람들에게서 자유의지를 박탈하는 것이었다. 루시퍼는 지상의 모든 사람들에게 강제로 선을 행하게 할 작정이었다. 그렇게 되면 지상에선 악을 행하는 사람이 하나도 없게 될 것이니 자녀들은 모두 '오직 깨끗한 자만이 하늘나라에 거할 수 있다' 라는 하늘 율법을 충족시킬 수 있게 될 것이다. 그러면 결국 그는 자신의 바람대로 한 사람도 잃지 않을 것이라 생각했는데 루시퍼는 그 수고의 대가로 영광을 얻으려 했다. 그러나 그는 영광에 눈이 멀어 자유의지의 중요성을 간과했다. 루시퍼는 자신의 이익만을 생각하느라 하나님의 의중을 헤아리지 못했다.

자유의지는 스스로 선택하고 행동하도록 하나님 아버지께서 그분의 자녀들에게 주신 능력이자 특권이다. 자유의지는 하나님의 자녀가 그분처럼 되는데 꼭 필요한 요소로써 아버지께서도 자유의지를 통해 발전하시어 지금의 하나님이 되셨다. 하나님 아버지께서 진정으로 원하셨던 것은 자녀들이 지상에서 '오로지 선만을 행했다'라는 결과가 아니라 자녀들이 '스스로의 힘으로 선만을 행할 수 있는 능력자가 되는 것'이었다. 그렇게 되기 위해서는 아버지께서 그러셨던 것처럼 그들에겐 스스로 선택할 수 있는 자유의지가 필요했다. 자녀들은 스스로 선택을 하면서 그 결과를 통한 학습으로 보다 더 올바른 선택을 할 수 있는 분별력을 갖게 된다. 그러한 과정을 반복하면서 결국 그들은 선과 악을 명확히 분별할 줄 알게 되고 무지에서 벗어나 완전한 지식과 능력으로 선만을 행할 수 있게 되는 것이다. 이렇게 자녀들이 자유의지를 통해 발전하여 아버지처럼 되는 것이 하나님께서 원하시는 일이었다. 그러므로 예수 그리스도가 선택되고 사탄의 주장이 받아들여지지 않은 것은 너무나 당연한 결과였다.

5.2. 천국전쟁 (天國戰爭, War in Heaven)

천국회의에서 하나님 아버지께서 예수 그리스도를 우리의 구세주로 택하셨기 때문에 사탄은 화가 났다. 그는 악한 무리를 규합해 모반을 계획했다. 그 결과 전세의 영들은 두 무리로 나누어졌다. 한 무리는 사탄을 따르는 악한 영들이요, 다른 한 무리는 예수 그리스도를 따르는 의로운 영들이었다. 결국 자신의 영광만을 구하여 다른 이들의 자유의지를 빼앗으려 하던 자들과 그것들을 지키려는 자들 간에 전쟁이 일어났다. 이것이 전세에서 일어난 최초의 전쟁, 즉 '천국전쟁'이다. 신약전서의 요한계시록에는 이 전쟁에 관하여 이렇게 씌어있다.

"또 하늘에 전쟁이 있으니 미가엘과 그의 천사들이 용을 대항하여 싸우고 용과 그의 천사들도 싸우나." (요한계시록 12:7)

그러나 이 전쟁은 목숨을 아끼지 아니하고 예수 그리스도를 지지하며 용감히 싸운 의로운 영들의 승리로 끝이 났다.

"우리 형제들이 어린 양의 피와 자기들이 증언하는 말씀으로 그를 이겼으니 이들은 죽기까지 자기들의 생명을 아끼지 아니하였도다." (요한계시록 12:11)

전쟁에 패배한 사탄과 그를 따랐던 모든 악한 영들은 하나님 아버지의 면전에서 내쫓김을 받았다(이사야 14:12). 그 때 사탄을 따랐던 악한 영들은 그 무리가 전체의 3분의 1이나 되었다.

"그 꼬리가 하늘 별 삼분의 일을 끌어다가 땅에 던지니라." (요한계시록 12:4)

하나님을 거슬려 모반하고 쫓겨난 그들에게는 육신이 주어지지 않았다. 사탄은 영으로 남아 역시 그와 같은 처지가 된 그의 무리와 함께 땅(지구)으로 내어 쫓겼다.

"그리하여 그 큰 용이 쫓겨나니 그는 마귀라고도 하고 사탄이라고도 하는 옛 뱀, 곧 온 세상을 미혹하던 자라, 그가 땅으로 쫓겨나고 그의 천사들도 그와 함께 쫓겨나더라." (요한계시록 12:9)

사탄이 쫓겨난 후에 신성한 천국회의에서 구세주로 성임 받은 예수 그리스도께서는 그리스도(구원자로 기름부음 받은 자)로서의 권세를 갖고 그분의 일을 하기 시작하셨다.

"또 내가 들으니, 한 큰 음성이 하늘에서 말하기를 이제 구원과 능력과 우리 하나님의 나라와 그의 그리스도의 권세가 임하는도다, 이는 우리 형제들을 우리 하나님 앞에서 밤낮 고소하던 그 고소자가 쫓겨났기 때문이니라." (요한계시록 12:10)

사탄과 그를 따르는 무리(사자)들은 지상으로 내어 쫓기자 이번에는 전쟁의 방법을 바꾸었다. 그들은 지상에서 의로운 자녀들을 그들처럼 비참하게 만들기 위해 모든 남자와 여자를 속이고 꾀기 시작했다. 나중에 좀더 자세히 살펴보겠지만, 사탄에게 최초로 꾀임을 당한 사람은 아담의 아내 이브였다(창세기 3:13).

5.3. 기억 상실의 장막

(記憶喪失의 帳幕, The Curtain of Loss of Memory)

이제 하나님의 자녀들은 아버지의 계획대로 육신을 얻고 현세인 지상으로 올 수 있게 되었다. 그런데 현세로 올 때 자녀들은 전세의 일을 전혀 기억하지 못한다. 그것은 그들이 기억 상실의 장막를 거쳐 오기 때문이다. 전세와 현세 사이에는 한 장소가 놓여있는데 그것을 '기억 상실의 장막'이라 한다. 하나님께서는 그분의 자녀들을 위해 새로운 세상을 만드시고 그곳으로 자녀들을 보내고자 하실 때, 즉 발전 혹은 변화의 여러 단계를 거치게 하실 때 전에 살던 세상의 기억을 잊어버리게 하실 때가 종종 있다. 예를 들자면 구약전서의 이사야에 있는 다음과 같은 말씀이 그것이다.

"보라 내가 새 하늘과 새 땅을 창조하나니 이전 것은 기억되거나 마음에 생각나지 아니할 것이라." (이사야 65:17)

하나님 아버지께서는 우리가 그분과 함께 했던 안락한 전세에서의 기억을 잊은 채, 그분을 믿는 신앙에 따라 순종함으로써 발전하고 강해지기를 원하셨다. 하나님께서는 우리가 하나님께서 명하시는 것은 무엇이든지 다 행하는지 알고자 하셨으며, 그것을 행할 때 우리 스스로 자유의지를 행사하여 선을 택할 수 있기를 바라셨다. 우리는 현세에서 우리의 의지대로 행하며 스스로 선과 악을 구별하는 능력을 키우면서 하나님께로 나아가야만 한다. 때로는 선과 악을 명확히 구분할 수 없을 때도 있겠지만 그것은 걱정할 필요가 없다. 하나님께서는 결코 우리를 홀로 버려두시지 않고 그분의 사자를 보내 우리를 이끄실 것이기 때문이다. 그러므로 비록 하나님께서 눈앞에 계시지 않는다고 해도 하나님의 말씀에 귀 기울여 듣는 한 우리가 잘못된 길을 가는 일은 없을 것이다. 하나님께서 이끄시는 대로 행하다 보면 하나님의 말씀을 다 준행한 '노아'처럼 우리도 세상의 멸망 속에서 보호 받을 것이며 결국 하나님의 나라에 들어가기에 합당한 사람으로 발전하게 될 것이다.

"노아가 그와 같이 하되 하나님께서 자기에게 명하신 대로 다 준행하였더라." (창세기 6:22)

"…… 이들은 땅에서 쓸어버림을 당하였으되 홀로 노아와 그와 함께 방주에 있던 자만 남았더라." (창세기 7:23)

지금까지 우리는, 우리가 어떻게 전세에서 현세로 오게 되었는지 그 이유에 대해 알아보았다. 이제 제1막을 내리고 다음의 여행지인 현세로 가자. 현세를 다룬 제2막에서 우리는 하나님께서 만드신 지구의 만물 창조, 최초의 인간인 아담과 이브, 예수 그리스도의 탄생, 죽음과 부활, 예수 그리스도의 성역, 최후의 전쟁, 그리고 예수 그리스도의 재림과 지구 종말의 징조 등을 볼 수 있다. 이러한 일들을 보면서 이 일들이 현재 우리와 어떤 연관이 있는지 알게 될 것이다. 그렇게 되면 우리는 현세에 우리에게 주어진 문제들에 대해 좀 더 잘 대처하게 될 것이다.

　　기억상실의 장막을 통과하여 우리가 살고 있는 현세 속으로 함께 가 보자.

The Greatest Plan

2막

현세(現世, The World)
현재 인간이 살고 있는 이 지구

"태초에 하나님께서 천지를 창조하시니라…… 여호와 하나님
께서 흙으로 사람을 지으시고……." (창세기 1:1, 2:7)

"하늘에 계신 너희 아버지와 같이 너희도 온전하라." (마태복음
5:48)

지구의 만물 창조

(地球의 萬物創造, All Creation of the Earth)

하나님 아버지께서는 예수 그리스도에게 그의 자녀들이 거할 수 있도록 지구와 그 위의 만물을 창조하라 명하셨다(히브리서 1:1~2, 요한복음 1:1~4, 골로새서 1:16~17). 예수 그리스도께서는 아버지의 명을 받아 그를 따르는 자들과 함께 하늘과 땅과 만물을 창조하셨다. 이에 대해 알아보자.

성경은 지구의 창조에 대해 다음과 같이 말하고 있다.

"태초에 하나님께서 천지를 창조하시니라, 땅이 혼돈하고 공허하며 흑암이 깊음 위에 있고 하나님의 신은 수면에 운행하시니라." (창세기 1:1~2)

"여호와 하나님이 땅에 비를 내리지 아니했고 땅을 갈 사람도 없었으므로 들에는 초목이 아직 없었고 밭에는 채소가 나지 아니하였으며, 안개만 땅에서 올라와 온 지면을 적셨더라." (창세기 2:5~6)

위 구절은 지구가 창조될 당시 아직 그곳에 사람도, 초목도, 동물도 존재하지 않았을 때를 말한 것이다. 이때 우리는 전세에서 영의 상태로 하나님과 함께 거하고 있었다. 그렇다면 초목이나 동물들은 어땠을까? 그들은 언제 창조 되었던 것일까? 현세처럼 전세에서도 모든 피조물들은 하나님의 자녀들을 위해 존재하고 있었다. 우리는 들에 초목도 없고, 땅에 동물도 없는 이상하고 황량한 전세에서 살고 있지 않았다. 우리가 영이었던 것과 마찬가지로 땅과 그 위에 존재하는 모든 만물도 물체로 창조되기 전(창세기 1:2)에 영으로 창조되어 전세에서 우리와 함께 있었다. 그랬던 것이 아담과 이브가 물질적인 창조를 통해 생령이 된 것처럼 그들도 물질적인 창조를 통해 영과 육이 합해져서 생령이 되었다.

"여호와 하나님께서 흙으로 사람을 지으시고 생기를 그 코에 불어넣으시니 사람이 생령이 되니라, 여호와 하나님께서 동방의 에덴에 동산을 창설하시고 그 지으신 사람을 거기 두시니라, 하나님이 그 땅에서 보기에 아름답고 먹기에 좋은 나무가 나게 하시니 동산 가운데에는 생명 나무와 선악을 알게 하는 나무도 있더라, 강이 에덴에서 흘러 나와 동산을 적시고 거기서부터 갈라져 네 근원이 되었으니." (창세기 2:7~10)

아담과 이브가 몸을 갖고 살게 되자 에덴 동산에는 수많은 열매가 탐스럽게 열리는 나무와 풀들이 저마다 자연적으로 자라나게 되었는데 강 하나가 흘러나와 동산을 적시어 그곳은 실로 살기에 아름다운 곳이 되었다.

창세기 1장 1절부터 31절에는 하나님 아버지의 지시에 따라 예수 그리스도께서 땅을 만드시고 만물을 창조하신 모든 과정이 잘 기록되어 있다. 이 기록을 살피어 세상 만물의 창조에 대해 알아보자.

예수 그리스도께서는 아버지의 명을 받아 땅의 형체(지구)를 만드셨다. 땅은 물로 덮여있었으며 하나님의 영은 땅을 감싼 수면 위를 덮고 계셨다.

"땅이 혼돈하고 공허하여 흑암이 깊음 위에 있고 하나님의 신(영)은 수면에 운행하시니라." (창세기 1:2)

땅엔 아직 빛이 없었고 어둠이 암흑의 수면 위를 지배하고 있었다. 땅 위에 아무 것도 지어지지 않아 공허하고 황량하던 그곳에 하나님께서 '빛이 있으라' 하시자 빛이 생겨났다. 하나님께서는 빛을 만드신 후에 빛과 어두움을 나누어서 빛을 낮이라 칭하시고 어둠을 밤이라 칭하셨으니 이는 첫째 날이었다.

"하나님이 가라사대 빛이 있으라 하시매 빛이 있었고, 그 빛이 하나님 보시기에 좋았더라 하나님이 빛과 어둠을 나누사, 빛을 낮이라 칭하시고 어둠을 밤이라 칭하시니라 저녁이 되며 아침이 되니 이는 첫째 날이니라." (3~5절)

둘째 날에 하나님께서는 지구를 덮고 있던 물을 분리하여 물과 물 사이에 궁창을 만드셨다. 그러자 하늘과, 하늘의 구름과, 땅의 물이 생겨났다.

"하나님이 궁창을 만드사 궁창 아래의 물과 궁창 위의 물로 나뉘게 하시매 그대로 되니라, 하나님이 궁창을 하늘이라 칭하시니라 저녁이 되며 아침이 되니 이는 둘째 날이니라." (7~8절)

셋째 날에는 땅의 물을 육지에서 분리하여 한 곳으로 모으셨다. 그리하여 그 물은 호수와 강과 바다가 되었으며 수면위로 드러난 뭍은 물기가 마르면서 땅이 되었다. 또한 이날에 씨가 맺히는 풀과 나무와 꽃과 모든 종류의 식물들을 만드셨는데 이들은 땅이 된 육지에서 자라나게 되었다.

"천하의 물이 한 곳으로 모이고 뭍이 드러나라 하시매 그대로 되니라, 하나님께서 뭍을 땅이라 칭하시고 모인 물을 바다라 칭하시니라." (9~10절)

"땅이 풀과 각기 종류대로 씨 맺는 채소와 각기 종류대로 씨 가진 열매 맺는 나무를 내니 하나님의 보시기에 좋았더라, 저녁이 되며 아침이 되니 이는 셋째 날이니라." (12~13절)

넷째 날에는 해와 달과 별을 만드시어 각각 낮과 밤을 비추게 하셨다.

"하나님이 두 큰 광명을 만드사 큰 광명으로 낮을 주관하게 하시고 작은 광명으로 밤을 주관하게 하시며 또 별들을 만드시고, 저녁이 되며 아침이 되니 이는 넷째 날이니라." (16, 19절)

다섯째 날엔 물고기와 온갖 새들을 만드셨고 여섯째 날, 인간을 만드시기 전에 하나님께서는 땅 위의 모든 동물을 만드셨는데 이러한 동물들은 모두 번식할 수 있는 능력을 가지고 있었다.

"하나님이 큰 물고기와 물에서 번성하여 움직이는 모든 생물을 그 종류대로, 날개 있는 모든 새를 그 종류대로 창조하시니 하나님의 보시기에 좋았더라." (21절)

"하나님이 땅의 짐승을 그 종류대로, 육축을 그 종류대로, 땅에 기는 모든 것을 그 종류대로 만드시니 하나님이 보시기에 좋았더라." (25절)

이렇게 하여 땅은 모든 창조물 가운데 가장 위대한 창조, 즉 인간을 창조할 준비를 갖추게 되었다. 이 모든 것이 창조될 때까지도 인간은 전세에서 영으로 남아있었다. 드디어 동물들까지 모든 것이 만들어지고 난 후 여섯째 날, 하나님께서는 하나님의 형상대로 사람을 창조하시되 각각 남자와 여자를 창조하셨다(창세기 1:27). 최초의 남자인 아담은 땅의 흙으로 몸을 짓고 코에 생기를 불어 넣어 생명을 가진 인간이 되게 하셨으며,

"여호와 하나님이 흙으로 사람을 지으시고 생기를 그 코에 불어 넣으시니 사람이 생령이 된지라." (창세기 2:7)

최초의 여자 이브(하와)는 아담을 잠시 잠들게 한 후 그의 갈비뼈 하나를 취해 여자가 되게 하셨다.

"여호와 하나님이 아담에게서 취하신 그 갈빗대로 여자를 취하시고 그를 아담에게로 이끌어 오시니." (창세기 2:21~23)

이렇게 지구의 만물 창조가 끝나자 하나님 아버지께서는 그 창조된 것을 보시고 기뻐하셨다. 창조가 끝나고 일곱째 날이 되자 하나님께서는 창조를 멈추시고 쉬셨다.

"하나님이 일곱째 날을 복 주사 거룩하게 하셨으니 이는 하나님이 그 창조하시며 만드시던 그 모든 일을 마치시고 이 날에 안식하셨음이더라." (창세기 2:3)

하나님께서 그분의 자녀들을 위해 계획하신 지구의 만물 창조는 보기에 무척 간단하다 여겨진다. 그러나 그것은 하나님의 권능이 아니면 행할 수 없는 무척 경이롭고 신비로운 일이었다. 만물 창조의 순서 또한 그러한데 잠시 이를 다시 한번 살펴보자.

인간을 마지막인 6일째 창조한 것은 인간으로 하여금 그전에 창조된 것들을 필요 시 취하고 이용할 수 있도록 하며 또한 그것들을 다스리게 하기 위함이다. 5일째 창조된 동물보다 먼저 식물이 창조되고 해와 달이 창조된 것은 동물이 살아가기에 필수적인 에너지와 영양을 얻게 하고 그들이 활동하고 휴식하도록 하기 위함이다. 2일째 궁창을 창조하고 물과 물을 구별한 것은 3일째 창조되는 식물에게 필요한 환경을 제공하기 위함이며 첫째 날인 1일째 빛이 있게 하신 것은 빛이 모든 생명의 근원이 되기 때문이다. 깊은 암흑만 존재하던 그곳에 빛이 있게 되면서 밤 속에서 낮이 생겨나게 되었다.

이렇게 지구의 만물 창조는 하나님의 안에 있는 지혜로 이루어졌다.

인간이 현세(지구)에 사는 목적
(The Purpose of living on the Earth as Mankind)

우리는 하늘에서 열린 천국회의를 보면서 우리가 왜 지상에서 살게 되었는지 알게 되었다. 이제 타임머신을 타고 현세로 왔으므로 우리가 이 지상에 살게 된 목적에 대해 좀 더 자세히 알아보자. 우리가 안락했던 하나님의 품에서 떠나 이 지구상에 살게 된 목적은 무엇일까?

우리가 이 지상에 오게 된 목적은 육신을 입고 지상생활의 경험을 통하여 완전을 향해 발전하기 위해서다. 완전하게 발전한다면 우리는 영생의 상속자로서 하나님의 후사가 될 것이다. 우리가 지상에 온 목적은 다음과 같이 크게 두 가지로 나눌 수 있다.

첫째. 인간이 이 지구에 태어난 목적은 육신을 입기 위함이다.

하나님 아버지께서 지구를 창조하시고 아담에게 하신 최초에 일은 그에게 흙으로 육체를 지어 주신 일이다.

"여호와 하나님이 땅에 비를 내리지 아니하셨고 경작할 사람도 없었으므로…… 주하나님이 흙으로 사람을 지으시고 생기를 그 코에 불어넣으시니 사람이 생령이 된지라." (창세기 2:5~7)

우리의 영은 육체 없이는 아버지처럼 완전해질 수 없었으므로 아버지께서는 우리에게 살과 뼈로 이루어진 육체를 만들어주셨다. 사람이 살과 뼈로 된 육체를 가지게 되면 영으로 된 육체를 가졌을 때보다 많은 것을 할 수 있게 된다. 그래서 다른 사람의 육체에 부당하게 들어가 있던 사탄의 무리(악령, 귀신)는 예수 그리스도에 의해 내쫓기게 되자 돼지의 몸 속에라도 들어가고 싶어했다.

"또 예수께서 건너편 가다라 지방에 가시매 귀신 들린 자 둘이 무덤 사이에서 나와 예수를 만나니 저희는 심히 사나와 아무도 그 길로 지나갈 수 없을 만 하더라, 이에 저희가 소리질러 가로되 하나님의 아들이여 우리와 당신과 무슨 상관이 있나이까 때가 이르기 전에 우리를 괴롭게 하려고 여기 오셨나이까 하더니, 마침 멀리서 많은 돼지 떼가 먹고 있는지라, 귀신들이 예수께 간구하여 가로되 만일 우리를 쫓아 내실 찐대 돼지 떼에 들여 보내소서 한대, 저희더러 가라 하시니 귀신들이 나와서 돼지에게로 들어가는지라 온 떼가 비탈로 내리달아 바다에 들어가서 물에서 몰사하거늘."

(마태복음 8:28~32)

　육체는 지상을 사는 동안 우리로 하여금 다른 방법으로는 할 수 없는 많은 경험을 할 수 있게 하여 우리가 발전할 수 있도록 돕는다. 죽은 후에는 우리의 영과 다시 결합하여(부활) 우리가 완전해지도록 해주며 이후에는 결코 분리되는 일이 없이 영원토록 우리와 함께 할 것이다. 그러나 우리가 이 지상에 오면서 처음으로 갖게 된 우리의 육신은 우리에겐 새로운 것으로써 너무나 연약했다. 연약할 뿐만 아니라 우리의 육신은 아주 쉽게 변형되고 부패하는 것으로써 무척이나 불완전한 것이라 할 수 있다. 또한 '육욕적'이란 말을 보면 알 수 있듯이 육신이 갈망하는 바는 그리 바람직한 것이 되지 못하다.

　"육에 속한 사람은 하나님의 성령의 일을 받지 아니하리니." (고린도전서 2:14)

　"사랑하는 자들아 나그네와 행인 같은 너희를 권하노니 영혼을 거스러 싸우는 육체의 정욕을 제어하라." (베드로전서 2:11)

육신이 갖는 이러한 결점은 현대를 살고 있는 우리뿐만 아니라 이 지구상을 살게 되는 사람이라면 시대를 막론하고 누구나 갖게 되는 공통적인 문제였다. 그래서 연약한 육체 때문에 깨어있으란 명을 받고도 제자들이 잠을 이기지 못하고 자꾸만 자게 되자 예수께서는 그들에게 다음과 같이 말씀하셨다.

"시험에 들지 않게 깨어 있어 기도하라 마음에는 원이로되 육신이 약하도다 하시고." (마태복음 26:41)

참 이해할 수 없다. 왜 우리는 발전의 시기에 이렇게 나약한 육신을 받은 것일까? 현세에 우리가 이렇게 나약하고, 쉽게 변형되고, 부패되는 육신을 갖은 이유는 무엇일까?

우리가 필멸의 시기에 이렇게 나약한 육체를 갖게 된 것은 우리가 그것을 통해 겸손을 배울 수 있기 때문이다. 연약함은 사람을 겸손하게 만든다. 그런데 우리가 나약한 육체를 갖게 된 것에는 그것 말고도 다른 이유가 있다. 그것은 피가 도는 육체가 갖고 있는 크나큰 장점 때문이다. 몸은 사물이나 상황에 대한 판단을 머리보다 먼저 느낄 때가 많다. 스스로 심장을 뛰게 하고 상처를 낫게 하는 육체는 때로는 머리보다도 더 빠르게 우리가 처한 상황에 반응한다. 머리가 인식하기도 전에 먼저 등골이 서늘해지면서 온 몸이 오싹해진다든지, 괜스레 가슴이 콩닥거리고 볼이 빨개진다거나, 본인도 모르게 눈물이 흘러나오는 것 등이 그것이다. 그것은 뜨거운 피를 가진 우리의 육체가 지닌 특성 중 하나인데 피로 인해 무척이나 잘 변형되고 부패될 수 있는 우리의 육체는 그 만큼 빠르고 쉽게 모든 것을 받아들일 수 있게 된다. 우리의 몸은 마치 어린 아이들이 갖고 노는 찰흙과 같다. 나는 어린 딸이 쓰던 젖은 찰흙을 방치했다가 곰팡이가 나서 버린 적이 있는데 젖은 찰흙은 그 물기로 인해 쉽게 부패한다. 하지만 젖은 찰흙은, 찰흙을 부패하게 만드는 바로 그 물기 때문에 또한 쉽게 어떤 모양으로든 변할 수 있다. 피가 도는 우리의 육체도 젖은 찰흙과 같아서 우리를 빠르게 변화 시킬 수 있다. 지상에서 육체가 우리의 영과 합쳐졌을 때 우리는 영으로 있을 때와는 상상조차 하지 못할 정도로 빨리 발전할 수 있게 된다. 육체에는 그것 외에도 특이한 장점이 하나 더 있다. 그것은 우리가 반복해서 무엇인가를 하다 보면 육체가 그것을 즐기게 된다는 사실이다. 사람으로 하여금 중독에 빠지게 하는 이러한 특성은 연약한 육체가 갖은 단점이라 생각되기 쉽지만 사실은 육체가 갖는 훌륭한 장점이기도 하다. 우리가 육체의 선천적인 성향에 굴복하지 않고 원하는 바를 계속해서 훈련시키다 보면, 우리의 육체는 우리가 하고자 하는 것들에 익숙해지게 될 것이다. 그러다 보면 우리의 육체는 우리의 영이 원하는 것을 함께 즐기게 되며 결국 나중에는 영과 몸이 한 뜻이 되어 움직이게 된다. 나는 사람이 육체를 갖는 것은 그들이 자동차를 갖게 되는 것과 같다고 생각한다. 운전 경험이 부족한 초보 운전자가 고속도로를 운전하게 되는 것은 아주 위험한 일이다. 초보 운전자는 페달이나 운전대 조작이 미숙하기 때문에 차는 운전자의 의도대로 움직이지 않는다. 그래서 운전을 조심해서 하지 않으면 때로는 사람의 목숨을 잃게 할 수도 있다. 그러나 일단 운전에 익숙해지게 되면 걸어가는 것보다 몇 십 배, 혹은 몇 백 배 더 빠르게 목표지점에 도달할 수 있게 된다. 그렇기 때문에 하나님께서는 지구를 창조하신 후에 우리에게 흙으로 된 육체를 지어주셨다. 그러므로 우리가 육체를 훈련하는 일은 현세를 사는 동안 행해져야 한다. 죽은 후에 부활하게 되면 우리는 더 이상 뜨거운 피를 갖지 않게 될 것이기 때문이다. 육체가 부활하게 되면 우리의 육체는 썩기 쉬운 피 대신에 영으로 채워질 것인데 그렇게 되면 진흙이 굳어지는 것처럼 우리의 육체도 굳어져서 변화하기 쉬운 특유의 성질을 잃게 될 것이다.

"형제들아 내가 이것을 말하노니 피와 육은 하나님 나라를 유업으로 받을 수 없고 또한 썩은 것은 썩지 아니한 것을 유업으로 받지 못하느니라." (고린도전서 15:50)

그렇게 되면 우리의 육체는 굳어버린 찰흙처럼 생전의 습성 그대로 굳어져서 부활 후에도 늘 하던 습관대로 행하려 들 것이다. 그럴 경우 우리의 영은 다시 합쳐진 육체로 인해 크나큰 어려움을 갖게 된다. 부활 후에는 신체의 특성상 그 발전의 속도가 매우 더딜 것이기 때문이다.

이렇게 육신을 얻고 지상 생활을 하게 되면서 우리는 많은 것들을 경험하고 그것을 통해 발전할 수 있게 되었다. 그런데 여기, 우리가 육신을 얻고 경험하는 것 중에 가장 중요한 것이 있었으니 그것은 우리가 자녀를 낳고 기르는 일이었다. 하나님께서는 아담과 이브를 지으시고 그들에게 최초의 계명을 주셨는데 그것은 그들이 생육하고 번성하는 일, 즉 부모가 되어 자녀를 양육하는 것이었다.

"하나님이 그들에게 복을 주시며 하나님이 그들에게 이르시되 생육하고 번성하여 땅에 충만하라." (창세기 1:28)

아담에게 육신을 주신 이래로, 영의 자녀들은 아담과 이브를 통해 이어지는 그들의 지상 부모를 통하여 육신을 가질 수 있게 되었다. 구약전서의 시편에는 지상의 부모가 자식을 낳는 일에 대해 다음과 같이 씌어있다.

"자식은 여호와의 주신 기업(heritage)이요, 태의 열매는 그의 상급 (reward)이로다." (시편 127:3, 5)

　전세에 있는 모든 영들은 우리와 마찬가지로 육신을 입고 지상생활의 경험을 통해 발전할 기회를 가져야 한다. 그들이 모두 육신을 갖고 난 후에야 자녀들을 위한 하나님의 지상 사업이 끝나게 될 것이다. 우리가 자녀를 낳고 기르는 일은 하나님의 일에 동참하게 되는 일로써 그것은 세상에서 무엇과도 바꿀 수 없는 가치 있는 일이다. 그 일을 함으로써 우리는 하나님의 조건 없는 사랑을 배우게 될 것이며 또한 하나님으로부터 상(보상, reward)을 받게 될 것인데, 그것은 우리가 죽은 후에도 결코 부모의 자리에서 옮겨지지 않으리라는 것이다. 우리의 자녀는 영원히 우리의 자녀가 될 것이고 우리가 현세에서 만드는 가족관계는 무덤 너머까지 영원히 계속될 것이다.

　둘째. 우리가 이 지구에 태어난 또 다른 목적은 지상생활의 시련(시험)과 경험을 통하여 온전하게 발전해지기 위함이다.

　하나님께서는 우리가 발전하여 그분과 같이 온전해지길 원하신다. 성경에는 우리가 온전해지는 것에 대해 씌어있는데 이는 다음과 같다.

"하늘에 계신 너희 아버지의 온전하심과 같이 너희도 온전하라." (마태복음 5:48)

"기록되었으되 내가 거룩하니 너희도 거룩할지어다 하셨느니라." (베드로전서 1:16)

"……신성한 성품에 참여하는 자가 되라." (베드로후서 1:4)

우리가 발전하여 온전히 된다는 것은 무엇이며 그것을 이루기 위해서는 어떻게 해야 할까? 하나님과 같이 온전해지는 것에 대해 창세기에는 이렇게 씌어있다.

"너희가 그것을 먹는 날에는 너희의 눈이 열리고 너희가 신들과 같이 되어서, 선과 악을 알게 되는 줄을 하나님께서 아심이라, 하더라." (창세기 3:5)

이 말은 에덴동산에서 뱀(사탄)이 이브에게 '선악과'를 먹으라고 부추기며 한 말이다. 위에서 뱀은 이브에게 선악과를 주며 그녀에게 '하나님과 같이 되는 것은 선악을 아는 것이라'고 말하고 있다. 역설적이지만 사악한 뱀은 여기서 진리를 말하고 있다. 우리가 발전하여 하나님과 같이 온전히 된다는 것은 우리가 선악을 분명하게 알고 선을 온전히 행할 수 있게 됨을 의미하기 때문이다. 그렇다면 온갖 주장들이 난

무하는 오늘날, 우리는 어떻게 선악을 잘 분별하여 온전해질 수 있을까?

우리가 온전히 되기 위해서는 이미 선악을 명확하게 알고 온전하게 되신 하나님의 인도를 받는 것이 중요하다. 우리가 어떻게 선을 행하여 온전해 질 수 있는지 성경에서 찾아보자. 마태복음 19장 16~22절에 보면 다음과 같은 이야기가 나온다.

어느 날 한 청년이 와서 예수께 여쭈었다.

"선생님이여 내가 무슨 선한 일을 하여야 영생을 얻으리이까?"

이에 예수께서 대답하셨다.

"……네가 생명(Life)에 들어가려면 계명들을 지키라."

"어느 계명이오니까?"

"살인하지 말라 간음하지 말라 도적질하지 말라 거짓 증거하지 말라 네 부모를 공경 하라 네 이웃을 네 몸과 같이 사랑하라."

"이 모든 것을 내가 지키었사오니 아직도 무엇이 부족하오리까?"

"네가 온전하고자 할찐대 가서 네 소유를 팔아 가난한 자들을 주라 그리하면 하늘에서 보화가 네게 있으리라 그리고 와서 나를 좇으라."

그러자 청년은 재물이 많으므로 이 말씀을 듣고 근심하며 돌아갔다.

예수께서는 위에서 청년이 영생에 들어가기 위해서는 하나님의 계명을 지켜야 한다고 말씀하셨다. 하나님의 계명을 지키는 것이 선을 행하는 것이기 때문이다. 그런데 청년은 이미 하나님께서 주신 모든 계명들을 행하고 있었다. 이 사실로 미루어 볼 때 청년은 재물만 많은 것이 아니라 이웃도 자기 몸처럼 사랑하는 유덕한 사람이었던 것 같다. 아마 청년은 사람들의 존경도 받았을 것이다. 그러나 예수께서는 청년이 온전해지기 위해서는 한가지를 더 해야 한다고 하셨다. 그것은 그의 소유를 팔아 가난한 자들에게 주고 당신을 좇으라는 것이었다. 사실 예수께서는 아무에게나 그를 좇으라고 하신 것은 아니다. 마가복음 5장 1~20절에서 보면 예수께서 귀신을 쫓아내 주자 귀신 들렸던 자가 와서 예수와 함께 있기를 간구한다. 그때 예수께서는 다음과 같이 말씀하셨다.

"허락지 아니하시고 저에게 이르시되 집으로 돌아가 주께서 네게 어떻게 큰 일을 행하사 너를 불쌍히 여기신 것을 네 친속에게 고하라 하신대."

 그런데 부자 청년은 예수를 좇으라는 큰 축복의 말씀을 듣고도 재물 때문에 근심하였다. 후에 청년이 돌아왔다는 이야기가 없으므로 청년은 예수의 말씀을 따르지 않은 것으로 보인다. 발전하여 온전하게 될 수 있는 기회를 그가 가진 재물로 인해 저버리게 된 것이다. 만약 부자 청년이 그리스도를 좇았다면 그는 예수 곁에서 많은 것을 보고 배우며 베드로와 같이 거룩한 사도가 될 수 있었을 것이다. 재물은 부자 청년이 가진 그의 약점이었다. 약점을 극복할 수 있는 기회를 저버렸기 때문에 부자 청년은 거룩하게 되지 못했다. 그리하여 그는 이름조차 알려지지 못한 채 그냥 부자 청년이라 기록되었다. 사실 재물을 모으는 것은 우리가 이 세상에 온 이유가 되지 못한다.

 "또 그들에게 말씀하시기를, 주의하고, 탐심을 조심하라, 이는 사람의 생명이 자기가 소유한 것의 풍부함에 있지 않음이라고, 하시고." (누가복음 12:15)

 우리는 세상적인 성공이 아니라 우리의 약점들을 없애고 발전하여 온전해지기 위해 지상에 왔다. 만약 구약시대의 욥이 그 부자 청년과 같은 부름을 받았다면 욥은 어떻게 했을까?

구약전서의 욥기에 보면 욥은 동방에서 제일 가는 큰 자였다. 그는 많은 재산과 종을 가진 자였으며 순전한 자로 하나님을 경외하는 자였다. 그런데 욥은 하루아침에 그의 전 재산은 물론 10명의 자녀까지도 잃게 되었다. 뿐만 아니라 심한 악창이 그의 정수리부터 발끝까지 났기 때문에 그는 사람들 가운데 있지 못하고 홀로 재 가운데 앉아서 기와 조각으로 몸을 긁게 되었다. 그런 남편을 보고 욥의 아내는 '하나님을 욕하고 죽으라'고 욥에게 말했다. 욥은 그렇게 말하는 아내를 향해 다음과 같이 말한다.

"그러나 욥은 그녀에게 말하기를, "당신은 어리석은 여자들 가운데 하나가 말하듯이 말하는도다, 무슨 말을 그리하느뇨? 우리가 하나님의 손에서 좋은 것을 받았을진대 나쁜 것도 받지 아니하겠느뇨?" 하며 이 모든 일에도 욥은 자기 입술로 죄를 짓지 아니하더라." (욥기 2:10)

욥의 친구들(욥기 2:11) 조차 와서 죄 없이 망한 자는 없다며(욥기 4:7) 그를 비난했다. 그러나 욥은 그가 받은 고난으로 인해 그의 의로움을 저버리는 일은 하지 않았다. 결국 욥은 처음 가졌던 재물의 두 배나 다시 소유하게 되었으며 자녀도 10명이나 더 낳게 되었다(욥기 42:10~15). 만약 이 모든 시련(시험)을 겪은 욥이 "모든 소유를 팔아 가난한 자에게 주고 나를 따르라"는 예수의 말씀을 들었다면 그는 어떻게 했을까? 아마 욥은 주저 없이 예수 그리스도를 따랐을 것이다. 재물이란 하루 아침에 없어지기도 하고 하나님에 의해 다시 생길 수도 있음을 뼈저린 경험을 통해 알게 되었기 때문이다.

만약 위에서 언급된 부자 청년이 욥과 같은 시련을 겪은 후에 다시 같은 말씀을 듣게 된다면 그는 어떻게 할까? 그의 선택이 달라질 것이라고 생각하지 않는가? 우리는 시련이 닥치는 것을 두려워하지만 사실 우리는 시련의 시기에 발전한다. 그에 대한 예를 사도 베드로에게서 찾아보자(마태복음 26:57~75). 예수께서 잡히신 후에 대제사장 '가야바'의 집에서 열리는 공회 앞에 서서 고난을 받으실 때 그의 제자 베드로는 바깥 뜰에 앉아 있었다. 이 때 한 사람이 와서 베드로를 보고 "너도 갈릴리 사람 예수와 함께 있었다"고 하자 그는 맹세하고 부인하여 "내가 그 사람을 알지 못하노라"고 했다. 그는 저주까지 해가며 세 번이나 그렇게 부인했는데 그때 베드로는 예수 그리스도와 눈이 마주치게 된다. 이에 베드로는 자신이 저지른 잘못으로 인하여 밖으로 나가서 심히 통곡한다. '심한 통곡'으로 참회한 그는 나중에 부활하신 예수께서 바닷가에 서계신 것을 보고는 기뻐하며 그에게로 가기 위해 배에서 뛰어내린다(요한복음 21:7). 시련의 시기에 베드로가 "예수를 모른다"고 거짓말을 한 것은 그가 사람들에 대해 두려움을 가졌기 때문이다. 그러나 위와 같은 시련의 과정을 겪으면서 베드로는 그 후로 자신의 약점인 두려움을 완전히 극복하게 된다. 그리하여 강하게 된 그는 죽음을 두려워하지 않고 대제사장 가야바 앞에서는 물론 그 누구 앞에서도 굴하지 않은 채 담대히 예수 그리스도에 대한 자신의 간증을 전할 수 있게 되었다(사도행전 4:1~21). 시련을 겪는 사람들에게 찾아오는 참된 회개는 이미 지은 죄를 두 번 다시 반복하지 않게 함으로써 사람들로 하여금 자신의 약점을 극복하고 발전할 수 있게 하기 때문이다.

그러나 누구나 베드로처럼 시련의 시기에 발전하는 것은 아니다. 구약시대 이스라엘의 왕 '다윗'에 대해 알아보자. 젊었을 때 다윗은 "하나님의 마음에 맞는 사람"이었다(사무엘상 13:14). 그런데 목욕하는 유부녀 '밧세바'를 보고는 그 아름다움에 반해 그녀를 불러 간음을 저지르게 된다. 하나님의 사람이었던 그도 약점을 가지고 있었던 것이다. 그가 저지른 간음으로 인해 그는 시련을 맞게 되었다. 그만 밧세바가 잉태하게 된 것이다. 그러나 다윗은 시련의 시기를 베드로처럼 자신의 죄를 '통곡'으로 참회하고 발전하는 계기로 삼지 않았다. 은밀했던 간음이 탄로날까 걱정이 된 다윗은 전쟁터에 있는 그의 부하이자 밧세바의 남편인 '우리아'를 불러 들였다. 그리고는 그에게 집에 가서 하룻밤을 자고 오라 명한다. 그러나 충실한 우리아는 자신의 부하들을 밖에 놔둔 채 혼자 집에 가서 편히 잘 수가 없었다. 우리아는 그의 신

복들과 함께 왕궁 문에서 자게 되는데 결국 계획에 실패하게 되자 다윗은 편지를 써서 전쟁터에 있는 우리아를 죽이라 명한다(사무엘하 11, 12:1~15). 다윗은 참회 대신에 살인을 저지르게 되면서 그의 약점을 극복할 기회 또한 잃고 말았다.

그렇다면 우리는 어떻게 시련의 시기에 우리의 약점을 극복하고 강하게 될 수 있을까? 어떻게 늘 옳은 일을 행할 수 있을까? 성경은 이에 대해 다음과 같이 말한다.

"참 빛 곧 세상에 와서 각 사람에게 비추는 빛이 있었나니, 빛이 어두움에 비추되 어두움이 깨닫지 못하더라." (요한복음 1:9, 5)

전세에서 지상으로 오는 영의 자녀들은 육신을 입고 지상에서 살게 되면서 빛을 하나씩 갖게 되었다. 이 빛은 세상으로 나아와 각 사람을 비추는 참 빛으로써 사람들은 이 빛으로 인하여 선악을 구별하여 옳은 일을 할 수 있게 된다. 그러나 사도 바울은 모든 사람이 선악을 구별할 수 있는 것은 아니라고 하였다. 그는 육에 속한 사람은 옳은 일을 깨달을 수 없다고 했다.

"그러나 자연인(육에 속한 사람)은 하나님의 영의 일들을 받아들이지 아니하나니 이는 그 일들이 그 사람에게는 어리석게 여겨지기 때문이요, 또 알 수도 없나니 이는 그 일들이 영적으로만이 분별되기 때문이니라." (고린도전서 2:14)

왜 그럴까? 빛은 세상에 나아와서 모든 사람을 비추게 되는데, 왜 어떤 사람에게는 의로운 일이 미련하게 보일까? 이에 대해 이사야의 말을 살펴보자.

"야곱의 족속아 오라 우리가 여호와의 빛에 행하자." (이사야 2:5)

구약시대의 이사야는 각 사람이 갖게 되는 빛은 '여호와(예수 그리스도)의 빛'이라 말했다. '양심'으로 표현되기도 하는 이 빛은 여호와에게서 나와 세상 모든 사람에게 비추므로 사람들은 이 빛(양심)으로 옳고 그름을 알 수 있다. 어린 아이가 배우지 않고도 선한 것과 악한 것을 분별할 수 있는 것도 바로 이 빛 때문이다. 빛은 여호와에게서 나오므로 그에게 다가갈수록 더 밝아진다. 반대로 여호와에게서 멀어질수록 사람들은 빛에서 멀어지게 된다. 그리하여 종국에는 육에 속하는 사람이 되어 악을 행하고도 이를 깨닫지 못하는 어둠 속에 거하게 되는 것이다.

하지만 여호와의 빛 속에 거한다면 우리는 분별의 영을 갖고 늘 올바른 일을 행할 수 있다. 여호와의 빛 속에서 우리는 강하게 될 수 있는데 구약시대의 '아브라함'이 그런 사람이었다. 아브라함이 어떻게 시련(시험)의 시기에 빛 속에서 선악을 옳게 분별하고 선을 행하게 됐는지 이에 대해 알아보자(창세기 22:1~19).

어느 날 아브라함은 하나님으로부터 나이가 많이 들어서 난 그의 사랑하는 독자 '이삭'을 제물로 바치라는 명을 받게 된다. 이것은 납득하기 어려운 명이었다. 왜냐하면 하나님께서는 '살인하지 말라'는 계명을 주신 분이셨으며 이삭은 무죄한 자였기 때문이다. 그러나 아브라함은 망설이지 않고 아침 일찍이 일어나 나귀에 안장을 지운다. 이삭을 데리고 사흘 길을 걸어 모리아산에 도착한 아브라함은 번제할 나무를 이삭에게 지우고는 자신은 불과 칼을 손에 들고서 하나님이 지시한 곳으로 간다. 그리고는 단을 쌓고 나무를 벌여놓은 뒤에 이삭을 결박하여 나무 위에 올려 놓았다. 아브라함은 이삭을 죽이고자 칼을 들었는데, 이때 하늘로부터 한 음성이 들려온다.

"아브라함아, 아브라함아."

아브라함이 대답했다.

"내가 여기 있나이다."

"그 아이에게 네 손을 대지 말라 아무 일도 그에게 하지 말라 네가 네 아들 네 독자라도 내게 아끼지 아니 하였으니 내가 이제야 네가 하나님을 경외하는 줄을 아노라."

아브라함이 그 말을 듣고 눈을 들어 살펴보니 한 마리 수양이 뒤에 있는데 뿔이 수풀에 걸려 있었다. 아브라함이 그 수양을 가져다가 이삭 대신 번제로 드리자 하늘에서 다시 음성이 들려왔다.

"네가 이같이 행하여 네 아들 네 독자를 아끼지 아니하였은즉 내가 네게 큰 복을 주고 네 씨로 크게 성하여 하늘의 별과 같고 바닷가의 모래와 같게 하리니, 네 씨가 그 대적의 문을 열으리라 또 네 씨로 말미암아 천하 만민이 복을 얻으리니 이는 네가 나의 말을 준행하였음이니라."

이렇게 하여 아브라함은 그의 독자 이삭을 아끼지 않고 제물로 바치려 한 행위로 큰 복을 받게 된다. 그런데 이상하지 않은가? 하나님께서 하시는 일은 모두가 선한 것이거늘, 왜 아브라함에게 그런 일을 시키셨을까? 그것을 알아보기 위해 우리는 잠시 앞에서 다루었던 천국회의로 돌아가보자. 천국회의에서 우리는 하나님께서 그분의 자녀 하나를 세우셔서 다른 자녀들이 짓게 되는 죄를 대신 속죄하게 하셨다는 것을 알고 있다. 그렇게 하여 선출된 분이 바로 하나님의 장자이자, 후에 독생자가 될 예수이셨다. 하나님께서는 그분의 독생자 예수 그리스도로 하여금 스스로 십자가를 지고 골고다 언덕으로 가서 죽임을 당하도록 계획하셨다. 그것만이 그분의 다른 자녀들이 공의의 법을 충족시키고 죄에서 속죄되어 하나님께로 돌아갈 수 있는 길이었기 때문이다. 아브라함에게 이삭을 번제드리라 한 것은 예수 그리스도의 죽음을 미리 보여주는 '예표(豫表)'였다. 그렇기 때문에 아브라함이 사흘을 가서 이삭을 번제드리려 했던 모리아산도 바로 예수께서 죽임을 당한 바로 그 장소, 골고다 언덕이었다. 아브라함이 그의 독자 이삭을 번제로 드리는 것과 하나님께서 그의 독생자 예수 그리스도를 희생양으로 삼으시는 것 중 어느 것이 더 잔인한 일일까? 다행스럽게도 이삭은 한 마리 수양이 대신 제물로 바쳐지면서 죽음을 면했다. 하지만 예수께는 그러한 일이 일어나지 않았다. 이삭을 대신해 죽은 그 '수양'이 바로 십자가 위에서 돌아가신 '예수 그리스도' 이시기 때문이다. 이 예표 외에도 하나님께서 아브라함에게 이삭을 번제로 바치라고 하신 데에는 또 다른 이유가 있다. 모든 것을 아시는 하나님께서는 아브라함의 훌륭한 성품을 잘 알고 계셨기에 그가 장래에 수많은 자손의 아버지가 되기에 합당한 자라 여기셨다(창세기 18:17~19). 하나님께서는 수

많은 자손의 아버지가 될 아브라함에게 교훈과 영광과 영예를 주시기 위해, 그에게 그가 그 모든 축복을 받기에 합당하다는 것을 증명하게 하시고자 그런 명을 내리셨다. 그런데 우리가 이 모든 것을 다 이해할 수 있다고 해도 아직도 이해 안 되는 부분이 있다. 아브라함은 어떻게 자신의 독자를 번제로 드릴 수 있었을까? 그는 아들 이삭을 제물로 바치라고 명하신 하나님을 어떻게 신뢰할 수 있었을까? 이 질문에 대한 답을 성경에서 찾아보자. 사도 바울은 그 이유에 대해 알고 있었는데 그는 히브리 사람들에게 다음과 같이 말하였다.

"아브라함은 시험을 받을 때에 믿음으로 이삭을 드렸으니 저는 약속을 받은 자로되 그 독생자를 드렸느니라, 저에게 이미 말씀하시기를 네 자손이라 칭할 자는 이삭으로 말미암으리라 하셨으니, 저가 하나님이 능히 죽은 자 가운데서 다시 살리실 줄로 생각한지라 비유컨데 죽은 자 가운데서 도로 받은 것이니라." (히브리서 11:17~19)

아브라함은 하나님에 대해 이미 잘 알고 있었다. 하나님께서는 아브라함에게 네 자손이라 칭할 자는 오로지 이삭이라 하셨다(창세기 17:15~19). 그런데 이삭이 죽게 되면 어떻게 그 말씀이 이루어지겠는가? 그는 그가 겪은 경험들로 인해 하나님을 잘 알고 있었으므로 그분에 대한 절대적인 신뢰 또한 갖게 되었다. 그는 이삭이 죽더라도 하나님께서 그를 다시 살리시리라 굳게 믿었다. 그것은 그가 하나님의 빛 속에 거하면서 모든 선악을 낮과 밤 같이 분별할 수 있는 분별의 영을 지니고 있었기 때문에 가능한 일이었다. 결국 그는 시련의 시기에 잘못 판단하지 않고 옳은 일을 행함으로써 많은 축복을 받게 되었으며 더욱 발전하고 강해질 수 있게 되었다.

하나님께서는 우리가 그분의 빛 안에서 모든 선악을 분별하고 알게 되어 강하게 되기를 바라신다. 지혜롭고 강해져서 비둘기와 같은 순수함을 유지할 능력을 갖게 되기를 원하신다. 그래야 우리가 그의 후사가 되어 우주를 다스릴 수 있기 때문이다. 만약 어리석고 나약한 자가 우주를 다스리게 된다면 그 우주는 어떻게 되겠는가?

"보라, 내가 너희를 내보내는 것이 마치 양을 이리들 가운데로 보냄과 같도다, 그러므로 너희는 뱀처럼 지혜롭고 비둘기처럼 순수하라." (마태복음 10:16)

그렇다면 항상 하나님의 빛 속에 거하면서 매번 옳은 일을 행하려면 우리는 어떻게 해야 할까?

하나님께서는 우리가 그의 빛에 거하면서 발전할 수 있도록 '방편(方便)'을 만들어 놓으셨다. 그것이 바로 하나님께서 주신 '계명(誡命)'이다. 예수 그리스도께서는 부자 청년에게 그가 지켜야 하는 계명에 대해 말씀해 주셨다. 십계명에도 포함되어 있는 이 계명들은 모든 이들이 지켜야 하는 것으로써 우리도 이를 행해야 한다. 그 밖에도 우리는 하나님께서 주신 많은 계명들을 신약전서에서 찾아볼 수 있는데 그 모든 계명 중에 첫째 되는 계명은 '사랑'이다.

"그 중에 한 율법사가 예수를 시험하여 묻되, 선생님이여 율법 중에 어느 계명이 크나이까, 예수께서 가라사대 네 마음을 다하고 네 목숨을 다하고 네 뜻을 다하여 주 너의 하나님을 사랑하라 하셨으니, 이것이 첫째 되는 계명이요, 둘째는 그와 같으니 네 이웃을 네 몸과 같이 사랑하라 하셨으니, 이 두 계명이 온 율법과 선지자의 강령이니라." (마태복음 22:35~40)

사랑은 어떻게 하는 것일까? 사도 바울은 사랑하는 사람은 다음과 같이 행하는 사람이라고 말했다.

"사랑은 오래 참고 사랑은 온유하며 투기하는 자가 되지 아니하며 사랑은 자랑하는 자가 되지 아니하며 교만하지 아니하며, 무례히 행치 아니하며 자기의 유익을 구치 아니하며 성내지 아니하며, 악한 것을 생각지 아니하며 불의를 기뻐하지 아니하며, 진리와 함께 기뻐하며 모든 것을 참으며 모든 것을 믿으며 모든 것을 바라며 모든 것을 견디느니라." (고린도전서 13:4~7)

우리가 하나님의 계명을 지키며 우리의 약점들을 극복해간다면, 우리는 온전하게 되어 하나님의 후사로서 그분의 왕국에 거할 수 있게 될 것이다. 참고로 예수께서는 생전에 그분의 제자들에게 온전하게 되어 하나님의 왕국에 거하게 될 사람들의 자격조건에 대해 말씀하셨는데 이에 대해 알아보자. 이 설교는 십이사도를 부르신 후에 전도하러 보내시기 전, 산 위에서 주어졌기에 *산상수훈(THE SERMON ON THE MOUNT)이라 한다. 예수께서 말씀하신 하나님 왕국의 시민이 될 사람은 다음과 같은 사람이다(마태복음 5:3~12).

1. 신빈(神貧): 심령이 가난(겸손)하여 내게 이르는 자는 복이 있나니, 천국이 저의 것임이요.

2. 통곡(痛哭): 애통(회개)하는 자는 복이 있나니, 저희가 위로 받을 것임이요.

3. 양선(良善): 온유한 자는 복이 있나니, 저희가 땅을 기업으로 받을 것임이요.

4. 의갈(義渴): 의에 굶주리고 목마른 자는 복이 있나니, 저희가 성령으로 충만함을 입을 것임이요.

5. 애긍(哀矜): 긍휼이 여기는 자는 복이 있나니, 저희가 긍휼이 여김을 받을 것임이요.

6. 청심(淸心): 마음이 청결한 자는 복이 있나니, 저희가 하나님을 볼

것임이요.

7. 화목(和睦): 화평케 하는 자는 복이 있나니, 저희가 하나님의 자녀라 일컬음을 받을 것임이요.

8. 의해(義害): 나의 이름을 위하여 핍박을 받은 자는 복이 있나니, 천국이 저희 것임 임이라.

지금까지 우리는 우리가 지상에 온 목적에 대해 알아보았다. 이제 다시 지구로 돌아가 보자.

한 때 이 지구는 인간의 사악함으로 인해 하나님으로부터 벌을 받아 멸망의 지경에 이르렀다가 다시 회복 되었다(창세기 6:13). 우리가 매일매일 생활하면서 살고 있는 복잡한 이 지구 위에서는 어떤 일들이 벌어지고 있을까? 성경에 나와 있는 지구 창조의 목적과 상태를 알아본 후에 지상 위에서 일어나고 있는 다사다난한 현장 속으로 함께 가보자.

3

지구 (地球, The Earth)

앞에서 우리는 하나님께서 우리를 위하여 지구를 창조하시던 과정에 대해 알아보았다. 지구는 우리가 그곳에서 생활하고 경험하여 하나님과 같이 발전할 수 있도록 그 장소를 제공해 주기 위해 만들어졌다. 하나님께서는 땅과 그 위의 모든 것을 창조하신 후에 이를 자녀들에게 주시며 그들이 그곳에서 모든 생물을 다스리며 생육하고 번성할 수 있도록 하셨다. 구약전서에서는 이에 대해 다음과 같이 기록되어 있다.

"하늘은 여호와(LORD)의 하늘이라도 땅은 사람에게 주셨도다." (시편 115:16)

"하나님이 그들에게 복을 주시며 하나님이 그들에게 이르시되 생육하고 번성하여 땅에 충만하라, 땅을 정복하라, 바다의 물고기와 하늘의 새와 땅에 움직이는 모든 생물을 다스리라 하시니라." (창세기 1:28)

우리에게는 하늘과 바다와 땅 위의 모든 생물을 다스릴 권한이 있다. 그 모든 것을 지으신 하나님께서 그것을 우리에게 허락하셨기 때문이다. 그러나 그 모든 권한이 저절로 주어지는 것은 아니다. 우리가 땅을 기업으로 받기 위해서는 자격이 필요하다. 마태복음 5장 5절과 구약전서의 에스겔 47장 14절에는 각각 다음과 같이 씌어있다.

"온유한 자는 복이 있나니 그들이 땅을 기업으로 받을 것 임이요."

"내가 옛적에 내 손을 들어 맹세하여 이 땅을 너희 조상들에게 주겠다고 하였나니 너희는 공평하게 나누어 기업을 삼으라 이 땅이 너희의 기업이 되리라."

우리가 땅을 기업으로 삼으려면 우리는 온유하며 탐심이 없는 공평한 사람이 되어야 한다. 온유한 사람이란 어떤 사람일까? 온유한 사람은 땅 위의 흙 한줌도 인간이 창조한 것이 아님을 알고 그것을 창조한 분을 경외하며 겸손해 할 줄 아는 사람이다. 그리하여 스스로 겸손해져서 오래 인내하게 되는 의로운 사람이 온유한 사람이다. 공평한 사람이란 어떤 사람일까? 그는 부당한 것을 구하지 않는 사람이다. 혼자 독차지 하려는 탐심을 버리고 모든 것을 정직하게 나누려는 사람이다. 이렇게 온유하고 공평한 사람들만이 땅을 기업으로 취할 자격이 있다. 그러한 사람이라야 땅(지구)을 오염되게 하지 않을 것이며, 아름답게 가꿀 것이며, 잘 보살필 것이다. 그러나 오늘날 사람들은 땅과 그 위의 생물들을 겸손함과 의로움으로 다스리려고 하지 않는다. 그들은 오로지 탐욕을 갖고 불의하게 지배하려고만 든다. 이제 땅과 그 위의 생물들은 멸종되거나 병들어 가고 있다. 그 결과 우리는 매일같이 자연으로부터의 재앙을 두려워하기에 이르렀다. 우리가 두려워하는 것들에는 지진이나 홍수, 기근과 같은 자연재해나 에이즈(HIV), 사스(SARS), 조류독감(AI), 광우병, 공수병(광견병)과 같은 역병 등이 있다. 어쩌면 그리 멀지 않은 미래에 알려지지 않은 슈퍼 박테리아의 발생으로 많은 사람들이 죽음에 이를지도 모른다. 하나님께서 기업으로 주신 이 땅을 잘 지키지 못한다면 우리는 언젠가 엄청난 대가를 치르게 될 것이다. 땅과 그 위에 모든 생물을 다스릴 권한이 사람들에게 있기는 하지만 사람들은 그것들의 주인이 될 수는 없기 때문이다. 지구 위에 만물은 모두 하나님께서 창조하셨기 때문에 그것들은 모두 하나님께 속해있다. 땅 위의 것이나, 땅 아래의 것이나, 티끌 하나조차도 인간에게 속한 것은 아무것도 없다. 우리에게는 단지 잠시 그것들을 보살피고 다스릴 '청지기' 직분이 있을 뿐이다. 따라서 우리 모두는 '재물의 노예'가 되어서는 안 된다.

"땅과 거기에 충만한 것과 세계와 그 가운데에 사는 자들은 다 여호와의 것이로다." (시편 24:1)

"내가 땅을 만들고 그 위에 사람을 창조하였으며 내가 내 손으로 하늘을 펴고 하늘의 모든 군대에게 명령하였노라." (이사야 45:12)

그런데도 인간은 오늘날 재물에 혈안이 되어 동족이나 이족, 심지어 가족까지도 헐뜯고 죽이는 일을 너무나 쉽게 자행하고 있다. 우리는, 모든 것을 소유하려 애쓰는 우리 자신까지도 하나님께서 창조하신 피조물이라는 사실을 잊지 말아야 한다.

그런데 사람들을 위해 창조된 지구의 모습과 그 위에 살게 된 사람들의 역사는 어땠을까? 이에 대해 간략하게 알아보자.

하나님께서 우리에게 다스릴 권한을 주신 지구는 창조 당시 에덴 동산이 있던 아름다운 왕국이었다. 그런데 아담과 이브가 에덴 동산에서 쫓겨난 이후에 사람들이 번성하기 시작하면서, 지구는 사람들의 간악함으로 점점 더 더럽혀지게 되었다.

"하나님께서 땅을 보셨는데, 보라, 그것이 부패되었으니, 이는 모든 육체가 땅 위에서 그 행위를 부패 시켰음이라." (창세기 6:12)

하나님께서는 사람들의 포악함이 땅에 가득하므로 그들을 홍수로 땅과 함께 쓸어버리시기로 작정하셨다. 그분은 의로운 사람 '노아'를 '선지자'로 삼고 그에게 명령하여 방주(배)를 짓게 하셨다. 노아의 가족과 온갖 동물들이 종류별로 한 쌍씩 방주에 타자 땅에는 홍수가 났다 (창세기 7:1~3). 하늘의 창문이 열리고 사십 주야 동안 비가 쏟아졌다. 빗물은 지구를 덮었고 물이 백오십일 동안 땅에 넘쳤다. 이 사건을 우리는 '노아의 홍수'라고 한다.

"지금부터 칠 일이면 내가 사십 주야를 땅에 비를 내려 내가 지은 모든 생물을 지면에서 쓸어버리리라…… 물이 땅에 더욱 넘치매 천하의 높은 산이 다 잠겼더니…… 육지에 있어 그 코에 생명의 기운의 숨이 있는 것은 다 죽었더라…… 물이 일백오십일을 땅에 창일하였더라." (창세기 7:4,19,22,24)

이로써 의로운 노아의 가족과 그와 함께 했던 동물들만이 땅 위에 남게 되었다. 홍수가 모든 포악하고 더러웠던 사람들과 그들로 인해 더럽혀졌던 땅 위의 모든 것들을 쓸어가 버렸기 때문이다. 덕분에 지구는 깨끗하게 될 수 있었다. 이것을 지구의 침수(물에 완전히 빠짐), 즉 '뱁티즘(Baptism, 세례, 침례)'이라 한다. 사람이 세례(침례)를 받고 깨끗해지듯이, 노아의 홍수 사건으로 지구는 물로 씻김을 받아 사악해서 저주 받았던 상태로부터 깨끗해질 수 있었다. 그렇다면 이제 지구는 성결하게 되어 하나님께서 받아드리실 만큼 깨끗한 곳이 되었을까? 아니다. 깨끗해지는 것은 일련의 과정을 거쳐야 하는데 하나님의 방법대로 깨끗해지는 것은 어떤 것인지 이에 대해 알아보자. 예수 그리스도께서 '니고데모'에게 말씀하셨다.

"예수 그리스도께서 대답하시되 진실로 진실로 네게 이르노니 사람이 물과 성령으로 나지 아니하면 하나님 나라에 들어갈 수 없느니라." (요한복음 2:5)

세례(침례) 요한도 깨끗해지는 것에 대해 말했는데 이는 다음과 같다.

"나는 너희로 회개하게 하기 위하여 물로 세례(침례)를 베풀거니와 내 뒤에 오시는 이는 나보다 능력이 많으시니 나는 그의 신을 들기도 감당하지 못하겠노라 그는 성령과 불로 너희에게 세례(침례)를 베푸실 것이요." (마태복음 3:11)

위 글을 보면 알 수 있듯이 사람이 깨끗하고 거룩하게 되기 위해서는 두 가지 일이 이루어져야 한다. 그 하나가 '물'로 인하여 깨끗해지는 것이요, 또 다른 하나가 '불(성령)'로 인하여 거듭나는 것이다. 지구의 경우에도 이에 해당된다. 지구는 노아의 시대에 물로 인해 깨끗하게 될 수 있었다. 그러나 지구는 다시 한번 불로 인해 깨끗해져야 한다. 이 일은 아직 일어나지 않았지만 언젠가는 반드시 성취될 것이다. 신약전서의 베드로후서 3장 6, 7절에는 다음과 같이 씌어있다.

"이로 말미암아 그때 세상은 물의 넘침으로 멸망하였으되 이제 하늘과 땅은 그 동일한 말씀으로 불사르기 위하여 보호하신 바 되어 경건하지 아니한 사람들의 심판과 멸망의 날까지 보존하여 두신 것이니라."

다시는 지구 위의 생물들이 물에 의해 멸망하는 일은 없을 것이다. 하나님께서 다시는 홍수로 지구 위의 생물이 멸망하지는 않을 것이라 약속하시고 "무지개"(창세기 9:11~15)로 증거까지 삼으셨기 때문이다. 그러나 그것이 지구 위에 어떠한 멸망도 없을 것이라고 말씀하신 것은 아니다. 하나님께서는 단지 물에 의한 멸망만이 없다 하셨을 뿐이다. 사도 베드로가 위에서 예언한 것처럼 언젠가는 하나님께서 악한 자들로부터 지구를 깨끗이 하시기 위해 불로 지구를 불사르실 날이 올 것이다. 그날 회개하고 깨끗이 된 자는 보호될 것이나 경건치 않은 사람들은 노아의 홍수 때 쓸려갔던 사람들처럼 보호받지 못하게 될 것이다. 성경에는 이에 대해 많은 것들을 언급하고 있는데 그 중 하나는 다음과 같다.

"그 때에 두 사람이 밭에 있는데, 한 사람은 데려가게 되고 한 사람은 남게 되리라, 두 여인이 맷돌을 갈고 있다가, 한 사람은 데려가게 되고 한 사람은 남게 되리라." (마태복음 24:40~41)

그렇다면 노아의 홍수로 땅이 깨끗해지고 난 후 땅은 어떻게 되었을까?

이렇게 노아의 홍수가 있고 난 후에 얼마 지나지 않아 사람들은 다시 사악해졌다. 사람들은 노아의 홍수가 주는 교훈을 쉽게 잊었다. 그들은 높은 탑을 지어 지면 위에 흩어짐을 면하고자 했다(창세기 11:4). 그래서 그들은 하나님께서 계신 하늘까지 닿고자 지상에 높은 탑을 짓기 시작했다. 그 탑은 '바벨탑'이라 일컬어졌다. 결국 하나님께서는 그들이 사악한 일로 단합하지 못하도록 그들의 언어를 혼잡하게 하셨다(창세기 11:7~8). 그리하여 서로 알아듣지도 못하는 언어로 말하게 된 사람들은 서서히 성 쌓기를 그치고 온 지면에 흩어져 오늘에 이르게 되었으며 지상의 언어도 오늘날처럼 그 수를 셀 수 없을 정도로 많아지게 되었다. 변한 것은 그뿐만이 아니었다. 바벨탑 사건이 있은 후, 많은 시간이 지나지 않아 땅도 오늘날과 같이 나뉘게 되었다. 지구가 창조될 때에 하나님께서 천하의 물을 한 곳으로 모으셨기 때문에 땅은 원래 하나였었다.

　"하나님이 가라사대 천하의 물이 한곳으로 모이고 뭍이 드러나라 하시매 그대로 되니라." (창세기 1:9)

　원래 하나였던 땅이 둘로 쪼개어져 진 것은 구약의 '벨렉' 시대였다.

　"에벨은 두 아들을 낳고 하나의 이름을 벨렉이라 하였으니 그 때에 세상이 나뉘었음이요......" (창세기 10:25)

　그리하여 지구는 둘로 갈라져 오늘날과 같은 동반구(유럽, 아시아, 아프리카, 오세아니아)와 서반구(북 아메리카, 남 아메리카)가 생기게 되었다.

　그러면 하나님께서 창조하신 이 지구에 대해 현대의 과학은 무엇을 알아냈을까? 잠깐 쉬어가며 그것을 한번 살펴보자.

3.1. 현대 과학의 관점에서 본 오늘날 지구
(Today's The Earth as Seeing in Modern Science Point of View)

1960년대에 사람들은 최초로 지구 전체를 먼 거리에서 촬영하게 되었다. 이때 촬영된 사진에서 지구는 다른 행성보다 다양한 색을 가진 것으로 밝혀졌다. 또한 그 모양은 하늘에 떠있는 다른 행성들과 마찬가지로 구형이라는 것도 증명되었다. 지구의 사진은 구름과 바다와 땅의 모습을 보여 줌으로써 성경의 기록이 사실임을 말해 주었다. 창세기에서는 천하의 물이 한곳으로 모이고 뭍이 들어나서 모인 물을 바다라 하고, 들어난 뭍은 땅이라 불렀으며 물 가운데 궁창이 있어 '물(하늘의 물: 구름)과 물(땅의 물: 바다나 강)'이 나뉘었다고 했다(창세기 1:7, 9). 또한 성경에는 벨렉의 시대에 땅이 나뉘었다고 했는데 우리는 나뉜 대륙들이 다시 합쳐질 경우 마치 퍼즐처럼 정확히 땅이 맞춰지게 되리라는 것도 사진을 통해 한눈에 알 수 있게 되었다. 이 외에도 현대 과학은 우리에게 지구에 대해 많은 것을 밝혀주었는데 이를 간단히 소개하자면 다음과 같다.

지구는 유일하게 생명체가 존재하기에 적합한 조건을 지닌 태양계의 3번째 행성이다. 인접해 있는 금성과 화성보다는 약간 크지만, 더 멀리 있는 목성, 토성, 천왕성, 그리고 해왕성보다는 상당히 작다. 1개의 달을 위성으로 거느리고 있는 지구는 북극과 남극을 연결한 지축(地軸)

을 중심으로 23.5도 기울어진 상태에서 24시간 3분 57초에 한 번씩 자전한다. 그리고 태양을 중심으로는 365.2일에 한 번씩 공전하는데 그리하여 지상에는 낮과 밤이 생기고 계절이 생기게 되었다. 지각으로 둘러싸인 지구 내부는 맨틀, 외핵, 내핵으로 되어 있다. 지구의 가장 두드러진 특징 가운데 하나는 물이 존재한다는 점이다. 지표면의 약 2/3는 바다로 덮여 있으며, 해수는 전체 수권 총 질량의 98%를 차지한다. 지구는 해수와 지각으로 되어 있어 태양계에서 생물체를 보호해줄 수 있는 유일한 곳이다. 지표면 근처의 환경은 그곳에 사는 생물들과 함께 지구의 생물권(生物圈)을 구성하는데, 이 생물권은 현재 지구에만 존재하는 특수한 환경으로 알려져 있다.

3.2. 통계 수치로 본 지구
(The Earth as Seeing in the Statistical Figure Point of View)

지구에 관한 각종 수치자료는 아래 표와 같다. 이들 수치는 측정기술의 발달로 마지막 한두 자리 정도는 개정될 수도 있겠지만 현재까지 측정된 것 중 가장 정밀한 값이며 국제적으로 공인된 수치이다.

적도반지름	6,378.136±1km
극 반지름	6,356.784km
평균반지름	6,371km
편평률	1/298.257
이심률	0.017
적도 둘레길이	40,075.51km
질량(M)	5.976×10^{27}g
부피(V)	1.083×10^{27}cm³
평균밀도(M/V)	5.517g/cm³
질량 비(태양 : 지구 : 달)	333,400 : 1 : 0.01228
태양과의 평균거리	1.496×10^{8}km
공전궤도에서의 속도	29.8km/s
공전주기	365.25일
자전주기	23시간 56분 4.09초
지구 전체면적	5.096×10^{8}km²
육지면적	1.48×10^{8}km²(지구 전체면적의 29%)
최고점	8,848m(에베레스트 산)
최저점	—11,034m(마리아나 해)
육지의 최저점	—397m(사해)
인구	약 71억
나라 수	약 206
언어 수	약 6809

(3.1과3.2:출처 Copyright ⓒ한국브리태니커회사

U.N. U.S and World Population Clock, Wikipedia)

아담과 이브(하와) [Adam and Eve(Hawwah)]

우리는 지금까지 지구의 창조와 지구에서 사는 사람들의 대략적인 역사와 지구에 대해 알아보았다. 이제부터는 그 지구를 다스릴 최초의 인간인 아담과 이브에 대해 알아보자. 아담과 이브(하와)는 누구였는지, 그들은 어떻게 타락하여 지상에 살게 되었는지 그 시대의 장면 속으로 여행을 떠나보자.

창세기를 보면 하나님께서 동방에 창설하신 동산에 관한 이야기가 나온다.

"주 하나님께서 동방의 에덴에 동산을 창설하시고 그 지으신 사람을 거기 두시니라." (창세기 2:8)

이 동산이 바로 최초의 사람인 아담을 위해 하나님께서 에덴의 동쪽에 지으신 '에덴 동산'이다. 하나님께서는 에덴 동산을 만드신 후에 그곳에 아담이 살도록 하셨는데 하나님께서는 그가 혼자 사는 것이 좋지 않으셨다.

"사람이 혼자 사는 것이 좋지 아니하니 내가 그를 위하여 돕는 배필을 지으리라." (창세기 2:18)

그리하여 아담을 잠시 잠들게 한 후에 그의 갈비뼈 하나를 취하여 그와 함께 살 배필을 지으셨다. 그녀가 '이브'이다. 그런데 왜 하나님께서는 사람이 홀로 사는 것이 좋지 않다고 하셨을까? 인간에게는 왜 배필이 필요할까? 성경은 이에 대해 다음과 같이 설명하고 있다.

"주 안에는 남자 없이 여자만 있지 않고 여자 없이 남자만 있지 아니하니라." (고린도전서 11:11)

"이러므로 남자가 부모를 떠나 그의 아내와 합하여 둘이 한 몸을 이룰지어다." (창세기 2:24)

"그런즉 이제 둘이 아니요 한 몸이니 그러므로 하나님이 짝지어 주신 것을 사람이 나누지 못할지니라." (마태복음 19:6)

"남편들아 이와 같이 지식을 따라 너희 아내와 동거하고 그를 더 연약한 그릇이요 또 생명의 은혜를 함께 이어받을 자로 알아 귀히 여기라." (베드로전서 3:7)

하나님께서는 주 안에 여자 없이 남자만 있지 아니 하고 남자 없이 여자만 있지 아니 하다고 하셨다. 하나님의 나라에서 사람은 배우자 없이 홀로 완전해질 수 없다. 하나님께서는 태초에 '신성한 결혼의 법'을 제정하시어 아담과 이브가 남편과 아내로서 하나가 되어 부모가 될 수 있도록 하셨다. 그리고는 그들이 함께 생명의 은혜를 이어받도록 하셨는데, 이로써 그들은 부부가 되어 자녀를 낳고 가족으로 인봉되어 영원히 함께 살 수 있게 되었다.

그렇다면 인간의 시조인 아담과 이브는 어떤 사람들일까? 그들을 만나보자.

4.1. 아담 (Adam)

아담은 히브리어로 '사람'이란 뜻이다. 아담은 하나님에 의해 그분의 형상대로 이 지상에 창조된 첫 번째 사람이었다(창세기 1:26~28). 그렇기 때문에 그는 '온 인류의 시조'이며 '온 인류의 족장'이다. 아담은 하나님 아버지와 예수 그리스도께서 세상을 창조하실 때 그분들을 도와 천지 창조에 동참하였다. 그는 모든 생물의 이름을 직접 지을 정도로 지혜로웠다.

"주 하나님이 흙으로 각종 들짐승과 공중의 각종 새를 지으시고 아담이 무엇이라고 부르나 보시려고 그것들을 그에게로 이끌어 가시니 아담이 각 생물을 부르는 것이 곧 그 이름이 되었더라." (창세기 2:19)

아담은 에덴동산에서 하나님에 의해 이브와 결혼했다(창세기 2:18~25). 그런데 이브가 사탄의 유혹을 받아 금단의 열매를 먹고 아담에게도 주었으므로 그들은 에덴동산에서 쫓겨나게 되었다(창세기 3:1~6, 24). 그 결과 아담에게는 소산을 먹기 위해 평생 수고하여야 하는 고통이, 이브에게는 임신과 출산의 고통이 주어졌다(창세기 3:16~17). 쫓겨난 후에 아담은 자녀를 낳고 부모가 되었는데 그 중에는 가인과 아벨도 있었다. 아담은 130세에 그를 닮은 아들 셋도 낳았다. 그 후로도 아담은 많은 자녀를 낳으며(창세기 4:1~2, 5:3) 만수를 누리고 살다가 향년 930세에 사망하였다(창세기 5:3~5).

구약전서의 다니엘서를 보면 다니엘이 아담에 관해 본 시현 이야기가 씌어있는데 이는 다음과 같다.

"내가 또 밤 환상 중에 보니 인자 같은 이가 하늘 구름을 타고 와서 옛 적부터 항상 계신 이에게 나아가 그 앞으로 인도되매, 그에게 권세와 영광과 나라를 주고 모든 백성과 나라들과 다른 언어를 말하는 모든 자들이 그를 섬기게 하였으니 그의 권세는 소멸되지 아니하는 영원한 권세요 그의 나라는 멸망하지 아니할 것이니라." (다니엘 7:13~14)

다니엘이 시현에서 본 '항상 계신 이'는 우리의 시조인 '아담'이었고, '인자 같은 이'는 바로 '예수 그리스도'이셨다. 이것은 아직 일어나지 않은 일로써 '예수 그리스도의 재림(예수 그리스도가 다시 지구에 오심)' 직 전에 지상에서 일어나게 될 이야기다. 이 이야기를 풀어보자면 다음과 같다.

다니엘이 밤에 환상 중에 보니 '항상 계신 이'가 있었다. 다니엘은, 인류의 족장의 직분으로서 예수 그리스도의 재림을 준비하기 위해 지상에 다시 온 아담을 본 것이다. 그런데 이때 구름을 타고 오는 '인자 같은 이'가 항상 계신 이, 즉 아담에게 인도 되었다. 인자 같으신 이는 예수 그리스도로서 이때 그분 또한 구름을 타고 지상으로 내려와 아담에게 인도된다. 그러면 아담은 예수 그리스도께 '권세와 영광과 나라와 백성'을 드리게 되는데, 이는 아담이 지상에서 자신이 갖고 있던 족장으로서의 청지기 직분을 예수 그리스도께 이양하는 것을 말한다. 아담은 지상에 사는 모든 사람들의 아버지, 즉 인류의 시조이자 족장이다. 아담은 최초의 사람으로 지상의 모든 사람들은 그로 인하여 육신을 얻고 지상에 태어나게 되었다. 그러나 아담은 어느 날 갑자기 스스로 혼자 존재하게 된 사람은 아니다. 아담에게 육신을 지어 주시고 또한 권한과 신권을 주어 만물을 다스리게 하신 이는 여호와 하나님, 즉 예수 그리스도이시다. 예수 그리스도께서 그렇게 하실 수 있으셨던 것은 그가 온 우주에 대한 권능의 열쇠를 지니고 계셨기 때문이다. 그러므로 아담의 족장의 직분은 실질적으로 예수 그리스도의 일을 대신 맡아 행하고 있던 청지기 직분이었다. 아담은 족장의 직분으로 자신이 갖고 있던 백성과 나라와 영광과 권세를 예수 그리스도의 재림 직전에 그분께 돌려드릴 것이다. 이렇게 그의 청지기 직분을 예수 그리스도께 이양한 아담은 자신의 후손인 지상의 모든 백성들로 하여금 예수 그리스도를 섬기도록 한다. 그러면 아담으로부터 지상의 통치권을 이양 받으신 예수 그리스도께서는 큰 권세를 가지고 지상에 그의 나라를 세우실 것이며 영원히 그 나라를 다스리실 것이다. 이 모든 일은 아담이 에덴동산에서 쫓겨난 뒤에 단을 쌓고 하나님을 경배하며 후손을 낳고 축복하며 살던 바로 그곳에서 이루어질 것이다.

아담은 '미가엘'이라 불리기도 하는데 다니엘 12장 1절, 10장 21절에는 미가엘에 대해 다음과 같이 기록 되어있다.

"그 때(마지막 날)에 네 민족을 호위하는 큰 군주 미가엘이 일어날 것이요."

"오직 내가 먼저 진리의 글에 기록된 것으로 네게 보이리라 나를 도와서 그들을 대항 할 자는 너희의 군주 미가엘 뿐이니라."

4.2. 이브 [(Eve, 하와(Hawwah)]

이브는 히브리어로 '생명'이란 뜻으로 '모든 산 자의 첫 번째 어머니'를 의미한다. 성경에는 하나님께서 아담을 잠시 잠들게 하시고, 그의 갈비뼈 하나를 취하여 이브를 창조하셨다(창세기 2:21~25)고 나와있다. 하나님께서 직접 그분의 형상대로 창조하신 이브는 육신을 갖고 이 지상에서 살게 된 '첫 번째의 여자(창세기 2:21~25, 3:20)이고, 첫 번째 아내이며, 그리고 첫 번째 어머니'이다.

"아담이 이르되 이는 내 뼈 중에 뼈요 살 중의 살이라 이것을 남자에게서 취하였은즉 '여자' 라 부르리라 하니라." (창세기 2:23)

"아담이 그의 '아내' 의 이름을 이브라 불렀으니 그는 모든 산 자의

'어머니'가 됨이더라." (창세기 3:20)

 하나님께서는 아담과 이브를 창조하시고 나서 에덴 동산의 모든 열매를 그들이 먹어도 좋다고 하셨다. 그런데 한 나무의 열매는 먹지도, 심지어 만지지도 말라 하셨는데 그것은 선악과로 동산 중앙에 있는 나무의 열매였다.

 "동산 중앙에 있는 나무의 열매는 너희는 먹지도 말고 만지지도 말라 너희가 죽을까 하노라." (창세기 3:3)

 전세에서 아담과 이브는 지혜롭고 많은 지식을 갖고 있던 영들이었다. 그러나 그들은 기억상실의 장막을 거쳐 왔으므로 어린 아이와 같이 되었다. 그리하여 그들은 에덴 동산에서 고통이 무엇인지 슬픔이 무엇인지 잘 알 수 없는 상태로 살게 되었다. 그들은 선과 악을 잘 알지 못했기 때문에 선이나 악이 가져오는 결과 또한 알 수 없었다. 심지어 그들은 벌거벗었으나 부끄러워하지 아니하였다(창세기 2:25). 그런데 평화스럽기만 하던 에덴 동산에서 큰 사건이 일어나게 된다. 다음의 내용은 그 사건에 대한 장면이다(창세기 3장).

 어느 날 들짐승 중에 가장 간교한 뱀(루시퍼)이 이브에게 와서 말했다.

"하나님이 참으로 너희에게 동산 모든 나무의 열매를 먹지 말라 하시더냐."

이브가 대답했다.

"동산 나무의 열매를 우리가 먹을 수 있으나 동산 중앙에 있는 나무의 열매는 하나님의 말씀에 너희는 먹지도 말고 만지지도 말라 너희가 죽을까 하노라 하셨느니라."

그러자 뱀이 다시 말한다.

"너희가 결코 죽지 아니 하노라 너희가 그것을 먹는 날에는 너희 눈이 밝아져 하나님과 같이 되어 선 악을 알 줄 하나님이 아심이니라."

뱀의 말을 듣고 이브는 그 나무를 보았다. 먹음직한 나무의 열매는 사람을 지혜롭게 할 만큼 탐스러워 보였다. 이브는 나무의 열매를 먹기로 결심한다. 이윽고 열매를 먹은 이브는 남편에게도 그 열매를 갖다 주었다. 결국 이브의 권유로 아담도 열매를 먹게 되는데, 그러자 정말 사탄의 말대로 그들의 눈이 밝아졌다. 눈이 밝아지자 그들은 자신들이 벌거벗은 줄 알게 되었다. 그래서 그들은 급히 그곳에 있던 무화과 나뭇잎으로 치마를 만들어 입었다. 에덴 동산에 바람 불던 그날, 마침 하나님께서 그곳에 오셨다. 하나님께서는 나무 뒤에 숨은 아담을 찾으셨다.

"네가 어디에 있느냐?"

아담이 대답했다.

"내가 벌거 벗었으므로 두려워하여 숨었나이다."

"누가 너의 벌거벗었음을 네게 알렸느냐 내가 네게 먹지 말라 명한 그 나무의 열매를 네가 먹었느냐?"

"하나님이 주셔서 나와 함께 있게 하신 여자가 그 나무 열매를 내게 주므로 내가 먹었나이다."

그러자 하나님께서 두려워하던 이브를 보시며 말씀하셨다.

"네가 어찌하여 이렇게 하였느냐?"

"뱀이 나를 꾀므로 내가 먹었나이다."

하나님께서 이번에는 뱀을 보시고 말씀하셨다.

"네가 이렇게 하였으니 네가 모든 가축과 들의 모든 짐승보다 더욱 저주를 받아 배로 다니고 살아 있는 동안 흙을 먹을지니라."

뱀을 저주하신 하나님께서는 다시 이브를 보시고는 말씀하셨다.

"내가 네게 임신하는 고통을 크게 더하리니 네가 수고하여 자식을 낳을 것이며,"

"너는 남편을 원하고 남편은 너를 다스릴 것이니라."

그리고는 아담에게도 말씀하셨다.

"네가 네 아내의 말을 듣고 내가 네게 먹지 말라 한 나무의 열매를 먹었은즉 땅은 너로 말미암아 저주를 받고 너는 네 평생 수고하여야 그 소산을 먹으리라."

"너는 흙이니 흙으로 돌아갈 것이니라."

말을 마치신 하나님께서는 아담과 이브를 위해 가죽 옷을 지어 입히셨다. 그리고는 에덴 동산에서 그들을 내보내셨다. 그리하여 아담과 이브는 다시 흙으로 돌아갈(죽음) 그날까지 가시덤불과 엉겅퀴가 있는 이 세상에서 살게 되었다. 그것은 생령이었던 아담과 이브가 에덴동산을 쫓겨나면서 필멸의 몸이 되었기에 역시 생령이었던 세상의 모든 것들도 아담과 이브처럼 필멸의 것으로 변했기 때문이다. 아담과 이브에게는 또한 다른 변화가 생겼는데 그것은 그때부터 비로소 남자와 여자의 역할이 정해졌다는 것이다. 하나님의 말씀에 따라 아담은 남편으로서 얼굴에 땀을 흘려 살아가는데 필요한 것들을 마련하고 가족을 보호해야 했다. 이브는 아내로서 자녀를 출산하기 위해 고통을 인내하고 그 낳은 자녀를 수고로써 양육하여야 했다. 그러나 그 모든 일들이 그리 나쁜 것만은 아니었다. 그들은 이제 선과 악을 구별할 수 있게 된 것이다. 가시덤불과 엉겅퀴가 있는 이 세상에서, 그들은 더 이상 사탄에게 속지 않기 위한 분별력을 키울 수 있었다. 그들은 완전한 지식으로 강하게 발전할 수 있게 되었다.

그런데 여기서 잠시, 뱀의 형상을 한 사탄이 어떻게 이브를 속였나 한번 알아보자. 사탄은 아담과 이브가 선악과를 먹으면 눈이 밝아져서 선과 악을 알게 되리라 했다. 그 말은 사실이었다. 선악과를 먹자 정말 그들의 눈이 밝아진 것이다. 또한 사탄은 아담과 이브가 선악과를 먹어도 죽지 않을 것이라 말했다. 그것은 거짓말이었다. 아담과 이브는 수명이 다하면 죽어 흙으로 돌아가야만 했다. 사탄은 선악과를 먹으면 선과 악을 알게 되리란 진리에 죽지 않을 것이란 거짓을 교묘히 섞어 이브를 꾀었다. 사탄이 늘 거짓말만 한다고 생각한다면 그것은 아주 위험한 생각이다. 사탄은 사람들이 믿도록 '99개의 진리 속에 1개의 거짓'을 섞어 사람들을 유인하는데, 그것이 바로 속이기에 노련한 사탄의 계략이다.

이 모든 일들은 에덴 동산에 바람 불던 날 일어났다. 그런데 이 일은 우리에게 어떤 결과를 가져왔을까?

4.3. 아담과 이브의 타락 (墮落, Fall of Adam and Eve)

앞에서 언급했던 것처럼, 아담과 이브는 사탄(루시퍼)의 꼬임에 빠져 하나님께서 먹지 말라고 권고하신 선악과를 먹음으로써 하나님의 명령을 어기게 되었다(창세기 3장 전체). 그래서 그들은 결국 에덴 동산에서 쫓겨났다. 우리는 이것을 그들의 영의 사망, 즉 '첫째 사망'이라고 하며 '아담과 이브의 타락'이라고도 표현한다. 우리는 그들이 타락한 것을 범법을 행했다고 말하기도 하는데 그렇다면 그 범법이란 무엇을 말할까?

국어 사전에서는 범법을 '법을 어김'이라고 풀이하고 있다. 법이란 무엇일까? 국어사전에서는 법을 '구속력을 갖는 온갖 규칙'이라 말한다. 그러므로 범법은 구속력을 갖는 규칙들을 어기는 것을 말한다. 사람들은, 사람들이 하는 행위가 때로는 악하기 때문에 온갖 구속력을 갖는 규칙들을 만든다. 악한 행위가 다른 이에게 해를 주기도 하고 사회를 병들게도 하여서 사람들은 법을 만들어 강제로 규제한다. 우리는 보통 법을 어긴 사람을 '범죄자'라고 하는데 그것은 그들이 법을 어기고 죄를 지었기 때문이다. 그런데 아담과 이브가 지은 범법은 어떤 것일까? 그들이 죄인이라면 그들의 행위로 인해 해를 본 사람들이 있어야 한다. 그들로 인해 해를 본 사람은 누구이며, 사회는 어떻게 악영향을 받았을까? 우리는 아담의 범법으로 인해 우리가 죽게 되었으니 아담의 범법이 우리에게 해를 주었다 말할 수도 있을 것이다. 하지만 그들이 범법하지 않고 계속 에덴 동산에서 살았더라면 과연 우리는 어떻게 되었을까? 그들은 에덴 동산에서 벌거벗은 것이 어떤 것인지조차 알 수 없는 상태로 있었다. 그들이 모든 것에 대한 이해력을 갖게 된 것은 선악과를 먹은 후에 일어났기 때문이다. 아담과 이브가 선악과를 먹지 않았다면 그들은 아직도 에덴 동산에 머물며 미지의 상태에서 둘만의 삶을 살고 있었을 것이다. 그랬다면 우리는 지상에 태어날 날만을 고대하며 여전히 전세에서 기다리고 있었을 것이다. 그들이 선악과를 먹고 에덴 동산에서 쫓겨났기 때문에 하나님의 모든 자녀들은 육신을 입고 이 지상에 태어날 수 있게 되었다. 그들이 쫓겨났기 때문에 우리는 선과 악을 알고 발전하여 영생할 수 있는 기회를 얻게 되었고, 완전한 몸으로 부활할 수 있게 되었다. 그러므로 그들의 행위는 '큰 죄(A Mortal Sin)'를 진 범죄자의 그것과는 다르다. 그들의 행위는 마치 '오늘은 비가 올 테니 우산을 갖고 가거라, 아니면 비에 맞을 것이다.'라는 부모님의 말을 어긴 것처럼 누구에게도 해를 끼치지 않는 행위이다. 아담과 이브는 죄를 짓고 쫓겨난 것이 아니다. 하나님 아버지의 명령, 즉 부모가 자식에게 하지 말라고 하는 말을 듣지 않고 권고에 불복종함으로써 하나님의 면전에서 떨어져 나와 이 세상으로 오게 된 것이다. 그러기에 영어로는 그 범법 행위를 'Fall(Adam and Eve's Fall),' 즉 아담과 이브의 '떨어짐(타락)'이라고 표현한다.

그런데 참 이해할 수 없는 것이 있다. 하나님께서는 이미 천국회의 전에 그의 영의 자녀들을 위한 모든 계획을 세우셨다. 그분께서는 자녀들에게 지상생활을 통해 발전할 기회를 주시고, 또한 자녀들이 죄를 지을 것에 대비하여 구세주도 주신다고 하셨다. 오히려 그들에게 선악과를 먹게 하는 것이 그분께서 바라시던 일이었을 것이다. 또한 모든 것을 아시는 하나님께서는 아담과 이브가 선악과를 먹게 되리라는 것도 알고 계셨다. 그런데도 불구하고 왜 하나님께서는 아담과 이브에게 선악과를 먹지 말라고 하셨을까?

하나님께서는 선악과를 먹지 말라고 하셨던 이유 중 하나는 이것이었다.

"너희가 죽을까 하노라."

선악과를 먹으면 그들은 죽게 되어 있었다. 그들이 죽지 않으려면 그들은 선악과를 먹어서는 안되었다. 그러나 이브는 사탄의 꾐에 빠져 선악과를 먹게 되었고 결국 아담도 이브가 건네 준 선악과를 먹었기 때문에 그들은 죽게 되었다. 그런데 그들이 죽어야 된다는 것은 사실 새삼스러운 일이 아니었다. 그것은 이미 천국회의 때 발표된 사실이다. 그들뿐만 아니라 예수 그리스도마저도 대속을 위해 돌아가셔야 했으며 그런 후에 다시 부활하셔야 했다. 그렇다면 먹지 말라고 명하셨던 하나님의 숨은 의도는 무엇이었을까?

여러분은 죽을 각오를 하고 어떤 일을 선택해 본 적이 있는가? 반대를 무릅쓰고 어떤 일을 결정해 본 적이 있는가? 그냥 저절로 어떤 상황에 처해진 것 하고 순전히 내 의지대로 어떤 상황을 선택한 것 하고의 차이는 무엇일까?

하나님께서 먹기를 바라셨으면서도 아담과 이브에게 선악과를 먹지 말라고 하신 이유는 '아담과 이브의 자유의지' 때문이었다. 하나님께서는 그의 권세를 이용해 강압적으로 무엇인가를 이루시는 분이 아니시다. 자유의지 없이는 하나님과 같은 발전을 이룰 수 없다는 것을 하나님께서는 아셨기 때문이다. 우리는 고작 100년을 못사는데도 이 삶이 버겁다고 느낄 때가 참 많다. 앞에서 언급한 것처럼 아담은 930년을 살았다. 아담의 삶이라고 행복하기만 했겠는가? 그는 아들(가인)이 아들(아벨)을 죽이는 사건을 경험해야 했다. 살인자가 된 아들(가인)이 죽지도 못한 채 영원한 저주를 받는 슬픔도 맛보아야 했다. 그가 자유의지로 그의 삶을 선택하지 않았더라면 그 오랜 아픈 세월을 어찌 견뎠을까? 아담은 자신이 선택한 길이었기에 환난의 시기를 더욱 잘 인내할 수 있었다. 하나님께서는 아담이 그런 시련(시험)들을 인내하고 나면 그 후에 주어질 축복이 온전히 그의 것이 될 수 있도록 하시기 위해 아담에게 자유의지를 행사할 기회를 주셨다. 그들이 성취한 모든 것들은 그들 스스로의 자유의지로 이룬 것이기에 아담과 이브는 그들에게 주어지는 모든 축복을 받을 충분한 자격이 되었다.

하나님께서 아담과 이브에게 선악과를 먹지 말라고 하신 또 다른 이유를 들자면 그것은 사탄을 향한 것이었다. 사탄은 아담과 이브에게 선악과를 먹게 함으로써 잠시 하나님의 계획을 좌절시켰다는 기쁨을 맛보았을 것이다. 그러나 그것은 잠시 뿐이었다. 사탄은 곧 그가 하나님의 계획을 성사시키는 도구로 쓰였음을 알게 되었다. 그 사실을 안 그는 결코 하나님의 지혜를 넘어설 수 없을 것이라는 사실을 깨닫고는 좌절하고 분노했을 것이다.

하나님께서 에덴에 동산을 지으시고 아담과 이브에게 자유의지를 행사하게 하신 또 다른 이유를 들라면, 그것은 아담과 이브의 자녀들을 위해서라고 말할 수 있다. 하나님께서는 가시덤불과 엉겅퀴가 있는 이 지상에서 곧바로 아담과 이브의 삶을 시작하게 하실 수도 있었다. 그러나 굳이 에덴 동산이라는 중간 과정을 거치게 하셔서 아담과 이브에게 지상생활을 스스로 선택하게 하셨다. 에덴 동산에서 쫓겨난 후, 아담과 이브는 피가 있는 육체를 지니고 하나님의 말씀대로 자녀를 낳으며 생육하고 번성했다. 아담은 지상에서 930년이라는 긴 세월을 살았다. 아담은 그렇게 그의 9대 손 라멕에 이르기까지 살며 그의 많은 후손들과 함께 할 수 있었다. 그렇게 오랜 세월을 살면서 그는 그의 후손들에게 생생한 간증을 전했을 것이다. 그는 추측하거나 추론할 필요가 없었다. 하나님께서는 어떤 분이셨는지, 그들이 머물렀던 에덴 동산은 어떤 곳이었는지, 그들이 선택한 자유의지와 그 결과 그들에겐 어떤 축복이 임하게 되었는지, 그는 그냥 그가 겪은 일을 전하기만 하면 되었다. 그렇게 함으로써 그는 자녀들에게 하나님의 구원의 계획에 대해 누구보다도 더 잘 말해 줄 수 있게 되었다.

그런데 여기서 우리가 한가지 다루어보아야 할 것이 있다. 오늘날 상당수의 사람들이 아담과 이브의 범법을 심각한 죄로 생각하고 있다. 그들은 아담과 이브의 죄가 우리에게 전승되었다고 말하며 그렇기 때문에 심지어 막 태어난 갓난 아기까지도 죄가 있다고 주장한다. 그들은 주여! 주여! 하면서 자신들이 짓지도 아니한 '원죄설'(아담과 이브의 범법)로 인하여 자신들을 죄인이라 여긴다. 그리하여 그들은 "이 죄인을 용서하소서!" 하면서 하나님께 기도를 올린다. 그러면서 정작 그들은 이 세상을 살면서 개인적으로 진 자신의 죄는 망각하여 회개하지 않는다. 자신의 죄에는 관대하면서 오직 아담과 이브가 진 원죄만을 용서해 달라고 하나님께 용서를 비는 것은 올바른 행위가 아니다. 하나님은 공의로운 분이라고 늘 말하면서 원죄설을 인정하고 주장한다면 그들은 하나님을 올바로 아는 사람들이라 할 수 없다. 하나님께서는 우리가 짓지도 않은 일로 우리를 징계하시는 공평치 못한 분이 아니시기 때문이다. 하나님께서는 어떤 일을 하시기 전에 미리 '방편'을 마련해 두신다는 것을 알아야 한다. 아담과 이브로 인하여 죽음이 세상에 왔으나 그것을 없앨 방편도 하나님께서는 미리 마련하셨다. 이와 관련하여 사도 바울의 말을 고린도전서에서 알아보자.

"그러나 이제 그리스도께서 죽은 자 가운데서 다시 살아 잠 자는 자들의 첫 열매가 되셨도다, 사망이 사람으로 말미암았으니 죽은 자의 부활도 사람으로 말미암는도다, 아담 안에서 모든 사람이 죽은 것 같이 그리스도 안에서 모든 사람이 삶을 얻으리라." (고린도전서 15:20~22)

하나님께서 자녀들을 다시 살리시기 위해 마련하신 방편은 바로 '구세주'를 세우시는 일이셨다. 아담과 이브의 타락을 위해 하나님 아버지께서는 독생자 예수 그리스도를 이 지상에 보내실 것을 계획하셨다. 한 사람인 아담이 지은 범법을 한 사람인 예수 그리스도로 하여금 '대속(속죄)' 하게 하셨다. 그러기에 우리에게 속죄(贖罪)할 죄가 있다면 그것은 오직 자신이 진 죄가 될 것이다. 우리는 스스로가 진 죄에 대한 책임이 있다. 그 죄를 완전한 회개를 통해 용서를 받든지, 아니면 하나님 앞에 서서 심판을 받든지 그것은 각자의 선택에 달려 있다.

그런데 왜 하나님께서는 그렇게 자유의지를 소중히 여기시는가? 앞에서 자유의지에 관해 잠깐 소개한 바 있으나 이번에는 좀더 자세히 이에 대해 알아보자.

자유(선택)의지 (自由意志/選擇意志, Free Agency)

몇 년 전 한 국내 공중파 TV에서 악마와 천사에 대한 쇼 프로그램이 방송된 적이 있었다. 한 사람의 상상 속에 교대로 나타난 악마와 천사는 그 사람으로 하여금 자기를 선택하도록 유인했다. 악마와 천사는 그 사람이 스스로 결정하기 전에 자신들이 일러준 것이 옳은 것이라고 부추겨 그를 혼란스럽게 했다. 나는 그 모습을 보면서 그곳에서 벌어지고 있는 상황이 실제 이 지상에서 생활하는 우리의 상황과 아주 유사하다고 여겨졌다. 온갖 지식들이 난무하는 오늘날, 우리도 세상을 살아가면서 선악을 명확하게 인식하지 못한 채 어떻게 해야 할지 매일같이 선택의 갈림길에 서있기 때문이다. 우리는 자유로이 행할 수 있는 자유의지를 갖고 있다. 그러나 방송 속의 사람처럼 그것을 어찌 행해야 할지 몰라 혼란스러워하고 있다. 우리는 어떻게 자유의지를 잘 행사할 수 있을까?

인간에게 부여된 자유의지는 사람들이 영원히 지니게 될 그들의 특권으로써 누구도 강제로 그것을 빼앗아갈 수 없다. 무엇이든 독자적으로 선택하여 행동할 수 있는 자유의지는 하나님께서 그분의 자녀들에게 주신 권리이다. 하나님께서는 그분을 믿는 것조차 자녀들의 자유의지에 맡기셨다. 구약시대의 선지자 여호수아는 자유의지에 관련하여 그의 백성들에게 다음과 같이 말하였다.

"만일 주를 섬기는 것이 너희에게 악하게 보이거든 하수 건너편에서 너희 조상이 섬기던 신들이거나 너희가 거하는 땅의 아모리인의 신들이든 간에 너희가 섬길 자를 오늘날 너희가 택하라. 그러나 나와 내 집은 주를 섬기리라 하니." (여호수아 24:15)

우리가 이 지상에 온 것은 시험을 보러 온 것이기도 하고 발전을 하러 온 것이기도 하다. 전세 때 우리는 자유의지를 수호하기 위해 그것을 빼앗으려는 사탄과 전쟁을 치렀다. 그것은 우리의 시험과 발전이 모두 자유의지와 상관이 있기 때문이다. 지상 생활에서의 시험과 발전은 자유의지와 어떤 상관 관계가 있을까?

지상에서 우리가 보는 시험이란 우리가 하나님께서 명하신 말씀은 무엇이든지 다 준행함으로써 하나님과 같은 힘을 갖기에 합당한 사람인지 아닌지를 증명해 보이는 것이다. 그것은 우리에게 자유의지가 있기 때문에 가능한 일이다. 우리가 스스로 행동하여 그 합당함을 증명해 보이는 것은 우리가 자유의지를 가지고 올바른 선택을 할 수 있을 때 가능해지는 일이기 때문이다. 우리들의 행위는 매 순간의 선택으로 이루어진다. 나는 앞에서 우리가 아무 것도 하지 않고 가만히 있는 것조차 가만히 있기로 마음 먹은 우리의 선택이라고 말한 적이 있다. 그러므로 자유의지는 '선택의지'라고 바꾸어 말할 수 있다고 했다. 우리는 일상생활에서 매 순간, 의식과 무의식 속에서 선과 악을 선택하며 살아간다. 그리고 그 선택은 우리의 행위로써 이루어지는데 이때 우리가 선택하는 그 행위들은 나중에 우리가 하나님처럼 될 수 있는지 없는지를 판단하고 심판하는 기준이 된다.

"이와 같이 행함이 없는 믿음은 그 자체가 죽은 것이라…… 네가 하나님이 한 분이신 줄을 믿느냐 잘하는 도다 귀신들도 믿고 떠느니라, 아

아 허탄한 사람아 행함이 없는 믿음이 헛것 인줄 알고자 하느냐." (야고보서 2:17~20)

"나더러 주여 주여 하는 자마다 천국에 다 들어갈 것이 아니요 다만 하늘에 계신 내 아버지의 뜻뜯대로 행하는 자라야 들어가리라." (마태복음 7:21)

우리의 시험이 자유의지와 관련이 있는 것처럼 우리의 발전 또한 자유의지와 연관이 있다. 왜냐하면 우리는 자유의지를 행사하면서 발전하기 때문이다. 사도 바울은 사람이 어떠한 행위를 하게 되면 그가 행한 행위대로, 즉 그가 심은 대로 그 결과를 거두게 되리라고 말했다.

"속지 말라, 하나님은 우롱당하지 아니하시느니라, 이는 사람이 무엇을 심든지 그대로 거둘 것이기 때문이라." (갈라디아서 6:7)

이 세상의 모든 행위는 모두 그에 따른 결과를 가져온다. 그렇기 때문에 우리가 이룬 그 결과를 보면 우리의 행위가 어떠했는지를 알 수 있다. 예를 들면 이렇다. 우리가 말로써 그 누군가의 마음에 상처를 입혔다면 우리가 무엇인가 그에게 잘못 말했기 때문이다. 우리가 의식 없이 한 행동에 누군가가 상처를 입게 되었다면 그것은 우리의 행동에 우리가 알지 못하는 잘못이 있었기 때문이다. 우리가 풍요 속에 있을 때 그 누군가가 우리의 옆에서 굶어 죽게 되었다면, 그가 나와는 상관이 없는 사람일지라도 그 또한 우리에게 어떤 부족함이 있었기 때문이다. 이렇게 우리의 행위들은 늘 그 행위에 따른 결과들을 가져온다. 그리고 그것은 우리로 하여금 생각하게 하고, 깨닫게 하고, 발전하게 한다. 우리는 자신의 행위에 따른 결과를 보고 선을 올바로 행하는 방법을 알게 되며, 그리하여 계속해서 선을 행함으로써 결국 하나님과 같은 성품을 가질 수 있게 되는 것이다.

그런데 우리는 늘 우리가 우리의 자유의지대로 행동할 수 있다고 생각하는가? 사실은 그렇지 않다. 천국전쟁에서 사탄은 그의 영광을 위해 우리에게 자유의지가 주어지는 것을 반대했었다. 많은 시간이 지난 지금도 사탄은 여전히 우리가 자유의지를 제대로 행사하지 못하도록 방해하고 있다. 그러나 방해하는 것에는 비단 사탄만 있는 것은 아니다. 나는 전에 어떤 사람에게서 이런 말을 들은 적이 있다.

"나는 몇 분 안에 화나게 만들 수 있는 사람을 알고 있어요. 그는 쉽게 흥분하는 사람이거든요."

화 내는 사람에게 있어서 그의 자유의지의 주체는 그가 아니라 그를 화나게 만드는 다른 요소이다. 이는 사람이 될 수도 있고 사물이나 상황이 될 수도 있다. 또한 육신이 나약해질 때나, 두려움에 움츠

려들 때, 혹은 무지 속에서 혼란스러워할 때 우리는 자유의지를 온전히 행사할 수 없게 된다. 그렇기 때문에 우리는 자신의 약점을 극복하고 모든 방해가 되는 요소를 제거함으로써 주변이 늘 정결해질 수 있도록 유지해야 한다. 그렇게 한다면 우리는 매 순간 우리에게 처해진 상황을 올바로 인식하게 될 것이며 항상 우리의 의지대로 완전한 자유의지를 행할 수 있게 될 것이다. 때로 사람들은 불가항력이란 말을 들어 자유의지를 맘대로 행사할 수 없다고 말하기도 한다. 그러나 곰곰이 생각해 보자. 그 불가항력이라는 것이 우리가 우리의 마음대로 행하지 못하였다는 것을 의미하는가, 아니면 우리가 의도한 대로 결과가 주어지지 않았음을 의미하는가? 때로는 최선을 다해 노력해도 우리가 의도한 대로 결과가 주어지지 않을 수도 있다. 그것은 결과가 그럴 뿐이지 우리의 자유의지가 방해 받은 것은 아니다. 이 세상에서 우리의 자유의지를 막을 수 있는 것은 우리 자신 외엔 아무것도 없다. 아무리 강한 힘이 우리를 억압하더라도, 비록 그 결과가 죽음이 된다 하더라도, 우리가 원한다면 우리는 우리의 뜻대로 자유의지를 행사할 수 있게 된다.

그리고 여기, 우리가 원하는 대로 자유의지를 행사할 뿐만 아니라 그 결과마저도 우리의 의도대로 이끌 수 있는 방법이 있다. 고린도전서 10장 13절과 베드로후서 2장 9절을 각각 살펴보자.

"사람에게 흔히 닥치는 시험 외에는 너희가 당한 것이 없나니 하나님께서는 신실(신의가 있다)하셔서 너희가 감당할 수 있는 것 이상으로 시험을 당하지 않게 하시고 시험을 당하면 피할 길도 마련하셔서 너희로 능히 감당케 하시느니라." (고린도전서 10:13)

"주께서는 어떻게 경건한 자들을 시험에서 구해 내시고 불의한 자들을 형벌에 처할 심판의 날까지 가두실 것을 아시느니라." (베드로후서 2:9)

하나님께서는 우리가 감당할 일 외에는 우리에게 주어질 일이 없다고 말씀하셨다. 그분께서는 우리가 감당하지 못할 일을 우리가 겪게 하지 아니할 것이라 약속하셨다. 만약 감당 못할 일이 주어진다면 반드시 피할 길을 보이시리라 약속하셨다. 우리에게 감당 못할 일이 없다는 것, 그것은 우리에게 처한 모든 일을 우리가 능히 해결할 수 있다는 말이 된다. 하나님께서는 전지전능하신 분이시다. 그분께서 한번 말씀하신 것은 변경하시는 법이 없으시기에 그분의 말씀은 분명히 이루어질 것이다. 그런데 왜 세상에는 우리가 감당 못할 일이 그렇게도 많다고 생각되는 것일까? 이것에 대한 답으로 사도 베드로의 말을 다시 한번 살펴보자.

"경건한 자는 시험에서 건지시고 불의한 자는 형벌 아래 두리라."

하나님께서는 위 고린도전서에서 "너희로 감당 못할 시험이 없게 하겠다"고 하셨던 약속의 말씀은 세상 사람 누구에게나 하신 말씀은 아니었다. 그것은 의로운 것만을 구하는 경건한 자에게 주어지는 것이었다. '신앙을 갖고 무엇이든지 받을 줄로 믿으며 올바른 것으로써 예수 그리스도 이름으로 하나님께 간구'하는 자들에게 주시는 약속이었다. 그러나 이 약속을 받을 기회가 있는 사람은 이 세상 사람 누구라도 될 수 있다. 세상 사람들은 모두 하나님의 자녀이며 하나님께서는 그분의 자녀 중 그 누구에게도 그에게 나아오지 말라 명하신 적이 없으시기 때문이다. 우리가 원하는 것이 하나님 보시기에 합당한 것이라면 우리는 무엇이든지 우리가 소망하는 대로 받게 될 것이다.

모든 것이 불확실한 이 시대에 하나님께서는 우리에게 선을 행하는 것, 즉 위에서 말하는 하나님 보시기에 합당한 자가 되는 것은 어떻게 해야 하는 것인지 그것을 일일이 알려주셨다. 우리는 그것을 '계명'이라한다. 우리가 그분의 계명대로 살아간다면 우리는 우리의 자유의지의 행사에 있어 더 이상 혼란스러워 하지 않게 될 것이다. 그리고 우리가 의도한 대로 우리의 선한 목표를 이루게 될 것이다. 그리하여 언젠가 우리 스스로가 결정한 생각과 말과 행동에 대해 하나님 앞에 책임을 져야 할 순간이 올 때, 우리는 '영생'이라는 열매를 거두게 될 것이다. 성경에는 우리가 자유의지로 행한 결과에 대해 다음과 같이 말하고 있다.

"주 여호와의 말씀이니라 이스라엘 족속아 내가 너희 각 사람이 행한 대로 심판할지라." (에스겔 18:30)

"스스로 속이지 말라 하나님은 업신여김을 받지 아니 하시나니 사람이 무엇으로 심든지 그대로 거두리라." (갈라디아서 6:7)

"내가 너희에게 이르노니 사람이 무슨 무익한 말을 하든지 심판 날에 이에 대하여 심문을 받으리니." (마태복음 12:36)

"그러므로 우리 각 사람이 하나님께 자신에 관해 설명하리라." (로마서 14:12)

"하나님께서 각 사람에게 그 행한 대로 보응하시되." (로마서 2:6)

"모든 영혼이 다 내게 속한지라 아버지의 영혼이 내게 속함 같이 그의 아들의 영혼도 내게 속하였나니 범죄하는 그 영혼은 죽으리라." (에스겔 18:4)

"……성령을 위하여 심는 자는 성령으로부터 영생을 거두리라." (갈라디아서 6:8)

"……공의를 뿌린 자의 상은 확실하니라." (잠언 11:18)

"우리가 선을 행하되 낙심하지 말지니 포기하지 아니하면 때가 이르매 거두리라." (갈라디아서 6:9)

우리는 지금까지 아담과 이브의 타락을 가져온 자유의지란 무엇인지 그것에 대하여 알아보았다. 이제 다시 아담과 이브에게로 돌아가 보자. 그들이 살았던 에덴 동산과 그들이 쫓겨난 후에 살았던 지상의 상태는 어떻게 다를까?

아담과 이브의 타락이 가져온 결과
(The Result Due To Adam and Eve's Fall)

우리가 지구의 만물창조 때 이미 보아서 알고 있듯이 아담이 타락하기 전에 에덴동산에 있었던 모든 것들은 영적인 생명체로 존재했었다. 아담과 이브는 물론 지구와 만물도 모두 생령으로써 영적인 상태로 그곳에 있었다. 그래서 아담과 이브는 물론 에덴동산의 모든 생명체들은 그곳에서 영원히 죽지 않는 상태로 하나님과 함께 살 수 있었다. 그곳에서 죽지 않는 상태로 영원히 살 수 있었지만 아담과 이브의 지혜는 제한적이어서 그들은 선도, 악도, 성스러운 것도, 비참한 것도 명확히 알지 못했다. 그들이 이러한 것을 잘 인식하게 된 것은 선악과를 먹은 후였다. 선악과를 먹은 후에 아담과 이브는 어떻게 지혜로워질 수 있었는지, 그 결과 그곳엔 어떤 변화가 일어났는지 이에 대해 알아보자. 그 일은 에덴동산의 바람 불던 날 일어났는데 그날 그곳에선 무슨 일이 일어났을까? 우리 함께 그 날로 다시 가보자

창세기에서는 이 날에 대해 다음과 같이 말하고 있다.

"여자가 그 나무를 본즉 먹음직하고 보기에도 즐겁고 현명하게 할 만큼 탐스러운 나무인지라 그녀가 거기에서 그 열매를 따서 먹고 그녀와 함께한 자기 남편에게도 주니 그가 먹더라…… 그들이 그 날 바람이 불 때 동산에 거니시는 여호와 하나님의 소리를 듣고 아담과 그의 아내가 여호와 하나님의 낯을 피하여 동산 나무 사이에 숨은 지라, 여호와 하나님이 아담을 부르시며 그에게 이르시되 네가 어디 있느냐, 이르되 내가 동산에서 하나님의 소리를 듣고 내가 벗었으므로 두려워하여 숨었나이다." (창세기 3:6, 8~10)

에덴동산의 바람 불던 날에 여호와 하나님께서 아담을 부르셨다. 여호와 하나님께서 아담을 부르시자 먹지 말라던 선악과를 먹고 숨어있던 아담이 그 숨어있던 곳에서 나오며 다음과 같이 말했다. "내가 하나님의 소리를 듣고 벗었으므로 두려워하여 숨었나이다." 이날 선악과를 먹은 아담과 이브에게는 큰 변화가 일어나게 되었다. 위 글을 보면

알 수 있듯이 아담과 이브는 선악과를 먹은 후에 두 가지 사실을 새로이 인식하게 되었는데 그 하나는 그들이 아무 옷도 걸치지 않았다는 것이다.

"그러자 그들의 눈이 둘 다 열려 그들이 자기들이 벌거벗은 줄 알고 무화과나무 잎을 엮어 자기들의 치마를 만들더라." (창세기 3:7)

그들이 벗었다는 사실을 인식하게 되었으므로 하나님께서는 비로소 그들에게 옷을 지어 입히셨다.

"여호와 하나님이 아담과 그 아내를 위하여 가죽옷을 지어 입히시니라." (창세기 3:21)

또 다른 하나는 아담과 이브가 죄의식을 느꼈다는 점이다. 아담은 "두려워하여 숨었다"고 말함으로써 하나님께서 그들에게 하지 말라고 명하신 일을 행하였을 때 느끼게 되는 그의 마음을 표현하고 있다. 그러기에 그 말을 듣고 난 후 하나님께서는 아담에게 이렇게 물으셨다.

"내가 너더러 먹지 말라 명한 그 나무 실과를 네가 먹었느냐?" (창세기 3:11)

그뿐만이 아니다. 이 날 그들에게는 아주 많은 변화가 일어났는데 아담과 이브가 타락하기 전과 후의 상태를 간단히 요약하여 비교해 보면 다음과 같다.

● 아담과 이브의 타락하기 전과 후 상태

아담과 이브가 타락하기 전	아담과 이브가 타락하기 후
하나님 아버지와 함께 생활함	하나님 아버지 면전에서 추방 당함 (이것을 '영적 사망' 이라고 함)
죽음을 맛보지 못함	죽음을 맛봄
고통과 슬픔이 없음	고통과 슬픔이 있음
선과 악에 대한 일부의 지식 있음	선과 악에 대한 완전한 지식 있음
선과 악에 대한 경험 없기에 무지한 상태에서 발전할 수 없음	무지의 상태가 아님, 선과 악과 희로애락을 통해 무한히 발전할 수 있음
자녀를 가질 수 없음	자녀를 가질 수 있음

아담과 이브는 금단의 열매를 먹은 직후에 하나님의 면전인 에덴 동산에서 내쫓기게 되면서 영적인 사망 상태에 놓이게 되었다.

"그리하여 하나님께서 그 사람을 쫓아내시고 에덴의 동산 동편에 그룹들과 두루 도는 불타는 칼을 놓아 생명 나무의 길을 지키게 하시니라." (창세기 3:24)

그들의 육신도 영이 아니라 피로 생기를 띠는 생명체로 바뀌어버려 결국 사망할 수 밖에 없게 되었다. 변화된 것은 그들만이 아니었다. 아담에게 다스릴 권세가 주어진 하늘과 바다와 땅의, 즉 지구 위의 모든 생명체들도 모두 아담과 이브에게 맞춰 변화되었다. 동물도, 식물도, 영원히 살 수 있는 것은 그 어떤 것도 더 이상 지구상에 존재할 수 없게 되었다. 땅은 가시덤불과 엉겅퀴를 내게 되었고 아담은 땀을 흘려서 일해야 먹게 되었다. 이브는 산고를 겪어야 하는 등 그들 모두는 하나님의 면전에서 쫓겨나 고달픈 삶을 살게 되었다(창세기 3:23, 18). 하지만 그것은 축복의 문을 여는 시발점이 되었다. 그들의 눈이 열리게 되면서 그들은 선과 악을 알 수 있게 되었던 것이다. 슬픔을 느끼면서 또한 기쁨도 알게 되었고, 불행을 느끼기 시작하면서 또한 행복도 알게 되었다. 그러면서 행복을 얻으려면 어떻게 행해야 하는지도 터득하게 되었다. 그들은 더 이상 누군가가 끊임없이 보살펴줘야지만 행복해질 수 있는 그런 연약한 존재가 아니었다. 그들은 스스로의 행복을 지킬 수 있는 사람이 되어갔으며 뿐만 아니라 남의 행복 또한 헤아릴 줄 아는 능력자가 되어갔다. 끊임 없이 일을 해야 함으로써 게으름과 나태로부터 보호받을 수 있었으며 산고를 겪으면서 하나님의 사업에 동참하는 기쁨에도 참여할 수 있었다. 그러면서 영예스럽게도 감히 자손으로부터 하나님께서 불리시는 것과 똑 같은 칭호인 '아버지'라고 불릴 수 있게 되었으며 그들의 고마움을 포함한 사랑 또한 받게 되었다.

그리고 결국 죽게 됨으로써 죽음의 상대적인 것인 불멸을 얻을 수 있게 되었다. 그리하여 완벽한 지식을 지닌 무한한 능력의 소유자로 영원한 영생을 누릴 수 있게 되었다. 이것이 아담과 이브의 타락이 가져온 결과이다. 과연 누가 이것을 '저주'라 말 할 수 있는가? 그들의 타락이 가져온 것은 저주가 아니라 오히려 온 인류에게 주어지는 크나큰 축복이었다.

경륜의 시대 (經綸의 時代, Dispensation)

우리는 앞에서 지금까지 우리의 첫 조상인 아담과 이브에 대해 알아보았다. 아담과 이브는 타락한 이래로 에덴동산에서 쫓겨나와 지상에서 필멸(반드시 죽음)의 삶을 시작하게 되었다. 그렇다면 그들의 필멸의 삶이 시작된 이래로 이 지구상에는 얼마나 많은 시간이 흘렀을까? 여기서 잠시 여행을 멈추고 2014년을 기준으로 이 지구의 나이는 얼마나 되었는지 각 경륜의 시대를 통해 그것을 알아보자.

지구의 나이를 측정 할 때 지리학자, 과학자, 고고인류학자, 역사학

자는 지구상에 존재하는 암석의 연대를 측정해서 그 나이를 산출한다고 한다. 그 이유는 암석 속에 있는 방사성 원소가 시간이 지나감에 따라 일정한 비율로 다른 안정된 원소로 붕괴되기 때문이다. 이 현상을 이용해서 암석 속에 포함되어 있는 미량의 방사성원소를 조사하여 구체적인 수치를 구해 연대를 측정하는 것을 동의원소 연대측정법이라 한다. 지구의 연령은 우라늄 광석 속에 있는 우라늄 238(U238)과 그 붕괴 생성물인 납 206(Pb206)을 측정하면서 계산한다. 우라늄 238이 붕괴해 원래 양의 절반이 되는 기간인 반감기가 45억년이므로 우라늄 238과 납 206의 존재비율을 측정하면 암석의 형성에서 현재까지의 시간을 추정할 수 있다. 지구는 태양계의 일원으로 태양 및 다른 행성과 밀접한 관계를 가지고 탄생했는데, 태양계의 일원으로 간주되는 운석이 45억년 전에 형성된 것으로 측정되어서 지구는 대략 45억년 전에 생겼으리라 짐작하고 있다(지구과학과 천문 우주학에서 발췌).

그렇다면 종교학적으로 지구의 나이는 얼마나 될까?

하나님 아버지께서 자녀들을 지상에 보내시기로 계획하셨을 때, 그분께서는 자녀들이 아버지께 돌아오도록 하기 위해 한가지 계획을 세우셨다. 그것은 각 시대에 하나님의 권세를 지닌 종을 적어도 한 사람 이상 두어 주의 거룩한 신권의 열쇠를 갖고 자녀들을 인도하게 하는 것이었다. 이렇게 하여 이루어진 시대를 우리는 각각 '경륜(經綸)의 시

대(時代)'라 한다(에베소서 1:9). 우리는 이들 경륜의 시대를 통해 지구의
나이를 알아볼 수 있다.

경륜의 시대를 논하기 전에 먼저 '시간 계산법'과 하나님의 종이 지
니게 될 '신권과 신권의 열쇠'에 대해 알아보자.

7.1. 시간 계산법 (Time Calculation Method)

우리는 지금 지구상에 살고 있다. 지구는 해를 바라보며 공전하는
동시에 스스로 자전한다. 지구가 해를 완전히 한 바퀴 공전하는 데는
약 12개월이 걸리며, 스스로 한 바퀴 자전하는 데는 약 24시간이 걸린
다. 우리는 지구가 해를 공전하는데 걸리는 12개월을 일년이라 하고,
스스로 자전하는 데 걸리는 24시간을 하루라 한다. 그런데 달에서의
하루는 지구상의 하루보다 좀 더 길다. 달은 지구를 바라보며 공전하
는 동시에 스스로 자전하는데, 그 둘의 회전 주기는 같아서 대략 지구
의 27일에 해당된다. 따라서 달의 하루는 지구의 하루보다 대략 27배
나 느리게 지나간다. 이렇게 우주의 천체들은 각기 다른 회전 주기를
갖고 있으며 각기 그 고유한 표준 체계에 따라 움직인다. 지구와 달의
하루가 다른 것처럼 각 별에서의 시간 계산법은 제각기 다 다르다. 하
나님이 계시는 곳의 시간인 '하늘 나라의 시간' 또한 '현재 인간이 지구

에서 사용하고 있는 시간'과는 그 계산법이 다른데, 사도 베드로는 이를 잘 이해하고 있었다. 사도 베드로는 주님의 하루에 대해 다음과 같이 언급했다.

"사랑하는 자들아 주께는 하루가 천 년 같고 천 년이 하루 같은 이 한 가지를 잊지 말라 주의 목전에는 천 년이 지나간 어제 같으며 밤의 한 경점 같을 뿐임이니이다." (베드로후서 3:8)

이 글을 보면 하나님의 하루가 지구의 천 년에 해당된다는 것을 알 수 있다. 우리는 시편 90장 4절에서도 이 사실을 볼 수 있다.

"주의 목전에는 천 년이 지나간 어제 같으며 밤의 한 순간 같을 뿐임이니이다."

위에서 말한 것처럼 지상에서의 천 년은 하늘의 기준으로 하루를 말한다. 우리의 천 년은 하늘의 입장에서 보면 고작 지나간 어제에 불과한 것이다. 천 년도 밤의 한 순간처럼 짧다 하였는데 그렇다면 지상에서의 우리의 일생은 하늘의 시간으로 몇 시간이나 될까? 사람이 얼마나 짧은 날을 살다 가는지 각자 그 시간을 계산해 보는 것도 흥미롭고 재미있을 것이다.

7.2. 신권 (神權, Priesthood)

하나님께서는 당신의 자녀들을 지상에 보내실 때 그들이 하나님께 돌아올 수 있도록 방편을 마련하셨다. 그 방편 중 하나가 바로 신권이다. '신권'이란 지상과 하늘을 다스리는 하나님의 통치 권능으로써 지상에 있는 그분의 자녀들에게 위임된 것이다. 자녀들은 하나님께서 그들에게 주신 이 하나님의 '권능(權能)과 권세(權勢)', 즉 신권으로 사람들을 구원하기 위한 모든 일을 하게 된다. 사도행전 13장 1절부터 3절에는 그들이 사람들을 구원하기 위해 선교사업을 나가기 전에 어떻게 신권의 권능을 받고 안수 성임 되는지 이에 대한 설명이 나와 있다.

"당시 안티옥에 있는 교회에는 몇 명의 선지자들과 교사들이 있었는데 즉 바나바와 니겔이라고 하는 시므온과 쿠레네 사람 루키오와 영주 헤롯과 함께 자란 마나엔과 사울이라, 그들이 주를 섬기며 금식하고 있을 때 성령께서 말씀하시기를 내가 불러 시키는 일을 위하여 바나바와 사울을 내게 따로 구별해 놓으라 하시니라, 그러므로 그들이 금식하고 기도한 후에 그들에게 안수하여 떠나 보내니라."

위에서 볼 수 있듯이 하나님의 신권은 주를 섬기며 금식하고 기도하는 '합당한 사람'에게 위임된다. 그들은 하나님의 부르심을 받아 안수(머리에 손을 얹는 신권 의식)를 통해 그 권능을 받게 된다.

"이 존귀는 아무도 스스로 취하지 못하고 오직 아론과 같이 하나님의 부르심을 받은 자라야 할 것이니라." (히브리서 5:4)

"너는 그것들로 네 형 아론과 그와 함께 한 그의 아들들에게 입히고 그들에게 기름을 부어 위임하고 거룩하게 하여 그들이 제사장 직분을 내게 행하게 할지며." (출애굽기 28:41)

이렇게 하여 신권을 지니게 된 사람들은 소 신권이나 대 신권 등 신권의 단계별로 조직된다. 그들은 선교사업을 하는 것뿐만 아니라 교회 내에서 의식 및 일정한 관리 기능을 수행하는 권세 또한 갖게 된다. 그들은 하나님께서 주신 권능과 권세로 많은 일들을 할 수 있는데, 귀신(사탄)을 복종시키는 일도 그에 해당된다.

"칠십인이 기뻐하며 돌아와 이르되 주여 주의 이름이면 귀신들도 우리에게 항복하더이다, 예수 그리스도께서 이르시되 사탄이 하늘로부터 번개 같이 떨어지는 것을 내가 보았노라, 내가 너희에게 뱀과 전갈을 밟으며 원수의 모든 능력을 제어할 권능을 주었으니 너희를 해칠 자가 결코 없으리라." (누가복음 10:17,19)

사람이 하나님으로부터 신권을 받는다는 것은 큰 축복이며 영광스러운 일이다. 사도행전에 보면 신권의 권세에 대한 재미있는 이야기가 나오는데 이는 다음과 같다. 예수 그리스도께서 돌아가시고 난 후였다. 사도 바울을 포함해 신권을 안수 받은 하나님의 제자들이 많은 기적을 행하자 이를 보고 마술을 하는 어떤 유대인들이 자기들도 악귀를 쫓아내고자 악귀에게 이렇게 말했다.

"내가 바울의 전파하는 예수의 이름으로 너희에게 말하노라."

그러자 그 말을 들은 악귀가 이렇게 말한다.

"예수도 내가 알고 바울도 내가 알거니와 너희는 누구냐?"

악귀는 이렇게 말하며 뛰어올라 저들을 억제하여 이기니, 저희가 벗은 몸으로 그 집에서 도망하였다(사도행전 19:6~19). 신약시대의 사마리아 백성에게 큰 자라 불리며 마술을 행하던 '시몬'이라는 사람도 신권의 권능에 관심이 많은 자였는데 그의 이야기는 다음과 같다. 시몬은 제자들의 표적과 큰 능력을 보고 세례(침례)를 받았는데 하루는 그 신권을 받고 싶어 그들에게 돈을 주며 이렇게 말한다.

"이 권능을 네게도 주어 누구든지 내가 안수하는 사람은 성령을 받게 하여 주소서."

그러자 사도 베드로가 이렇게 대답했다.

"네가 하나님의 선물을 돈 주고 살 줄로 생각하였으니 네 은과 네가 함께 망할지어다…… 너의 이 악에서 회개하고 주께 기도하라, 혹 마음에 품은 것을 사하여 주시리라, 내가 보니 너는 악독이 가득하여 불의에 매인 바 되었도다."

이에 시몬이 놀라 이렇게 말한다.

"나를 위하여 주께 기도하여 말한 것이 하나도 내게 임하지 말게 하소서." (사도행전 8:9~24)

신권은 돈을 주고 살 수 있는 것이 아니다. 그것은 그것을 받기에 합당한 자에게 주어지는 것으로써 오직 예언에 의하여, 또 권세 있는 자에 의한 안수로써 하나님으로부터 부름 받아야만 주어지는 것이다. 신권을 받은 사람은 그것을 유지하기에 합당하도록 항상 노력해야 하며 신권을 사용할 때는 경건하고 겸허한 마음으로 행해야 한다. 그래야 그 권세를 행할 수 있게 된다.

7.3. 신권의 열쇠 [(天國의 열쇠, The Keys of Priesthood (The Keys of Heaven)]

'신권의 열세'는 '천국의 열쇠'라고도 일컬어지는 것으로써, 지상에서 하나님의 신권을 이끌고 관리하며 다스리기 위해 하나님께서 인간에게 주신 권능이다. 이 신권의 열쇠는 성경의 많은 곳에서 언급되고 있다. 한 예로 예수 그리스도께서는 사도 베드로에게 천국의 열쇠를 주실 것이라고 말씀하셨는데, 마태복음 16장 19절에는 다음과 같이 씌어 있다.

"내가 천국 열쇠를 네게 주리니 네가 땅에서 무엇이든지 매면 하늘에서도 매일 것이요 네가 땅에서 무엇이든지 풀면 하늘에서도 풀리리라 하시고."

구약시대의 모세와 엘리야는 변형의 산에 나타나 예수 그리스도께서 함께 하시는 가운데 위에서 약속하셨던 신권의 열쇠를 베드로, 야고보, 요한에게 부여하였다. 이로써 그들은 이 신권의 열쇠를 가지고 예수 그리스도의 승천 이후에도 왕국의 사업을 계속할 수 있게 되었다. 신권을 지녔다고 모두가 신권의 열쇠를 받는 것은 아니다. 예수 그리스도의 시대에는 12사도가 있었고, 그 외에 많은 신권 지도자들도 있었지만 모세와 엘리야로부터 신권의 열쇠를 받은 자들은 베드로, 야고보, 요한 세 사람뿐이었다. 하나님께서는 각 경륜의 시대에 그분께서 세우신 종에게 이 거룩한 신권의 열쇠를 부여하여 그가 그 신권의 열쇠로 그분의 사업을 행하도록 하셨다. 신권의 열쇠를 가진 자는 하나님의 권능으로 신권 및 신권 소유자들을 이끌고 관리하며 말씀 전파 및 복음 의식을 집행할 수 있다. 하나님의 집은 질서의 집이기에 다른 신권 소유자들은 이 열쇠를 지니고 있는 사람이 규정한 범위 내에서만 자신이 부여 받은 신권을 사용할 수 있게 된다. 그렇다면 신권의 열쇠를 가지고 지상에서 살다간 선지자들 중에 누가 있을까? 예수 그리스도의 탄생 시점을 기준으로 앞과 뒤를 살펴보며 이를 알아보자.

7.4. 경륜의 시대표 (The Dispensation Time Table)

사람들은 일반적으로 어떤 일을 하고자 할 때 우선 그 일을 시작하기 전에 먼저 계획을 세운다. 하나님께서도 지구를 창조하기 전에 자녀들을 구원하시고자 일련의 계획을 세우셨다. 그것은 지상의 시간을 시대별로 정하고 각 시대마다 자녀들의 구원에 필요한 계시를 내려 주심으로써 자녀들을 구원하려는 것이었다. 그리하여 하나님께서는 지상의 자녀들을 위해 복음의 경륜의 시대를 조직하시었다. 복음(福音)의 경륜(經綸)이란, 지상에서 각 시대의 선지자들이 하나님의 권능인 신권의 열쇠를 부여 받아 그 시대의 자녀들에게 하나님의 말씀을 전파하고 복음의 의식을 집행하게 되는 시기를 말한다. 아담이 최초의 선지자였으며 그 이후에도 지상에는 많은 선지자들이 왔다 갔다. 우리는 지상의 모든 역사 기록을 갖고 있는 것이 아니라서 그 동안에 지상을 다녀간 선지자들이 얼마나 많이 있었는지 이를 정확히 알 수는 없다. 또한 얼마나 많은 경륜의 시대가 지상에 있었는지 그것을 정확히 안다는 것도 불가능하다. 그러나 성경에는 아담 이외에도 특별히 하나님으로부터 그들의 경륜의 시대를 부여 받아 자신의 시대에서 그 맡은 바를 행하게 되는 선지자들에 대하여 나오는데 에녹, 노아, 아브라함, 모세, 예수 그리스도, 그리고 말세의 선지자 등이 그들이다. 하나님께서는 이들 선지자들에게 각기 다른 계시를 주셨는데 아담에게는 죽음에서 구속 받음을, 에녹은 시온 백성의 승천을, 노아에게는 세상에 대한 경고와 홍수와 지구의 세례(침례)를, 아브라함에게는 복음을 받아들이면 아브라함의 후손으로 헤아려져서 그가 신앙으로 받은 축복을 함께 누림을, 모세에게는 애굽인의 노예로 살던 12지파를 약속의 땅으로 인도하고 모으는 것에 대한 경륜을 주어 당신의 자녀들을 이끌도록 했다. 사람들은 이들 일곱 선지자들의 시간대를 지구의 천지 창조의 시간대와 비교해 보아 지상에서의 시간이 얼마나 되는지 유추해 보기도 하는데 이에 대해 알아보자.

다음의 표는 각 경륜의 시대를 산 선지자들과 그 대략의 연대를 적은 것이다.

(단위 년)

아담	에녹	노아	아브라함
B.C4000 (B.C4000년에 시작)	B.C3000 (B.C3313년에 부름)	B.C2000 (B.C2464년에 부름)	B.C1000 (B.C1917년에 부름)
1일(월) 땅과 낮과 밤을 창조함	2일(화) 물을 나누고 궁창을 창조함	3일(수) 식물을 창조함	4일(목) 해와 달과 별을 창조함
모세	예수그리스도와 십이사도	말세의 선지자	주의 재림과 복천년
B.C1000 (B.C1487년에 부름)	A.D 1 (A.D 30년에 부름)	A.D 1000~2000	A.D 2001~3000
4일(목) 해와 달과 별을 창조함	5일(금) 동물을 창조함	6일(토) 인간을 창조함	7일(일) 창조를 멈추고 안식함

위 경륜의 시대표를 살펴 보면 아담에서 말세의 선지자 시대까지가 하나님께서 지상의 모든 것들을 창조하셨던 기간과 동일함을 알 수 있다. 앞에서 알아본 것처럼 하늘에서의 하루는 지상의 천 년과 같으

므로 그 6일간의 창조는 지상의 6000년 역사(B.C 4000~A.D 2000)와 동일하다. 하나님께서는 그렇게 6일간의 창조를 마치시고 제7일에는 쉬셨는데 이를 지상의 역사에 비교하자면 이는 지상에 있게 될 평화와 안식의 시대, 즉 복천년이 될 것이다. 위의 말이 모두 사실이라면 A.D 2000년대에는 예수 그리스도의 재림과 함께 복천년이 시작되는 시대가 될 것이다. 이것은 사도 요한이 본 시현과도 일치한다. 사도 요한은 그가 쓴 요한계시록 6장에서 지상에 있을 7000년의 역사에 대해 예언했는데 그 시작은 다음과 같다.

"내가 보니 어린 양이 일곱 인 중에 하나를 떼시는 그 때에 내가 들으니." (1절)

여기서 사도 요한이 말한 일곱 개의 인은 각 천 년씩 7000년의 역사를 상징하는데 그는 하나님의 어린 양이 그 첫 번째 인을 떼시는 것을 보았다. 이 시기는 아담과 에녹의 경륜의 시대(B.C 4000~B.C 3000)로 이때 사도 요한은 여기서 에녹의 성공적인 치세를 상징하는 흰말을 보았다(시온을 건설한 에녹은 성도의 군대의 장군이 되어 이기고 또 이겼다 1~2절).

"내가 이에 보니 흰 말이 있는데 그 탄 자가 활을 가졌고 면류관을 받고 나가서 이기고 또 이기려고 하더라." (2절)

사도 요한은 또 어린 양이 둘째 인을 떼시는 것을 보았는데 이 시기는 노아의 경륜의 시대(B.C 3000~B.C 2000)로 사도 요한은 여기서 노아 시대에 살았던 사람들의 사악함을 나타내는 붉은 말을 보았다(그들은 사악함으로 멸망하고 지구는 물에 잠김 3~4절).

"이에 붉은 말이 나오더라 그 탄 자가 허락을 받아 땅에서 화평을 제하여 버리며 서로 죽이게 하고 또 큰 칼을 받았더라." (4절)

사도 요한은 이어서 어린 양이 셋째 인을 떼시는 것을 보았는데 이 때는 아브라함과 모세의 경륜의 시대(B.C 2000~B.C 1000)로 요한은 여기서 아브라함과 모세의 시대에 온 지면에 만연하던 기근을 상징하는 검은 말을 보았다(아브라함의 손자 야곱은 기근을 피해 애굽으로 가서 요셉과 합류하였고 그의 후손은 대대로 430년을 그곳에서 살며 후에 애굽인들의 노예가 됨 5~6절).

"셋째 인을 떼실 때에 내가 들으니 셋째 생물이 말하되 오라 하기로 내가 보니 검은 말이 나오는데 그 탄 자가 손에 저울을 가졌더라." (5절)

또한 사도 요한은 어린 양이 넷째 인을 떼시는 것을 보았는데 그는 거기서 이 세상에(B.C 1000~B.C 1) 만연하게 되는 전쟁, 죽음, 기근을 상징하는 청황색 말을 보게 된다(이 기간에 북 이스라엘과 남 유다 왕국이 멸망함 7~8절).

"내가 보니 청황색 말이 나오는데 그 탄 자의 이름은 사망이니 음부가 그 뒤를 따르더라 저희가 땅 사분의 일의 권세를 얻어 검과 흉년과 사망과 땅의 짐승으로써 죽이더라." (8절)

이어서 사도 요한은 어린 양이 다섯째 인을 떼시는 것을 보았는데 이때는 예수께서 탄생하신 후에 이어지는 천 년 간의 기간으로(B.C 1~A.D 1000) 그는 이때 하나님의 말씀으로 인해 죽임을 당한 영혼들이 탄원하는 것을 보았다(이 기간에 예수께서 돌아가시고 많은 자들이 순교 당함 9~11절).

"다섯째 인을 떼실 때에 내가 보니 하나님의 말씀과 저희의 가진 증거를 인하여 죽임을 당한 영혼들이 제단 아래 있어." (9절)

그리고 나서 사도 요한은 어린 양이 여섯째 인을 떼시는 것을 보았는데 이는 오늘날(A.D 1000~A.D 2000)에 대한 시현으로 그는 거기서 세상에 주어질 큰 재앙에 대하여 보았다(12~17절).

"내가 보니 여섯째 인을 떼실 때에 큰 지진이 나며 해가 총담 같이 검어

지며 온 땅이 피 같이 되며…… 그들의 진노의 큰 날이 이르렀으니 누가 능히 서리요 하더라." (12절)

그리고 나서 사도 요한은 마지막으로 일곱째 인이 떼어지는 것을 보게 되는데 이때는 예수 그리스도의 재림과 함께 지상에 있게 될 마지막 천 년의 시대(A.D 2000~A.D 3000)로 복천년의 시대가 될 것이다. 예수 그리스도는 재림의 표적 이 하늘에 있고 나서 반시간(이것이 하늘 시간을 의미한다면 20년이 조금 넘을 것이다) 의 고요한 시간이 흐른 후에 그분의 거룩한 자들과 함께 큰 영광으로 재림하시게 될 것이다.

"일곱째 인을 떼실 때에 하늘이 반시 동안쯤 고요하더니." (요한계시록 8:1)

위에서 우리가 알아본 것처럼 지상에는 7000년의 역사가 있을 것이다. 그리고 우리는 지금 그 여섯 번째 시대의 마지막 시간을 살고 있다. 과거의 많은 선지자들이 예언했듯이 우리가 살고 있는 이 시대는 큰 전쟁과 재앙과 진노의 날이 될 것이다. 과거 각 경륜의 시대의 선지자들은 사람들을 멸망으로부터 안전하게 보호하기 위해 그 시대에 필요한 계시를 전함으로써 그들에게 닥칠 재앙을 면하게 하였다. 그렇다면 마지막 경륜의 시대인 오늘날엔 어떤 계시가 주어질까?

바울은 신약전서의 에베소서 1장에서 오늘날에 대해 다음과 같이 말하였다.

"그 뜻의 비밀을 우리에게 알리신 것이요 그의 기뻐하심을 따라 그리스도 안에서 때가 찬 경륜을 위하여 예정하신 것이니 (9절)."

"하늘에 있는 것이나 땅에 있는 것이 다 그리스도 안에서 통일되게 하려 하심이라 (10절)."

여기서 때가 찬 경륜이라 함은 마지막 경륜의 시대(A.D 1000~A.D 2000)인 오늘날을 의미한다. 사도 바울은 위 글에서 오늘날은 하늘이나 땅에 있는 모든 것이 그리스도 안에서 통일되는 시대라 했다. 이는 하나님께서 과거에 주셨던 각 경륜의 시대의 계시, 즉 아담으로부터 예수그리스도 시대에 있었던 모든 계시들이 하나로 모아져 지상에 회복될 것을 뜻한다. 그러기 위해서는 각 경륜의 시대의 선지자들, 즉 구약시대의 노아, 모세, 엘리야와 신약시대의 베드로, 야고보, 요한 등이 이 지상에 다시 와서 그들이 소유했던 열쇠들을 현대의 선지자에게 위임하여야 한다. 그러면 현 시대의 선지자는 그 열쇠를 갖고 예수 그리스도의 참된 교회를 지상에 다시 세우게 될 것이다. 그리하여 모세처럼 사람들을 시온으로 집합시킬 것이며, 그 사람들에게 아브라함에게 주어졌던 복음과 축복을 주고 현 시대에 맞는 계시를 주며, 에녹의 시대처럼 그들로 하여금 시온을 이루게 할 것이다.

그렇다면 우리는 어디로 가야 예수 그리스도의 참된 교회와 선지자를 만나 우리에게 필요한 계시를 알게 될까?

생전에 예수께서는 다음과 같이 말씀하신 적이 있다.

"이르시되 이사야가 너희 외식하는 자에 대하여 잘 예언하였도다 기록하였으되 이 백성이 입술로는 나를 공경하되 마음은 내게서 멀도다." (마가복음 7:6)

"이 백성이 입술로는 나를 공경하되 마음은 내게서 멀도다 사람의 계명으로 교훈을 삼아 가르치니 나를 헛되이 경배하는 도다." (마태복음 15:8~9)

이 말씀은 현재 우리 시대에 일어나는 일을 이사야가 시현으로 보고 나서 적은 것 중에 일부를(이사야 29:11~14) 예수 그리스도께서 인용하신 것이다. 현재 세상에는 예수 그리스도를 믿는 각기 다른 기독교의 수가 약 800개가 넘는다고 한다. 그들은 모두 하나님과 예수 그리스도를 믿지만 각기 따로 존재하고 있다. 이렇게 많은 교회 중에는 하나님께서 말씀하셨듯이 입술로만 주를 공경할 뿐, 그 마음은 세상의 것을 추구하는 교회도 많을 것이다. 그렇다면 과연 이 중에서 우리가 찾는 예수 그리스도의 참된 교회는 어느 것일까? 참된 교회가 존재한다면 우리는 그 교회가 참되다는 것을 어떻게 알 수 있을까?

참된 교회의 자격조건
(The True Church's Qualification Conditions)

성경의 많은 곳에서는 참된 교회의 자격조건(증표)에 대해 말하고 있다. 나는 그 조건들을 찾아 정리한 한 미국 학생의 연구를 인용하여 참된 교회의 조건에 대해 알아보고자 한다. 미국 캘리포니아 공과대학의 한 학생인 플로이드 웨스턴(Floyd Weston)은 학생 시절에 동료인 네 명의 학생들과 모여서 구약전서와 신약전서에 기록된 참된 교회의 조건에 대하여 연구하게 되었다. 이 연구가 이루어지게 된 동기는 캘리포니아 공과대학에 있던 아인슈타인 교수가 마지막으로 던진 다음과 같은 말 때문이었다.

"여러분! 내가 우주과학에 관하여 연구하면 연구할수록 나는 한 분의 신, 한 분의 힘, 그리고 한 분의 영향력으로 지구의 모든 것이 조직되었으며 그리하여 우리가 그것을 연구할 수 있는 것이라고 확실하게 믿습니다."

이 말에 흥미를 느낀 그들은 머리를 맞대고 성경을 뒤져가며 참된 교회의 조건을 연구하기 시작했다. 그 학생들 중 웨스턴(Weston)은 감리교 신자였고, 던바(Dunbar)는 천주교 신자, 스턴호커(Stonehoker)는 장로교 신자, 윌리암스(Williams)는 성공회 신자, 그리고 글레시(Glassy)는 무신론자였다. 그러나 그 당시 그들은 이 연구를 마치지 못하였다. 세계 제2차 대전이 일어나 전쟁에 참여하기 위해 모두 군대에 갔기 때문이다. 그 후 전쟁은 끝났으나 그들은 결국 그 연구를 지속하지 못하고 후에 프로이드 웨스턴만이 홀로 이 연구에 몰두했는데 연구를 마친 그는 다음과 같이 발표했다. 그가 요약한 참된 교회의 조건은 다음과 같다.

1. Jesus Christ organized the church (Eph 4:11~15).
   예수 그리스도가 그 교회를 조직하였다 (에베소서 4:11~15).

2. The true church must bear the name of Jesus Christ (Eph 5:23).
   참된 교회는 예수 그리스도의 이름을 가져야 한다 (에베소서 5:23).

3. The true church must have a foundation of apostles and prophets (Eph 2:19~20).

참된 교회는 <u>사도</u>와 <u>선지자</u>에 의해서 이끌어져야 한다 (에베소서 2:19~20).

4. The true church must have the same organization as Christ's Church (Eph 4:11~14).

참된 교회는 예수 그리스도가 조직한 것과 <u>똑같은 조직</u>을 가져야 한다 (에베소서 4:11~14).

5. The true church must claim divine authority (Heb 5:4~10).

참된 교회는 <u>신성한 권능</u>을 필요로 한다 (히브리서 5:4~10).

6. The true church must have no paid ministry (Isa 45:13, 1 Peter 5:2).

참된 교회는 교회역원에게 봉급을 지급하지 않아야 한다 (이사야 45:13, 베드로전서 5:2).

7. The true church must baptize by immersion (Matt 3:13~17).

참된 교회는 <u>침수로써 세례(침례)</u>해야 한다 (마태복음 3:13~17).

8. The true church must bestow the Gift of the Holy Ghost by laying on of hands (Acts 8:14~17).

참된 교회는 머리 위에 손을 얹고 <u>성신의 은사</u>를 주어야 한다 (사도행전 8:14~17).

9. The true church must practice divine healing (Mark 3:14~15).

참된 교회는 신성한 <u>병자축복</u>을 행해야 한다 (마가복음 3:14~15).

10. The true church must teach that God and Jesus Christ are separate and distinct individuals (John 1 7:11, 20~23, John 20:17).
참된 교회는 하나님과 그의 아들 <u>예수 그리스도</u>가 분리되어 있으며 각각 독립적인 분이라는 것을 가르쳐야 한다 (요한복음 17:11, 20~23, 요한복음 20:17).

11. The true church must teach that God and Jesus Christ have bodies of flesh and bone (Exodus 24:9~11, Luke 24:36~39).
참된 교회는 <u>하나님과 예수 그리스도가</u> 살과 뼈를 가진 몸을 가지고 있다는 것을 가르쳐야 한다 (출애굽기 24:9~11, 누가복음 24:36~39).

12. Officers must be called by God. (Heb 5:4, Exo 28:1, Luke 24:36~39)
교회역원은 하나님에 의해서 <u>부름</u> 받아야 된다
(히브리서 5:4, 출애굽기 28:1, 누가복음 24:36~39).

13. The true church must claim revelation from God (Amos 3:7).
참된 교회는 하나님으로부터 <u>계시</u>를 필요로 한다. (아모스 3:7)

14. The true church must be a missionary church (Matt 28:19~20).
참된 교회는 <u>선교하는 교회</u>가 되어야 한다 (마태복음 28:19~20).

15. The true church must be a restored church (Acts 3:19~21).
참된 교회는 <u>회복된 교회</u>가 되어야 한다 (사도행전 3:19~21).

16. The true church must practice Baptism for the Death (1 Cor 15:16 and 29).
참된 교회는 죽은 자를 위해 <u>세례(침례)</u>를 행해야 한다
(고린도전서 15:16, 29장).

17. By their fruits ye shall know them (Matt 7:20).

열매로써 너희는 그들을 알아야 한다 (마태복음 7:20)

나는 위에 열거된 참된 교회의 17가지 조건을 전적으로 지지하고 믿는다. 위의 17가지 조건이 모두 지켜지는 교회라면 그것은 분명 하나님의 참된 교회일 것이다. 그런데 위의 17가지 조건들은 모두 성경을 바탕으로 이루어진 것이다. 그 말인즉, 그 글이 쓰여진 시기가 대략 2000년은 지났다는 말이다. 우리는 경륜의 시대를 다루면서 하나님께서 각 경륜의 시대마다 각기 다른 계시를 주시어 사람들을 그분께로 이끄신다는 것을 알았다. 현 시대를 사는 우리는 아브라함처럼 자식을 제물로 바칠 필요가 없으며, 노아처럼 방주를 지을 필요도 없다. 그런데 어떻게 오래 전에 주어진 이 조건들이 많은 시간이 지난 지금에도 똑같이 적용되어야 하는가? 우리는 히브리서 13장 8절에서 그 이유를 찾아볼 수 있다.

"예수 그리스도는 어제나 오늘이나 영원토록 동일하시니라."

하나님께서 시대에 따라 적절한 계시를 주시는 것은 그분께서 하시는 모든 일에는 순서가 있기 때문이다. 예를 들어 복음은 먼저 유대인에게 전해지고 나서야 이방인에게 전하여질 수 있었으며(로마서 1:16, 사도행전 10:28, 45~47), 성신은 세례(침례)를 받은 후에야 받을 수 있는 것이다(마태복음 3:16). 시대에 따라 적절한 계시를 주시는 또 다른 이유는, 사람들이 필요로 하는 계시가 그 처한 환경에 따라 그때그때 달라지기 때문이다. 평화의 시대를 사는 사람들이 필요로 하는 계시는 전쟁의 시대를 사는 사람들이 필요로 하는 계시와는 다르다(이에 대해서는 십계명을 다룰 때 좀더 자세히 다룰 것이다). 그렇지만 히브리서에서 사도 바울이 얘기한 것처럼 예수 그리스도께서는 시대를 막론하고 언제나 동일하시다. 그분의 복음 원리라든가, 성약에 의해 받아들여지는 의식이라든가, 충만한 축복을 주기 위해 세워지는 참된 교회의 조건 등은 바뀔 수 없는 진리로 어느 시대에서나 동일하다. 그러므로 위에서 언급된 17가지 참된 교회의 조건은 예수 그리스도의 시대에나, 지금이나, 그 어느 시대를 막론하고 모두 동일해야 한다. 그러나 예수 그리스도의 12사도가 사망한 후에는 지상에 그러한 교회가 존재할 수 없었다. 그들의 사후에는 죽은 자를 위해 뱁티즘(Baptism, 세례, 침례)을 주는 교회도, 하나님으로부터 직접 계시를 받는 사도나 선지자가 있는 교회도, 교회에 종사하는 사람들이 봉급을 받지 않는 교회도 더 이상 존재하지 않게 되었다. 그리하여 세상은 긴 배교(배도)의 시기로 접어들었다. 그러나 예수 그리스도께서는 때가 찬 경륜의 시대에 모든 것이 예수 그리스도 안에서 다시 통일 되게 하실 것이라 약속하셨다(에베소서 1:10). 그러므로 때가 찬 경륜의 시대이자 말세인 현대는 긴 배교(배도)의 시기에서 완전히 벗어나 복음이 완전히 회복되며, 지상에 세워졌던 최초의 교회가 다시 세워지는 시대가 될 것이다. 교회가 다시 세워지고 신권의 열쇠를 부여 받은 하나님의 참된 선지자가 그곳에서 하나님의 대업을 위해 힘쓰는 시대가 될 것이다.

그런데 선지자의 사명과 그들이 하게 되는 역할은 정확히 무엇인가? 하나님께서 당신의 참된 교회에 세우신 그분의 선지자에 대해 알아보자.

선지자 (Prophets)

앞에서 언급한 것처럼 구약시대의 아담, 에녹, 노아, 아브라함, 모세는 각 경륜의 시대를 대표하는 '선지자'였다. 하나님께서는 각 경륜의 시대마다 선지자들을 이 지상에 보내셨는데, 하나님께서 선지자를 세우셨던 기록은 신약전서에서 찾아볼 수 있다.

"하나님께서 교회 안에 몇을 세우셨으니 첫째는 사도들이요, 둘째는 선지자들이요, 셋째는 교사들이요, 그 다음은 기적들이요, 그 다음은 병 고치는 은사들이며 돕는 것과 다스리는 것과 여러 가지 방언들이라." (고린도전서 12:28)

"그가 어떤 사람은 사도로, 어떤 사람은 예언자로, 어떤 사람은 복음 전하는 자로, 어떤 사람은 목사와 교사로 삼으셨으니." (에베소서 4:11)

하나님께서는 당신의 비밀을 선지자에게 보이지 아니하시고는 결코 행하시지 아니하신다고 하셨다(아모스 3:7). 선지자는 하나님의 일을 행할 때 그가 갖고 있는 '신권의 열쇠'를 이용하여 하늘과 지상을 연결한다. 그는 하나님의 명령, 예언, 계시를 하나님과 천사로부터 직접 받거나, 혹은 시현이나 환상을 통해서(민수기 12:6) 받기도 한다. 그리하여 하나님으로부터 받은 경고와 권고와 복음과 말씀을 하나님의 지상 자녀들에게 전달하고 그들이 합당한 길로 가도록 인도한다. 필요한 경우 그는 사람들의 죄를 비난하고 그 결과에 대하여 경고하며 인간의 유익을 위하여 미래를 예고하기도 한다. 그래서 선지자는 종종 예언자, 선견자, 계시자라고도 불린다. 또한 선지자는 교회를 이끄는 책임자로서 교회의 운영에 필요한 모든 것을 하나님으로부터 계시 받아 행한다. 그는 교회에서 주님의 생각과 뜻을 교회의 계명과 교리로 선포하고 그것을 해석해 주며, 복음을 전하기도 한다(베드로후서 1:20~21, 사무엘상 9:9, 사무엘하 23:2, 아모스 3:7). 그리하여 사람들이 하나님의 본성을 올바로 알 수 있게 하여 하나님의 뜻과 행하시는 바를 이해하도록 돕는다. 그는 교회에서 사람들에게 필요한 모든 의식을 집행할 수 있는 열쇠를 가졌는데 영원한 결혼을 포함한 인봉의식들을 집행하며, 필요에 따라 다른 신권 소유자들을 교회의 여러 직책에 위임하기도 한다. 선지자들은 위와 같이 많은 일들을 하도록 부름 받았지만 그러나 그들의 가장 주된 책임과 의무는 예수가 그리스도라는 것을 증언하는 것이다(사도행전 10:43).

하나님께서는 말세라 여겨지는 현 시대에도 합당한 선지자를 보내 주시리라 약속하셨다. 현 시대의 선지자는 구약시대의 선지자들이 그랬던 것처럼 하나님과 인간 사이를 연결해 주고 그분의 자녀들이 바른 길로 가도록 인도할 것이다. 하지만 말세인 오늘날, 자칭 자기가 하나님으로부터 부름을 받은 선지자라 하며 세상을 혼돈과 멸망으로 이끌려는 사악한 자들이 생겨나고 있다. 그들은 이단 교회를 창설해서 그곳에서 돈과 명예를 챙기며 하나님의 자녀들을 멸망의 구렁텅이로 빠뜨리려 한다. 그러므로 우리에게는 거짓 선지자를 분별하여 배척하고, 하나님의 참된 선지자를 따르는 것이 중요하다. 그렇게 하려면 우선 위에서 소개한 참된 교회가 어디에 있는지 알아보아야 하는데 참된 선지자는 하나님의 참된 교회에서만 만나볼 수 있기 때문이다.

참된 선지자에 대하여 알아보면서 나는 예수께서도 한 분의 선지자셨다고 말하였다. 예수께서 그의 경륜의 시대에 구속주로서뿐만 아니라 선지자로서도 일하셨기 때문이다. 그러나 예수께서는 우리가 위에서 알아본 일반 선지자들과는 다르셨다. 예수 그리스도는 일반 선지자들과 어떻게 달랐을까? 그 분만이 지녔던 고유한 성역은 무엇이었는지 이에 대해 알아보자.

예수 그리스도의 성역(聖域)
(Jesus Christ's Ministry)

예수 그리스도는 이 지상에 태어난 모든 사람들 중에 가장 위대한 존재이시다. 그분은 인류의 죄를 위한 완전한 속죄를 이루셨던 구약의 하나님으로서 모든 기도, 축복, 신권 의식은 그분의 이름으로 이루어진다. 예수께서는 이 지상에 태어나셔서 약 33년이라는 짧은 삶을 살고 하나님 아버지께로 돌아가셨다. 그 33년 간의 지상 생활 중에서 그분이 구속자로서, 선지자로서 위대한 성역을 베푸신 기간은 오직 돌아가시기 전 3년에 불가하다. 그러나 예수 그리스도께서는 사람들이 어떻게 살아야 하는지, 온 생애 동안 그것에 대한 완전한 모범을 보이셨다.

예수의 성역에 관한 일들은 성경에서 찾아 볼 수 있는데 성경을 통해 그분의 성역에 대해 알아보자. 그분의 성역을 간단히 전세의 성역과 현세의 성역으로 요약해 보고 그런 후에 돌아가시기 전 행하셨던 일주일 간의 성역을 살펴봄으로써 예수 그리스도께서 전하시고자 하는 가르침이 무엇이었는지 그것에 대해 알아보자.

10.1. 전세의 성역 (The Ministry in Pre-existence)

① 예수 그리스도는 하나님 아버지의 영의 자녀 중에 장자로 태어나 창세 전에 아버지와 함께 영화를 가지던 분이시다(요한복음 17:5).

② 예수 그리스도는 천국회의에서 구세주로 예임 되셨다(베드로전서 1:20).

③ 예수 그리스도는 천지만물을 창조하셨다(요한복음 1:2, 골로새서 1:16, 히브리서 1:2).

④ 예수 그리스도는 이스라엘의 하나님(출애굽기 3:1~6, 6:1~3)이시며

구약시대의 '여호와'로서 모든 성역을 베푸셨다('여호와'란 이름이 6,823번 기록됨).

⑤ 예수 그리스도는 아브라함이 나기 전부터 계셨던 분으로 스스로 있는자(요한복음 8:58, 출애굽기 3:14)이시다.

⑥ 예수 그리스도는 이스라엘 백성을 애굽에서 구해내셨다(유다서 5, 고린도전서 10:4~5,9).

10.2. 현세의 성역 (The Ministry in this World)

① 예수 그리스도는 영원하신 하나님 아버지와 순결한 지상의 어머니 마리아(다윗의 혈통, 동정녀 마리아) 사이에서 태어나셨다(이사야 7:14, 예레미아 23:5,6).

② 예수 그리스도는 영으로는 하나님 아버지의 장자이며, 육으로는 하나님 아버지의 독생자이시다(요한복음 17:5).

③ 예수 그리스도는 베들레헴에서 태어났으며(미가 5:2,3) 아기 때 헤롯왕의 학살을 피해 애굽으로 피신하였다(마태복음 2:13). 그분은

구약의 하나님이셨고 지상에도 구세주로 오셨으나, 지상의 모든 이에게 요구되는 조건에 따라 보통 사람들과 같이 태어나고 성장하셨다(이사야 53:2). 그리하여 처음에는 충만함을 받지 아니하였으나 은혜 위에 은혜를 더하여 발전하고 성장하여 가더니 마침내 충만함을 받게 되셨다(누가복음 2:52, 마태복음 28:18). 예수께서는 유일하게 죄 없이 세상을 사신 분으로 온 생애 동안 인류가 살아가야 할 완전한 모범을 보이셨다(베드로전서 2:21). 그분이 필멸의 몸으로 일생 동안 온전하게 사신 것은 하늘 아버지에 대한 순종으로 인함이다(히브리서 5:8~9). 그분은 하늘 아버지와 천사의 방문으로, 또 성령의 가르침으로 성장하고 발전하셨다(요한복음 8:28, 12:49).

④ 열두 살 소년이던 예수는 유월절에 성전에서 선생들 중에 앉아 교훈을 주었다(누가복음 2:46). 이때 예수께서는 이미 유대 왕국을 다스릴만한 예지를 모두 갖추고 계셨다. 그러나 아직 그분의 때가 아니었으므로 소년이었던 예수는 자신을 방어할 힘도, 추위와 굶주림과 사망을 물리칠 힘도 갖고 있지 않았다. 그리하여 그 부모는 그분을 찾으며 염려하였다(누가복음 2:48).

⑤ 성역의 시기가 오자 예수 그리스도는 요한에게 가서 세례(침례)를 받으셨다. 이때 하늘이 열리고 성령이 비둘기처럼 내려왔다(마태복

음 3:13~17).

⑥ 예수 그리스도는 나이 삼십에 그분의 성역을 시작하여 3년 동안
이를 행하셨다. 예수 그리스도께서는 이때 생명과 사망을 다스릴
수 있는 권능을 모두 지니고 계셨으며 이 권능으로 죽은 자를 살
리기도 하시었다(누가복음 5:35,42). 그분의 성역에 관한 기록은 신
약전서에서 찾아볼 수 있는데 첫 해에 18건, 두 번째 해에 27건,
세 번째 해에 72건이 기록 되어 있다. 이 기록에는 그분께서 행하
신 기적과, 비유를 포함한 그분의 여러 가르침과 말씀 등이 기재
되어 있다.

⑦ 예수 그리스도는 사람들의 죄를 대속하기 위해 '겟세마네 동산'
에서 피가 땀방울처럼 흐르는 고난을 받으셨다. 이때 하늘에서 천
사가 내려와 그분을 도왔다(누가복음 22:39~46).

⑧ 예수 그리스도의 나이 33세 때, 친구이자 제자였던 유다는 은 30
냥에 그분을 유대 대제사장과 장로들에게 팔았다(마태복음 26:15).
그의 입맞춤을 신호로 유대 대제사장의 집으로 잡혀가신 예수 그
리스도께서는 이후에 유대인과 로마병정으로부터 온갖 수모를 겪
으셨다(마태복음 26:47,48).

⑨ 결국 예수 그리스도는 '골고다'라는 곳에서 십자가에 못 박혀 돌아가셨다(요한복음 19:17~37). 그분께서는 사망을 다스릴 권능을 갖고 계셨으므로 돌아가시지 않으실 수도 있었다. 그러나 예수께서는 사람들의 죄를 대속하기 위해 돌아가셔야 했다. 그분은 이를 위해 나셨으며 그분의 죽음은 그가 태어나기도 전에 이미 예언된 것이었다(마태복음 16:21). 이사야는 이에 대해 다음과 같이 말하였다.

"그는 멸시를 받아서 사람에게 싫어 버린바 되었으며 간고를 많이 겪었으며 질고를 아는 자라……그가 찔림은 우리의 허물을 인함이요, 그가 상함은 우리의 죄악을 인함이라, 그가 징계를 받음으로 우리가 평화를 누리고 그가 채찍을 맞음으로 우리가 나음을 입었도다." (이사야 53:3,5)

⑩ 예수 그리스도는 사망 후 사흘 만에 부활하셨다(누가복음 24:1~18, 37~39, 요한복음 20:1~18, 27~29).

⑪ 예수 그리스도는 부활하여 40일간 더 성역을 베푸신 후에 승천하여 하나님의 우편에 앉으셨다(마가복음 16:19, 히브리서 1:3, 사도행전 7:56, 로마서 8:34, 골로새서 3:1).

⑫ 예수 그리스도께서는 다시 지상에 오셔서 그분의 의로운 자들과 함께 지상을 다스리실 것이다(사도행전 1:11, 마태복음 24:30, 26:64, 요한계시록 1:7).

⑬ 예수 그리스도께서는 어제나 오늘이나 항상 살아계신다(히브리서 7:25).

우리는 지금까지 예수 그리스도의 전세와 현세의 성역에 대해 요약해서 알아보았다. 현세를 살면서 예수 그리스도께서는 당신이 언제 돌아가실지 알고 계셨다. 일반적으로 사람들은 죽을 시기를 알게 되면 자신이 이 세상에서 꼭 해야 할 중요한 일을 하고자 한다. 예수 그리스도께서는 돌아가시기 전 마지막 일주일 동안 어떤 일을 하셨을까? 예수 그리스도께서 행하신 마지막 일주일 성역을 함께 동행하면서 그분이 구속주로서, 선지자로서 어떤 성역을 베푸셨고 또한 어떤 기적을 보이셨는지 알아보자.

우리는 그 일주일 동안의 성역 속에서 이 지상에 살아가고 있는 많은 부류의 사람들을 보게 될 것이다. 그들은 모두 지상 생활의 경험을 통해 발전할 수 있게 되었다는 사실에 한 소리로 기뻐 소리쳤던 하나님의 영의 자녀들이었다(욥기 38:4~7). 그러나 하나님 아버지께서 그들 앞에 계시지 않은 지금, 육신을 입은 그들은 예수 그리스도의 인도하심에도 불구하고 모두 제각기 자기 길을 감으로써 자신의 내재된 모습들을 보여주고 있다. 이는 참 흥미로운 일이 아닐 수 없다. 이제 우리 모두 예수 그리스도께서 돌아가시기 전, 마지막 일주일인 A.D 33년의 세상 속으로 함께 가보자.

예수 그리스도의 현세에서 마지막 일주일
(The Last 7 Days of Jesus Christ in this World)

예수 그리스도께서 지상으로 오시고 나서 33년이 되던 해, 이제 그분의 성역을 끝내실 때가 되었다. 예수 그리스도께서는 마지막으로 사람들의 죄를 대속하기 위해 예루살렘으로 입성하시게 된다. 이렇게 예루살렘으로 가시면서 시작되는 지상에서의 마지막 일주일은 특별히 '속죄의 희생 주간'이라고 알려졌는데 그때 무슨 일이 일어났는지 그 성스러운 일주일간의 시간 속으로 함께 가보자.

첫째 날(일요일)

예루살렘 입성(마태복음 21:1~11, 마가복음 11:1~11, 누가복음 19:28~40,
요한복음 12:12~19)

유월절이 시작(유대인의 달력으로 1월 14일 목요일 해질 때, 출애굽기 12:6)
되기 4일전인 A.D 33년 4월 어느 일요일, 지상에서의 마지막 안식일(토
요일)을 보내신 것을 잘 알고 계신 예수께서는 그 스스로를 희생 제물
로 바치시기 위한 준비를 진행시키셨다. 아브라함이 이삭을 바치기 위
해 모리아산으로(창세기 22:2~4) 간 것처럼 그분도 그 스스로를 바치시
기 위해 예루살렘으로 가고자 하셨다.

예루살렘 가까이에 이르자 예수께서는 두 제자에게 일러 맞은편 마
을로 가서 나귀와 아직 아무도 타지 않은 나귀새끼를 데려오라 이르
셨다. 제자들이 그분의 명을 받고 매인 나귀새끼를 풀자 나귀 주인들
이 어찌 남의 나귀 줄을 푸느냐고 따졌다. 제자들은 그 주인에게 예수
께서 나귀를 사용하고자 하신다고 말했다. 그러자 주인은 순순히 그
들에게 나귀를 내어주었다. 제자들이 새끼나귀를 끌자 어미는 순순히
그 새끼를 따라왔다. 새끼 또한 어미가 함께 오기 때문에 두려워하지
않고 낯선 이가 끄는 대로 따랐다. 나귀를 데리고 온 제자들은 예수께
서 나귀에 타시도록 온순한 새끼나귀의 등에 그들의 겉옷을 걸쳤다.
예수께서는 그 위에 앉으셨고, 예수 그리스도와 무리는 예루살렘으로

향하여 올라가기 시작했다.

당시 예루살렘 성 안에는 유월절 축제를 위해 갈릴리 등 여러 곳에서 미리 그곳으로 온 많은 순례자들이 성안 사람들과 섞여 몹시 붐비고 있었다. 예수께서 감람산에서 내려가시는 길에 이르자 많은 무리가 그 소식을 듣고 예수의 주위로 몰려들었다. 그들은 예수의 모습을 보고 기뻐하였다. 그들 대부분은 겉옷을 벗어 땅 위에 펴고, 다른 이는 종려 나뭇잎을 베어 길에 펴서 왕이 가시는 길처럼 깔았다. 그들은 다음과 같이 소리 질렀다.

"호산나 다윗의 자손이여 찬송하리로다, 주의 이름으로 오시는 이여 가장 높은 곳에서 호산나." (마태복음 21:9)

가시면서 사람은 더 많아졌고 그들의 외침은 더 커졌으며 마침내 예수께서 성 안으로 들어가시자 온 성이 소동하였다. 그런데 성 안에는 그것을 분개하고 못마땅하게 생각하던 제사장, 서기관, 바리새인들이 있었다. 그 중 하나인 어떤 바리새인이 예수께 나아와 말했다.

"당신의 제자들을 책망하소서."

이에 예수께서는 "만일 이 사람들이 잠잠하면 돌들이 소리 지르리라"고 하시며 사람들이 기뻐 소리 지르는 것을 책망하지 않으셨다. 사람들은 예수께서 죽은 자도 살릴 수 있는 강력한 능력을 소유한 분이라는 것을 알고 있었다. 그들은 그분이 자신들을 로마로부터 해방시켜 오랜 고통으로부터 구해줄 왕이라 생각했기에 왕의 칭호와 메시아의 칭호를 모두 사용하여 그분을 찬양하였다.

"종려나무 가지를 가지고 맞으러 나가 외치되 호산나 찬송하리로다 주의 이름으로 오시는 이 곧 이스라엘의 왕이시요 하더라." (요한복음 12:13)

예수께서는 사람들이 그분을 왕으로 추대하는 것을 잠시 그대로 놔두셨다. 사실 예수께서는 그들의 말대로 평강의 왕이기도 하셨고, 무엇이든지 행하실 수 있는 그들의 하나님이시기도 하였다. 예수께서는 그들이 원하는 대로 원수의 손에서 그들을 구하실 수도 있었다. 그러나 지금은 그 때가 아니었다. 예수께서는 사람들의 죄를 대속하시기 위해 그 목숨을 내어주고자 예루살렘으로 오셨던 것이다. 예수께서는 그들이 당신을 거부할 것이며, 그들의 간악함으로 인하여 멀지 않은 미래에 예루살렘 성과 성전이 무너져 내리고 동시에 그들도 멸망 당하리라는 것을 알고 계셨다. 그러기에 그분은 눈물을 흘리면서 괴로워하셨다.

예수 그리스도의 기도와 응답(요한복음 12:27~36)

예수께서는 사람들의 죄악의 상태에 관해 생각하자 마음이 무거워지셨다. 그래서 당신께서 너무나 사랑하고 유일하게 기댈 수 있는 그분의 생부인 하늘에 계신 아버지께 간구하셨다.

"아버지여 나를 구원하여 이 때를 면하게 하여 주옵소서 그러나 내가 이를 위하여 이때에 왔나이다 아버지여 아버지의 이름을 영광스럽게 하옵소서."

예수께서는 사람들의 간악함으로 인하여 당신이 죽어야 한다는 것을 잘 알고 계셨다. 그렇기 때문에 그분은 그 일을 견뎌낼 힘을 아버지께 간구했다. 하늘 아버지의 입장에서 볼 때 예수는 당신의 영광이자 자랑스러운 아들이었다. 전세에서 또 다른 아들 루시퍼가 아버지를 대적하고자 군대를 이끌고 쳐들어 왔을 때, 예수께서는 사심 없이 아버지의 영광만을 위해 이를 막아내셨다. 아버지께서 지상 계획을 발표하셨을 때도 예수는 기꺼이 목숨보다도 더한 고통을 아버지의 영광만을 위해 인내하겠다 말하였다. 이제 아들 예수는 그 일을 이룰 것이다. 하늘 아버지께서는 사랑스러운 아들 예수에게 이렇게 대답하셨다.

"내가 이미 영광스럽게 하였고 또 다시 영광스럽게 하리라."

아버지의 이 대답을 듣고 예수께서는 마음의 고통에서 완전히 벗어 나실 수 있었다. 아버지께서 하신다고 한 일이 티끌만큼이라도 그릇된 적이 있었던가! 예수께서는 죄와 사망을 이겼다는 확신을 갖고 기쁨에 차서 이렇게 말씀하셨다.

"이제 이 세상의 심판이 이르렀으니 이 세상 임금이 쫓겨나리라."

그때 아버지의 대답을 들은 것은 아들만이 아니었다. 그분 곁에 서 있던 사람들도 그 음성을 들었는데, 어떤 사람들은 우뢰 소리가 들렸 다고도 하고, 좀더 통찰력이 있는 어떤 이는 천사가 예수께 말하였다 고도 하였다. 예수께서는 그들에게 이렇게 말씀하셨다.

"이 소리가 난 것은 나를 위한 것이 아니요 너희를 위한 것이니라."

만일 그곳에 있는 사람들이 영의 소리에 귀 기울여 듣는 사람들이 었다면 그들은 그곳에서 그들과 함께 계셨던 분이 누구이신지 잘 알 수 있었을 것이다.

둘째 날(월요일)

무화과 나무가 마름 (마태복음 21:18~19, 마가복음 11:12~14, 20~21)

다음날인 월요일, 예수께서는 밤을 베다니에서 보내시고 다시 예루살렘으로 향하셨다. 아침에 일찍 떠나셨기 때문에 예수께서는 여행 도중에 몹시 시장하셨다. 그때 멀리 보니 잎이 무성한 무화과 나무 한 그루가 보였다. 무화과는 잎보다 열매의 떡잎이 먼저 나오며 열매가 완전히 익은 후에야 잎이 무성해지는 나무였다. 아직 열매가 열리는 철은 아니었지만 잎이 무성한 것으로 보아 열매가 있으리라 생각하고 나무 가까이 가서 보았을 때, 나무에는 단 한 개의 열매도 달려있지 않았다. 예수께서는 마치 열매가 무성하게 달린 양 위선을 부린 이 나무를 향해 다음과 같이 말씀하셨다.

"이제부터 영원토록 네가 열매를 맺지 못하리라 하시니."

이로써 예수께서는 당신께서 사람을 살릴 권능을 갖고 계시듯이 죽일 권능도 갖고 계심을 상징적으로 보여주셨다.

성전정화(마태복음 21:12~13, 마가복음 11:15~17, 누가복음 19:45~46)

둘째 날인 월요일, 예수께서는 대부분의 시간을 열 두 제자와 함께 성전에서 보내셨다. 무화과를 저주하시고 성전으로 오셨을 때, 성스러운 성전 안은 3년 전(요한복음 2:13~22)에 예수께서 성전을 깨끗이 하시던 그 때와 별반 달라진 것이 없었다. 성전 제물로 팔기 위한 장사꾼들의 소, 양, 비둘기와 그들의 배설물이 악취를 풍기고 있었다. 돈 바꾸는 상인의 흥정소리가 합해져 성전 뜰 안은 그야말로 난리 법석이었다. 기록 된 바 성전은 기도하는 집이라 일컬음을 받으리라 했거늘, 그들은 그 거룩한 아버지의 집에서 신성을 모독하고 있었다. 성전은 순결한 자들이 회개하는 마음으로 경건하고 겸손히 희생 제물을 바치는 집이어야 했다. 그 집은 예수의 사랑하시는 아버지의 집이었으며, 아버지와 아들이 하나였기 때문에 당신의 집이기도 했다. 이제 십자가에 달리시기 4일 전, 예수께서는 다시 한번 아버지의 집(요한복음 2:16)이요, 당신(마태복음 21:13)의 집이기도 한 성전을 깨끗이 하기 시작하셨다. 예수께서는 성전에서 매매하는 자를 내어쫓으시고 돈 바꾸는 자들의 상과 비둘기 파는 자들의 의자를 둘러 엎으셨다. 예수께서는 의로운 힘으로 그 일을 행하셨기 때문에 그곳에 있던 사람들은 양심의 가책을 받아 그 누구도 예수의 위엄 있는 명령을 거스를 수 없었다. 그들은 예수의 행위에 순복하고 물러나야만 했다. 성전을 깨끗이 하신 후에 예수께서는 침착한 모습으로 돌아와 온유하게 성역을 베푸셨다. 그분은 깨끗하게 된 당신의 뜰 안에서 그분께로 나아오는 소경과 다리 저는 자를 고쳐주셨다.

그런데 참 이상하지 않은가? 예수께서는 그의 생애에서 '성전을 깨끗이 하신 적'을 빼고는 격하게 화를 내신 적이 한번도 없으시다. 그렇다면 예수께서는 왜 성전을 깨끗이 하시기 위해 그렇게 화를 내셨을까?

성전은 우리가 하나님의 집으로 돌아가기 위해 받아야 할 모든 의식들이 주어지는 곳이다. 거룩한 기도의 집이라고도 언급된 그곳은 사람들의 구원에 있어서 없어서는 안 될 '성스러운 곳'이었다. 그런데 예수께는 그것 말고도 그분만이 갖고 있던 다른 의미가 있었다. 성전이 예수께는 꿈에도 잊지 못할 사랑하는 친부의 거룩한 집이었다. 사람들은 자신을 낳아준 친부모에게 무한한 사랑을 갖게 된다. 그것은 어렸을 때 버림을 받고 타인에게 입양을 간 사람들도 마찬가지다. 그들 중 일부는 커서도 친부모를 잊지 못하고 애타게 그들을 찾는데, 그들은 친부모가 자신들을 버렸다 해도 개의치 않는다. 그들은 '형편이 오죽했으면 버렸을까' 하고 사랑하는 마음으로 친부모의 모든 허물을 덮는다. 하물며 어린 예수의 마음은 어떠하였을까? 예수는 일반 사람들과 같은 조건으로 태어났으므로 아들 예수에게 무한한 사랑을 갖고 계신 하늘 아버지께서는 그와 오랜 시간 함께 있을 수 없으셨을 것이다. 예수께서는 사도 요한의 기록처럼 하늘 아버지의 가르침으로 성장하셨다.

"내가 내 자의로 말한 것이 아니요 나를 보내신 아버지께서 나의 말할 것과 이를 친히 명령하여 주셨으니, 내가 스스로 아무 것도 하지 아니하고 오직 아버지께서 가르치신 대로 이런 것을 말하는 줄도 알리라." (요한복음 12:49, 8:28)

그러나 계시를 주실 때에는 다른 선지자들에게 그러셨던 것처럼 아버지께서 직접 오시기보다 천사나 성령을 통해 주시는 일이 많았을 것이다. 그러므로 양부인 요셉이 아무리 곁에서 잘 돌보았다 하더라도 평생 생부 없이 사셔야 했던 예수께서는 늘 생부인 하늘 아버지가 그리우셨을 것이다. 그래서 12살이던 그 해 유월절, 소년 예수는 어머니가 걱정할 줄 알면서도 아버지의 집을 떠나지 못하고 그곳에 남아 사람들을 가르치셨다. 예수는 그들에게 당신의 생부이신 하늘 아버지에 대하여 이야기하고, 아버지에 대하여 묻고, 아버지의 가르침을 주었는데 신약시대의 '누가'는 이에 대해 다음과 같이 기록했다.

"해마다 유월절이면 그의 부모가 예루살렘에 가더라, 그가 열두 살 되었을 때에, 그들이 그 명절의 관례에 따라 예루살렘에 올라갔다가, 그 절기가 끝나서 돌아올 때, 아이 예수께서는 예루살렘에 머무르셨으나, 요셉과 주의 모친은 그것을 모르더라, 그들은 그가 동행자들 중에 있는 줄로 생각하고 하룻길을 갔다가, 친척들과 아는 사람들 중에서 그를 찾았으나, 찾지 못하자, 다시 예루살렘으로 돌아가서 그를 찾으니라, 삼 일 후에 성전에서 그를 찾았는데, 그가 박사들 가운데 앉아 그들에게서 듣기도 하고 묻기도 하시더라, 그가 말씀하는 것을 들은 사람들은 모두 그의 총명과 답변에 놀라더라, 그들이 그를 보고 깜짝 놀라며, 그의 모친이 그에게 말하기를 "아들아, 어찌하여 우리에게 이렇게 하였느냐? 보라, 네 아버지와 내가 걱정하며 너를 찾았다," 라고 하니, 주께서 그들에게 말씀하시기를 "어찌하여 나를 찾으셨나이까? 내가 나의 아버지의 일을 해야 될 줄을 알지 못하셨나이까?" 라고 하더라." (누가복음 2:41~49)

사람들에게 아버지의 가르침을 주는 일은 예수께 무척이나 행복한 일이었으며 이는 또한 아들로서 마땅히 그가 해야 할 일이기도 했다. 어린 예수께서는 그런 그분의 마음을 다른 사람은 몰라도 어머니만은 알아주기 원하셨던 것 같다. 그래서 "근심하여 너를 찾았다"라는 어머니의 말에 예수께서는 다음과 같이 대답하셨다.

"어찌하여 나를 찾으셨나이까 내가 내 아버지 집에 있어야 될 줄을 알지 못하셨나이까?"

그러나 마리아는 그 말을 이해하지 못했다.

"양친이 그 하신 말씀을 깨닫지 못하더라." (누가복음 2:50)

아버지를 사랑하시는 만큼 예수께서는 아버지의 집이 세상의 오물로 더럽혀지는 것을 용납하실 수 없으셨다. 그래서 아버지의 집인 성전을 깨끗하고 거룩하게 하기 위해 그들을 격하게 몰아내셨다. 예수께서는 말로서써만 하신 것이 아니라 진노해서 그 일을 하셨는데 그것은 부패와 탐욕에 빠진 상인들을 이해시킬 수 있는 방법이 그것 밖에 없었기 때문이다. 사람들 중에는 속삭이듯 작은 소리로 이야기하여도 알아듣는 사람들이 있고, 천둥 같은 소리로 하여도 듣지 못하는 사람들이 있다. 기도의 집인 성전을 강도의 굴혈로 만들던 그들은 작은 경고의 말로서는 듣지 못하는 사람들이었다.

셋째 날(화요일)

다음날인 화요일 아침, 다시 베다니에서 예루살렘으로 가는 길에 사도 베드로는 전날 예수께서 저주하신 무화과 나무가 말라있는 것을 보았다. 그는 예수께 "랍비여! 보소서 저주하신 무화과 나무가 말랐나이다"라고 말했다. 어떻게 보면 무화과 나무를 저주하신 것은 잔인하다 생각될 수 있다. 그러나 이것은 진리를 가르치시는 예수의 또 다른 방법이었다. 무화과 나무처럼 사람들을 그릇되게 이끄는 위선자들의 운명은 결국 마지막 날 그루터기 타듯이 타버리게 될 것이다. 당시 사람에게 그런 저주를 하시지 않은 것은 예수의 자비였다. 그들은 최소한 타버리기 전에 회개할 시간을 벌게 된 것이다. 사도 베드로의 말을 들으신 예수께서는 제자들에게 이렇게 말씀하셨다.

"하나님을 믿으라."

그리고 나서 예수께서는 제자들에게 신앙의 힘에 대해 다음과 같이 말씀하셨다.

"예수께서 대답하여 그들에게 말씀하시기를 진실로 내가 너희에게 말하노니 너희에게 믿음이 있고 의심하지 않으면 이 무화과나무에 일어났던 일을 할 뿐만 아니라 이 산더러 옮겨져 바다에 빠지라고 말하여도 그렇게 되리라." (마태복음 21:21)

이날, 예수께서는 여러 교훈의 말씀을 사람들에게 들려주셨으며 많은 비유의 말씀으로 사람들을 가르치셨다. 그리고 특별히 이날은 유다가 예수를 팔기로 계획하고 대제사장에게 가서 그 값을 흥정한 날이기도 했다.

두 아들의 비유(마태복음 21:23~32)

예수께서 말씀하신 첫 번째 비유는 '두 아들의 비유'였다. 이 이야기의 발단은 이렇다.

베다니에서 마른 무화과 나무를 지나 성전으로 올라가신 예수께서는 사람들에게 복음을 가르치셨다. 그때 대제사장과 서기관과 장로들이 그분 앞으로 나아왔다. 그들은 성전 건물을 관리하고 그곳에서 일어나는 모든 영적인 일을 관리하는 관리자들이었다. 그들은 관리자로서 성전을 깨끗이 하고 그곳에서 사람들을 가르칠 권능을 가진 자들이었다. 그런데 전날 예수께서 성전을 깨끗이 하시고, 이제 또 사람들을 가르치시자 그들은 기분이 몹시 나빠졌다. 그들은 그들의 권능을 무시한 예수를 대적하고자 머리를 맞대고 상의한 후 이렇게 물었다.

"당신이 무슨 권세로 이런 일을 하는지, 이 권세를 누가 당신에게 준 것인지 우리에게 말하라."

그들은 예수께서 3년 동안 많은 기적을 행하셨다는 것을 잘 알고 있었다. 예수께서는 심지어 죽은 나사로도 살리신 분이시기에(요한복음 11:1~44), 그들은 예수께 그분의 권능을 증명하도록 표적을 요구하는 것은 어리석은 일이라 생각했다. 그래서 그들은 이제 머리를 써서 "누가 이렇게 예수에게 성전을 깨끗이 하며 성전에서 가르칠 권능을 주었는가" 하고 물었다. 그들은 성전 경내에서 말과 행동으로 예수를 제압하고자 미리 계획을 짜놓고 있었다. 그들은 예수께서 권능이 어디로부터 왔다 하실지 잘 알고 있었으며 이제 그 대답을 기다렸다. 그런데 그들의 예상과는 달리 예수께서는 대답 대신 한가지 질문을 하셨다.

"나도 한 말을 너희에게 물으리니 너희가 대답하면 나도 무슨 권세로 이런 일을 하는지 이르리라 요한의 세례(침례, Baptism)가 어디에서 왔느냐 하늘로서냐 사람에게로서냐."

예수의 질문을 받자 그들은 갑자기 난감해졌다. 요한의 세례(침례, Baptism)가 하늘에서 왔다고 한다면, 왜 세례(침례) 요한의 말을 믿지 않으며 예수에 대한 그의 간증을 믿지 않느냐고 하실 것이 분명했다. 반면 사람에게서 라고 한다면, 다시 말해 세례(침례) 요한은 사람을 가르치고 세례(침례, Baptism)를 줄 권능을 갖은 선지자가 아니었다고 한다면, 세례(침례) 요한이 선지자로서 순교 당했다고 생각하는 많은 사람들이 그들에게 대항할 것이었다. 그들은 빠져나갈 방법을 생각해 보았으나 마땅한 길이 없었다. 그리하여 그들은 이렇게 대답했다.

"우리는 모른다."

그러자 그들의 대답을 들은 예수께서 이렇게 말씀하셨다.

"나도 무슨 권세로 이 일을 하는지 너희에게 말하지 아니하리라."

대제사들과 서기관들과 장로들은 결국 창피만 당하게 되었다. 그들은 예수의 답변에서 그분을 반대하는 구실을 찾으려 계획했지만 지켜보는 무리 앞에서 결국 아무 말도 못하고 오히려 예수의 말씀을 듣는 청강생이 되어버렸다. 그러자 예수께서 질문하셨다.

"너희들은 어떻게 생각하느냐?"

먼저 질문을 하신 예수께서는 이어서 두 아들에 대한 비유의 이야기를 들려주셨는데 이는 다음과 같다.

한 사람에게 두 아들이 있었다. 하루는 그가 맏아들에게 가서 "오늘 포도원에 가서 일하라"고 말하였다. 그러자 맏아들이 대답하기를 "아버지여, 제가 가겠소이다" 하였다. 그러나 맏아들은 대답만 하였을 뿐 일하러 가지 않았다. 이번에는 그 사람이 둘째 아들에게 가서 "오늘 포도원에 가서 일하라"고 말하였다. 그러자 둘째 아들이 퉁명한 목소리로 대답했다. "싫소이다." 그러나 둘째 아들은 이내 자기가 한 말을 뉘우쳤다. 그는 아버지의 말씀을 듣기로 하였다. 그는 포도원에 가서 열심히 일했다. 이 이야기를 말씀하신 후 예수께서 물으셨다.

"그 둘 중 누가 아버지의 뜻대로 하였느냐?"

예수의 질문에 대제사장과 서기관들과 장로들은 대답하기가 꺼려졌다. 그러나 모두가 아는 답을 이번에도 모른다고 할 수는 없었다. 그들은 대답했다.

"둘째 아들입니다."

그들의 대답에 예수께서 말을 이으셨다.

"진실로 내가 너희에게 이르노니 세리들과 창기들이 너희보다 먼저 하나님의 나라에 들어가리라, 요한이 이 의의 도로 너희에게 왔거늘 너희는 저를 믿지 아니하였으되 세리와 창기는 믿었으며 너희는 이것을 보고도 끝내 뉘우쳐 믿지 아니하였도다."

실제로 세리와 죄인들은 광야에서 외치는 세례(침례) 요한의 소리를 듣고 그에게로 와서 "선생이여, 우리가 무엇을 하리까?"(누가복음 3:7~13)라고 말하였다.

그러나 성전을 관리하고 사람들을 바르게 이끌어야 할 대제사장들과 서기관들과 장로들은 그들의 일을 제대로 하지 않았다. 그러면서 그 일을 하시는 예수를 비난하였다. 예수께서는 그들에게 이 말씀을 전하시고자 위와 같은 비유를 드셨다. 그렇다면 어떻게 하는 것이 아버지의 뜻대로 하는 것일까? 둘째 아들처럼 싫다고 하고는 뉘우치고 가서 일했어야 할 것인가? 아니다. 그들 중에 진실로 아버지의 뜻대로 행한 자는 아무도 없다. 아버지의 뜻대로 행하는 것은 "제가 하겠나이다." 하고는 아브라함처럼 무엇이든지 아버지께서 명하시는 일이면 머뭇거림 없이 곧바로 가서 행하는 것이었다.

악한 농부의 비유 와 버린 돌의 비유 (마태복음 21:33~46, 마가복음 12:1~12, 누가복음 20:9~19)

예수께서는 이어서 악한 농부의 비유와 버린 돌의 비유를 말씀하셨는데 그 이야기는 이렇다. 한 주인이 새로 포도원을 잘 만들어 놓고 나서 타국으로 가야 했기에 포도원을 농부들에게 세놓았다. 포도를 딸 시기가 되자 주인은 농부들에게서 포도를 받으려고 타국에서 그의 종들을 보냈다. 그랬더니 농부들은 종들을 때리고, 돌로 치고, 죽여버렸다. 그러자 주인은 더 많은 종들을 다시 보냈다. 농부들은 다시 그 종들마저 돌로 치고 죽여버렸다. 주인은 "설마 나의 아들은 공경하겠지.” 하고 이번에는 아들을 보냈다. 아들을 본 농부들은 오히려 “그가 상속자이니 그를 죽이고 그의 유업을 차지하자” 하고는 그를 포도원 밖으로 쫓아내 죽여버렸다.

이 이야기를 하시고는 예수께서 물으셨다.

“포도원 주인이 올 때 주인은 이 농부들을 어떻게 하겠느냐?”

이번에도 답을 피할 수 없던 유대인 관원들은 올바른 대답을 할 수밖에 없었다.

“악한 농부들을 멸하고 포도원은 제때에 실과를 바칠 다른 농부들에게 세를 줄 것입니다.”

그들의 답을 들으신 예수께서는 이어서 악한 농부들이 죽인 주인의 아들을 상징하는 버려진 모퉁이 돌에 대해 말씀하셨는데 이는 다음과 같다.

그들이 주께 말씀 드리기를 ˝그가 그 악한 자들을 비참하게 죽일 것이며, 또 그 포도원을 제 때에 소출을 바칠 다른 농부들에게 세로 주리이다.˝ 라고 하더라, 예수께서 그들에게 말씀하시기를 ˝너희는 성경에서 ‘건축자들이 버린 돌이 모퉁이의 머릿돌이 되었도다, 이는 주께서 하신 일이라, 우리 눈에 기이하도다,' 하신 말씀을 읽어 보지 못하였느냐? 그러므로 내가 너희에게 말하노니, 하나님의 나라를 너희에게서 빼앗아 그 소출을 가져올 민족에게 주리라, 또 누구든지 이 돌 위에 떨어지는 사람은 부서질 것이요, 이 돌이 누구에게든지 떨어지면 그 사람을 가루로 만들 것이라," 고 하시니.(마태복음 21:41~44)

건축자들은 그들이 짓는 건물의 머릿돌이 될 수 있는 단단한 돌을 보았으나 던져버렸다. 그러나 그것은 그들이 머릿돌로 택해야 했었다. 그 돌은 그들이 가질 수 있는 유일한 돌로써 더할 나위 없을 만큼 훌륭한 머릿돌이었기 때문이다. 사람들이 버린 그 머릿돌이 사람 위에 떨어진다면 던져진 그 돌은 그들을 가루로 만들어 흩을 것이다. 그러면 흩어진 그들은 하나님의 나라를 빼앗기고 말 것이며 하나님의 나라는 머릿돌을 알아보는 열매 맺는 백성이 가지게 될 것이었다.

위에서 예수께서 말씀하신 비유는 다음과 같은 사실을 내포하고 있다. 하나님 아버지께서는 사람들을 구원하시고자 많은 선지자들을 이스라엘로 보내셨는데 사람들은 그들을 돌로 치고 쫓아내었다. 그러자 하나님 아버지께서는 더 큰 예수 그리스도의 종, 즉 세례(침례) 요한을 다시 보내셨지만 그들은 그 또한 죽여버렸다. 하나님께서는 마지막으로 아들인 예수 그리스도를 보내셨는데, 그들은 이 날로부터 3일 후에 예수 그리스도마저도 죽일 것이었다. 예수는 그들이 버리는 돌로서 사실은 유대인들이 그 위에 튼튼한 건물을 세울 수 있는 더할 나위 없이 크고, 견고하고 유일한 기초였다(야고보서 4:15~17). 그들에겐 절대적으로 없어서는 안될 모퉁이의 머릿돌이었던 것인데 그들은 그 돌을 없애 버리고자 하였다. 예수께서는 머릿돌을 버려 더 이상 튼튼한 집을 지을 수 없게 될 자들의 운명에 대하여 예언하셨다. 그것은 그들이 돌의 심판으로 가루처럼 멸망할 거라는 것이었다. 유대인들은 하나님의 나라를 빼앗길 것이며 하나님의 왕국은 훗날 더욱 합당하고 충실한 농부인 이방인에게 넘겨질 것이었다.

예수의 말씀을 듣고 제사장들은 자신들의 계획이 실패했을 뿐만 아니라 사람들 앞에서 창피만 당하게 된 것을 알고는 몹시 화를 냈다. 그들은 예수를 체포하려 했지만 그럴 수는 없었다. 왜냐하면 그곳에 많은 사람들이 있었기 때문이다. 그 사람들은 예수를 '그리스도'라고는 선포하지는 않았지만 그분이 하나님의 선지자인 것은 알고 있었다. 그들은 그곳에 있는 사람들의 생각을 무시할 수 없었다.

혼인 잔치의 비유(마태복음 22:1~14)
예수께서는 다시 혼인잔치에 대한 비유를 들어 가르치셨다.

천국에서 임금님이 아들 혼인잔치에 사람들을 초대했다. 사람들을 선택해 미리 연락을 보낸 후에 때가 되자 다시 정식으로 그들에게 종들을 보내어 오라고 통지했다. 그러나 초대를 받은 사람들은 자기들의 일을 하느라 가지 않았다. 왕은 다시 한번 종을 보내어 간곡히 그들을 초대했다. 악한 그들은 가지 않은 것은 물론이고 이번에는 종들을 욕보이고 죽이기까지 하였다. 왕이 부르면 당연히 가야 하는 것이 신하인 그들의 임무였다. 왕은 그들을 위해 소와 살진 짐승을 잡고 온갖 준비를 하고 기다리고 있었다. 더구나 혼인식의 주인공인 왕의 아들은 나중에 왕을 이어 나라를 다스릴 왕위 계승자였다. 그런데도 불구하고 조건 없는 친절을 보인 왕을 그들은 모독하였다. 왕은 이들 반항적인 자들에게 응보를 가하기로 결심했다. 왕은 그들을 진멸했으며, 그들의 동네는 불태워졌다. 그런 후 왕은 사거리 길에 나가서 만나는 대로 사람들을 초대했다. 지위나 빈부를 막론하고 악한 자나 선한 자나 모두 초대되어 왔다. 그리하여 혼인 자리에는 손님이 가득하게 되었다.

이 이야기에서 왕은 하나님을, 아들은 예수 그리스도를, 먼저 초대받은 사람들은 성약의 백성인 유대인을 의미한다. 그리고 길에서 초대받은 사람들은 이방인을 뜻한다. 당시 랍비들은 아브라함의 자녀만이 상속의 축복을 받게 된다고 가르쳤다. 아브라함의 자녀였던 유대인들은 그런 랍비의 말에 말할 수 없이 큰 기쁨을 느꼈다. 그러나 정작 초대 받았을 때 그들은 상속의 축복을 줄 아들을 거절했다. 결국 이 이야기처럼 복음의 축복을 받을 이는 나중에 온 이방인이 될 것이다. 유대인들은 세례(침례) 요한이 그들에게 준 경고, 즉 하나님은 그곳에 있는 돌들도 아브라함의 자녀가 되게 하실 수 있기에 아브라함의 자녀라는 것은 그리 중요하지 않으며 그들에게 가장 중요한 것은 회개의 합당한 열매라고 말한 것을 기억해야 했다(마태복음 3:8~10).

혼인잔치의 비유 뒤에는 다음과 같은 얘기가 나온다. 임금이 초대되어 온 손님들을 보러 들어가 보니 그곳에 예복을 입지 아니한 사람이 하나 있었다. 임금이 그에게 "친구여, 어찌 예복을 입지 아니하였는가" 하고 물었으나 그는 대답을 하지 못했다. 예복은 그곳에 들어올 수 있도록 문을 통과할 때 합당한 사람에게만 주어지는 그런 옷이었다. 어떤 이유에서인지 알 수 없지만 그는 예복을 받을 수 있는 자격을 갖추지 못했다. 그는 정문을 거치지 않고 편법을 써서 그곳에 들어갔을 것이다. 결국 자격이 안된 그는 내쳐졌고 어둠 속에서 이를 갈 수 밖에 없었다.

이 비유에서 알 수 있듯이 결국 아무리 초대 받은 성약의 백성이라고는 하나 선행을 하지 않고서는 하나님의 왕국에 들어갈 수 없다. 그러기에 예수께서는 "부름을 받은 자는 많으나 택함을 받은 자는 적다." 라고 말씀하셨다. 반면 아무리 이방인이라고 해도 그들이 구원을 얻기에 합당한 생활을 한다면 그들은 천국의 문을 들어설 수 있을 것이다.

가이사의 것은 가이사에게(마태복음 22:15~22, 마가복음 12:13~17, 누가복음 20:20~26)

창피를 당한 바리새인들은 예수를 체포할 단서를 찾아내려 끊임없이 기회를 엿보았다. 그들은 "어떻게 하면 예수를 말의 덫에 걸리게 할까" 하고 헤롯 당원들과 의논한 후에 예수께 와서 이렇게 말했다.

"우리에게 이르소서, 가이사에게 세를 바치는 것이 가하나이까, 불가하나이까?"

이 질문에는 교활한 덫이 숨겨져 있었다. 당시 이스라엘은 로마의 통치를 받고 있었다. 만약 예수께서 "가하다"라고 하신다면, 그들은 예수를 그들 종교의 반역자로 지목하여 백성들로 하여금 예수를 대적하게 할 작정이었다. 그리고 만약 예수께서 "불가하다"라고 하신다면, 그들은 예수를 로마정부에 대항하는 폭동의 주모자라고 외칠 속셈이었다. 질문을 받은 예수께서는 저들의 악함을 눈치채셨다. 예수께서는 이렇게 말씀하셨다.

"외식하는 자들아, 어찌하여 나를 시험하느냐? 셋돈을 내게 보이라."

그러자 그들은 로마황제 가이사의 형상과 이름이 새겨진 로마의 데나리온 하나를 가져왔다. 그들이 가져온 돈을 받아 든 예수께서 질문을 하셨다.

"이 형상과 이 글이 뉘 것이냐?"

"가이사의 것이니다."

그러자 예수께서 대답하셨다.

"그러면 가이사의 것은 가이사에게 하나님의 것은 하나님에게 바치라."

이 얼마나 명백한 답변인가. 이 답변은 하나님의 자녀로서 세상을 살아가는 현대의 우리에게도 도움이 되는 답변이었는데 바리새인과 헤롯 당원은 예수의 지혜로운 답변에 아무런 말도 할 수 없었다. 그들은 그대로 예수를 떠나갔지만 나중에 빌라도 앞에서는 이렇게 거짓 증언을 했다.

"고소하기 시작하여 말하기를 "이 자가 우리 민족을 현혹하고, 가이사에게 세금 바치는 것을 금하며, 자칭 그리스도 왕이라고 하더이다," 라고하니." (누가복음 23:2)

부활에 관한 질문(마태복음 22:23~33, 마가복음 12:18~27, 누가복음 20:27~40)

바리새인과 혜롯 당원들이 간 후 이번에는 사두개인들이 와서 예수에게 질문을 했다. 구약시대의 모세 오경(창세기, 출애굽기, 레위기, 민수기, 신명기)을 믿던 그들은 모세가 선언한 것이 아닌 경우 어떠한 것도 교리로 받아드릴 수 없다고 생각하고 있었다. 모세 오경에는 죽은 자의 부활이 나와 있지 않기 때문에 그들은 부활을 믿지 않았다. 그런데도 사두개인들은 예수께 와서 이렇게 질문하였다.

"선생님이시여, 우리 중에 칠 형제가 있는데 맏이 장가 들었다가 자식이 없어 죽은 후 그 동생들이 차례로 그렇게 하다가 최후에 그 여자도 죽으니 부활 때에 그 여자는 일곱 중 누구의 아내가 되겠습니까?"

모세 율법에서 미망인이 된 여자가 남편의 형제와 결혼하여 후사를낳는 것은 공인된 율법이었다. 그렇다 해도 어찌 이와 같은 일이 쉽게 일어나겠는가? 그들은 단지 이렇게 질문을 함으로써 '부활'이라는 잘못된 교리에 대해 의문을 갖게 하려 하였다. 이에 예수께서는 이렇게 말씀하셨다.

"너희가 성경도 하나님의 능력도 알지 못하는 고로 오해하였도다, 부활 때에는 장가도 아니 가고 시집도 아니 가고 하늘에 있는 천사들과 같으니라."

이 말씀은 결혼 관계에 관한 모든 문제는 부활 이전에 현세와 영원을 위한 결혼 인봉으로 이미 결정되기 때문에 부활 후에는 장가 가는 일도, 시집 가는 일도 없게 된다는 뜻이다. 예수께서는 이와 같이 대답하신 후, 그들이 의도하던 바 부활로 주제를 옮기셨다.

"죽은 자의 부활을 의논할진대 하나님이 너희에게 말씀하신 바 나는 아브라함의 하나님이요, 이삭의 하나님이요, 야곱의 하나님이다 하신 것을 읽어보지 못하였느냐? 하나님은 죽은 자의 하나님이 아니요 산 자의 하나님이니라."

물론 모세 오경을 읽고 사두개인들도 하나님이 아브라함과 이삭과 야곱의 하나님임을 인정하고 있었다. 그러나 아브라함이나 이삭, 야곱은 이미 오래 전에 죽은 사람들이다. 하나님이 산 자의 하나님이라고 한다면 어찌 이미 죽어 존재하지 않을 그들의 하나님이라고 말할 수 있겠는가? 말씀을 마치자 예수의 말씀에 감명을 받은 한 서기관이 옆에서 소리쳤다.

"선생이여, 말씀이 옳으나이다."

사두개인들은 감히 더 이상 아무것도 물을 수 없었다.

큰 계명(마태복음 22:43~40, 마가복음 12:28~34, 누가복음 10:25~28)
이번에는 무리 중에 종교적인 율법을 가르치는 율법사 한 명이 예수에게 질문을 하였다.

"선생님이여, 율법 중에 어느 계명이 크나이까?"

그의 물음에 예수께서 대답하셨다.

"네 마음을 다하고 목숨을 다하고 뜻을 다하여 주 너의 하나님을 사랑하라 하셨으니 이것이 크고 첫째 되는 계명이요, 둘째는 그와 같으니 네 이웃을 네 몸 같이 사랑하라 하셨으니 이 두 계명이 온 율법과 선지자의 강령이니라."

사랑보다 더 큰 계명이 있을까. 사랑하는 마음을 갖게 된다면 예수의 나머지 계명들은 자동적으로 지키게 될 것이다. 이 말씀을 듣고 예수에게 질문을 했던 율법사가 말했다.

"선생님이여, 옳소이다…… 사랑하는 것이 전체로 드리는 모든 번제물과 기타 제물보다 나으니이다."

그의 용기 있는 말에 예수께서 그를 칭찬하셨다.

"네가 하나님의 나라에 멀지 않도다."

예수 그리스도는 다윗의 주(마태복음 22:41~46, 마가복음 12:35~37, 누가복음 20:41~17)

예수를 함정으로 빠뜨리려던 바리새인, 헤롯 당원, 사두개인, 율법사의 계획이 모두 좌절되자, 이제는 아무도 예수에게 물으려 하지 않았다. 그러자 이번에는 예수께서 질문을 하셨다.

"너희는 그리스도에 대하여 어떻게 생각하느냐? 뉘 자손이냐?"

그들이 대답했다.

"다윗의 자손이나이다."

"그러면 다윗이 그리스도를 '주'라 칭하였은즉 어찌 그의 자손이 되겠느냐?"

편견을 갖고 있던 그들은 대답하지 못하였다. 그들은 다윗의 아들인 메시아를 고대하고 있었지만, 그들이 기다리던 메시아야가 다윗이 있기 훨씬 전부터 구약에서 말하는 여호와요, 하나님이셨다는 사실은 알지 못했다. 그리고 그분이, 바로 그들 앞에 계시는 '예수'이시라는 사실은 더더욱 알 수 없었다.

사악한 바리새인과 서기관을 꾸짖으심(마태복음 23:1~36, 마가복음 12:38~44, 누가복음 20:45~47)

예수께서 바리새인과 서기관들이 율법을 집행하는 자로서 모세의 자리에 앉는 것을 보시고는 그들의 비행을 지적하시며 경고하셨다. 예수께서는 그들이 말만하고 행하지 아니하는 사람들이라고 하셨다. 그렇기 때문에 예수께서는 제자와 무리들에게 공적인 그들의 권력에는 복종해야 하므로 그들의 말하는 바는 행해야겠지만 그들의 행위는 결코 본받지 말라고 하셨다.

예루살렘을 보시고 우심(마태복음 23:37~39, 누가복음 13:34~35)

바리새인, 서기관, 율법 자들에게 마지막 말씀을 하시고, 예수께서는 곧 멸망하게 될 성전 꼭대기를 바라보셨다. 그분은 말할 수 없는 슬픔을 느끼었다. 그분은 암탉이 새끼를 날개 아래 보호하듯 그렇게 그들을 보호하려 하였으나 그들은 그분을 거절하였다. 예수께서는 이제 돌아가실 터인데 독수리 같은 로마가 곧 그들을 덮쳐 죽일 것이다. 성전은 무너질 것이기에 더 이상 '나의 집'이라 하시던 그곳은 존재하지 않을 것이며 예루살렘 또한 황폐하게 될 것이었다. 그 모든 일은 예수 그리스도의 자녀이기도 한 그들이 자신들을 위해 돌아가실 예수를 배반하기에 일어날 일이었다. 예수께서는 슬픈 눈으로 성전을 바라보셨다. 그분의 눈은 눈물로 젖어 들었다.

과부의 헌금(마가복음 12:41~44, 누가복음 21:1~4)

예수께서는 성전 뜰에서 성전의 연보 궤가 있는 곳으로 자리를 옮기셨다. 그곳에는 13개의 연보 궤가 있었다. 그곳에서 한 과부가 잃어버려도 애써서 찾지 않을 아주 적은 돈인 두 렙돈을 조심스레 연보 궤에 넣는 것이 보였다. 그것을 보신 예수께서 제자들에게 말씀하셨다.

"내가 진실로 너희에게 이르노니 이 가난한 과부는 연보 궤에 넣는 모든 사람보다 많이 넣었도다…… 이 과부는 구차한 중에서 자기 모든 소유 곧 생활비 전부를 넣었느니라."

예수께서는 제자들에게 하늘나라에서의 기록은 현세의 우리와는 다르다는 것을 가르치셨다. 그곳에서는 헌금의 액수가 액면 그대로 기록되는 것이 아니라, 바치는 이의 희생과 진실한 마음이 반영되어 기록된다. 그러기에 순수한 마음으로 전 재산을 낸 과부의 두 렙돈은 어느 왕이 바친 금액보다도 크게 기록될 것이다.

마지막으로 성전을 떠나심(요한복음 12:42~50)

예수께서 그 동안 성전에서 가르치셨기에 사람들은 예수가 하나님의 아들임을 믿게 되었다. 그러나 핍박과 파문이 무서워 그들은 예수를 따르지 못했다. 이에 예수께서는 이렇게 말씀하셨다.

"저희는 사람의 영광을 하나님의 영광보다 더 사랑하였더라."

그리고는 마지막으로 성전의 출입구로 가시면서 당신의 신성을 엄숙하게 간증하셨다.

"나는 빛으로 세상에 왔나니 무릇 나를 믿는 자로 어두움에 거하지 않게 하려함이로라…… 나를 보내신 아버지께서 나의 말할 것과 이를 것을 친히 명령하여 주셨으니…… 사람이 내 말을 듣고 지키지 아니할지라도 나는 저를 심판하지 아니하노라 내가 온 것은 세상을 심판하려 함이 아니요 세상을 구원하려 함이로라."

지금, 예수께서는 세상을 심판하러 오신 것이 아니다. 그분께서는 세상을 구원하러 오신 것이다. 그러나 때가 되면 예수께서는 세상을 심판하러 다시 오실 것이다.

위 말씀을 끝으로 예수께서는 사람들에게 더 이상 말씀하시지 않으셨다. 위 말씀은 그분의 마지막 말씀으로 이후에는 사도들에게만 권고나 지침을 주셨다.

감람산 말씀(마태복음 24:1~51, 마가복음 13:1~37, 누가복음 21:5~36)
예루살렘에서 마지막으로 베다니의 사랑하는 마리아 집으로 돌아가시던 중 예수께서는 감람산 언덕에 앉아 쉬셨다. 그곳에서 제자들에게 예루살렘과 이스라엘과 세상의 미래에 관하여 많은 예언을 하셨다. 성전이 돌 위에 돌 하나도 남음 없이 완전히 무너지리라고 하자 제자들이 물었다.

"우리에게 이르소서, 어느 때에 어떤 일이 있겠사오며 또 주의 임하심과 세상 끝에는 무슨 징조가 있으리까?"

예수께서는 곧 있게 될 재난을 예언하시고, 예루살렘과 유대 나라의 멸망 바로 전에 있게 될 징조에 대하여서도 말씀하셨다. 그리고는 전쟁이 나고 거짓 메시아가 생겨날 것이기에 미혹 받지 않도록 조심해야 할 것도 당부하셨다. 또한 그분은 당신의 재림 때에 일어날 일들도 설명하셨다. 앞에서 무화과 나무의 싹이 나면 여름이 가까운 줄 자연히 아는 것처럼 예수께서 말씀하신 일이 일어나거든 하나님의 나라가 가까운 줄 알라고 하셨다. 예수의 정확한 재림 때는 하나님 아버지만 아시지만, 우리는 그때가 가까운 줄 계시로써 알 수 있다. 예수께서는 우리를 어둠 속에 버려두지 아니하시고, 대비할 수 있도록 계시로써 인도하실 것이기 때문이다.

열 처녀 비유(마태복음 25:1~13)

　예수께서는 사도들로 하여금 당신의 재림을 준비하게 하기 위해 항상 깨어있어 부지런히 일하라는 말씀을 비유를 들어 설명하셨다. 그것이 열 처녀의 비유이다. 예수께서는 천국은 마치 등불을 들고 신랑을 맞으러 나간 열 처녀와 같다고 하셨다. 저녁이나 밤중에 하는 유대의 결혼식에서는 신랑이, 예복을 입은 그의 친구들과 함께 신부의 집으로 가서 신부를 데리고 왔다. 이때 들러리들이 길목에서 기다렸다가 신랑 신부와 함께 오는 것은 그들의 관습이었다. 그분의 말씀에서 결혼식에 참석하려고 신랑 신부를 기다리고 있던 들러리 처녀는 모두 열 명이었다. 그런데 그 중 다섯은 기름이 든 등만 가지고 갔고 슬기로운 다른 다섯은 등 외에 여분의 기름을 따로 담아 함께 가지고 갔다. 신랑이 좀처럼 오지 않자 열 명의 들러리는 모두 깜박 잠이 들었는데, 그때 사환(심부름꾼)이 뛰어와 소리쳤다.

　"신랑이 옵니다."

　들러리 처녀들은 신랑을 맞이하기 위해 잠에서 깨어 부랴부랴 준비를 했다. 그런데 등만 가지고 온 다섯 처녀에게 문제가 생겼다. 그들의 기름이 다 떨어져 불을 켤 수 없었던 것이다. 그들은 당황하여 슬기로운 다섯 처녀에게 기름을 나누어 달라고 했지만 슬기로운 다섯 처녀도 기름을 나누어 줄 상황이 아니었다. 슬기로운 다섯 처녀는 어리석은 다섯 처녀에게 근처 상점에서 기름을 사라고 충고를 해주고는 신랑을 따라서 가버렸다. 어리석은 다섯 처녀는 급히 기름을 사왔지만 사람들이 잔칫집으로 다 들어가 버린 후였다. 그녀들은 굳게 잠긴 문 밖에서 들여보내달라고 소리쳤다. 그러나 이미 모든 사람들이 들어온 후라 신랑은 "그들을 알지 못한다고" 하였다.

이것은 알다시피 비유의 이야기다. 이곳에서 '신랑'은 '예수 그리스도'이며, '신부'는 '교회', '혼인잔치'는 '예수 그리스도의 재림'을 의미한다. 갑작스러운 재림의 날에 기름이 떨어진 처녀들은 슬기로운 다섯 처녀에게 기름을 조금 나누어 달라고 했지만 그들은 기름을 나누어줄 수 없었다. 기름은 그들의 신앙과 그들이 생애 동안 이루어온 착한 행실로 이루어진 것이기 때문이다. 어리석은 다섯 처녀는 예수 그리스도의 재림의 순간에 착한 행위를 해서 기름을 모을 수는 없었다. 이미 때가 늦은 것이다. 늘 깨어있어 부지런히 일했어야 했는데 그들은 그렇게 하지 못해 영원을 통해 한번 밖에 가질 수 없었던 기회를 어리석게도 놓쳐버렸다.

달란트의 비유(마태복음 25:14~30, 누가복음 19:11~27)

노을이 붉은 감람산에서 예수께서는 계속하여 사도들에게 비유의 말씀을 해 주셨다. 그 두 번째 말씀은 달란트의 비유였다. 그 이야기는 이렇다. 어떤 사람이 타국으로 가게 되어 그의 종들을 불렀다. 그는 그 종들에게 자기의 소유를 맡겼는데 재능에 따라 한 사람에게는 금 다섯 달란트를, 다른 사람에게는 두 달란트를, 나머지 사람에게는 한 달란트를 주고 떠났다. 여러 날들이 지나고 주인이 돌아와 회계할 시간이 되었다. 이때 다섯 달란트를 받은 사람은 장사로 다섯 달란트를 더 벌어 모두 열 달란트를 주인에게 가져왔다. 두 달란트를 받은 사람도 그같이 하여 네 달란트를 주인에게 가져왔다. 주인은 기뻐하며 두 사람 모두에게 "착하고 충성된 종아, 네가 작은 일에 충성하였으매 내가 많은 것을 네게 맡기리니 네 주인의 즐거움에 참여할지어다"라고 말하였다. 그러자 한 달란트를 받은 사람이 땅을 파고 감추어 두었던 그 한 달란트를 내밀면서 주인에게 말했다.

"주여 당신은 굳은 사람이라 심지 않은 데서 거두고 헤치지 않은 데서 모으는 줄 알았으므로 두려워하여 나가서 당신의 달란트를 땅에 감추어 두었나이다. 보소서. 당신의 것을 받으셨나이다."

그러자 주인이 그의 말을 듣고 그에게 말했다.

"악하고 게으른 종아, 나는 심지 않은 데서 거두고 헤치지 않은 데서 모으는 줄을 네가 알았느냐 그러면 네가 마땅히 내 돈을 취리하는 자들에게나 두었다가 나로 돌아와서 내 본전과 변리를 받게 할 것이니라."

이렇게 말한 주인은 그 한 달란트를 빼앗아 열 달란트를 가진 자에게 주어버렸다.

한 달란트를 받은 자는 게으른 자였다. 게으르기에 심는 것도, 헤치는 것도 하지 않는 자였다. 그래서 그는 그가 받은 달란트를 땅에 묻어두었다. 그는 사람은 모두 자기와 같을 것이라 생각했다. 그렇기 때문에 그는, 주인도 힘써 노력해서 돈을 번 사람은 아닐 것이라고 생각했다. 그는 주인이 준 한 달란트를 내밀면서 자신의 죄를 자신과 같은 사람일 것이라 여겨지는 주인에게 전가시켰다.

"당신도 심지 않은 데서 거두고 헤치지 않은 데서 모으시는 분 아니십니까?"

그러나 그의 생각은 틀렸다. 주인은 그와는 달리 열심히 일하는 사람이었다. 주인은 근면과 성실로 그의 재물을 모은 사람이었다. 결국 게으른 자는 그가 한 행동으로 인해 주인의 노여움만 사게 되었다. 게으르고 악하기까지 하였던 종은 결국 가졌던 것마저 모두 잃어버리고 말았다.

여기서 '달란트'는 '은사,' 즉 '우리의 재능'을 의미한다. 그것은 하나님께서 그분의 자녀들에게 주시는 선물이다. 자녀들은 그들이 받은 재능을 최대한 활용하여 다른 사람들이 그 혜택을 받게끔 노력해야 한다. 그렇게 한다면 그 봉사의 크고 작음에 상관 없이 칭찬받고 보상받을 것이다. 그러나 게을러서 재능을 발전 시키지 않고 그대로 나둔다면 그는 그 재능을 잃고 말 것이다. 그것은 그의 재능이 유익하게 사용하는 다른 사람에게 주어질 것이기 때문이다.

예수 그리스도의 재림과 최후의 심판(마태복음 25:31~46)

예수께서 제자들에게 하신 마지막 비유의 말씀은 심판에 대한 것이었다. 예수께서는 사람들에게 당신께서 "심판을 위해 오신 것이 아니라 사람들을 구원하기 위해 오셨다"라고 말씀하셨었다. 그러나 예수께서는 다시 오셔서 영광의 보좌에 앉으시는 날이 있으리니 이날은 심판의 날이 될 것이다. 그날에 예수께서는 오른편에 양을, 왼편에는 염소를 두실 것이다. 그런 후에 오른편의 자들에겐 "너희를 위하여 예비된 나라를 상속 받으라"고 하실 것이요, 왼편의 자들에겐 "저주 받은 자들아 나를 떠나 마귀와 그 사자들을 위해 예비된 영원한 불에 들어가라"고 하실 것이다.

그렇다면 사람들은 어떤 근거로 오른편과 왼편으로 나뉘게 되는 걸까? 그들이 나뉘게 되는 것은 그들의 행위로 인해서다. 작은 자들에게 행한 그들의 행위와 도움을 필요로 하는 자들에게 행한 그들의 행위가 각자의 운명을 갈라놓을 것이다. 왜냐하면 지극히 작은 자에게 행한 그들의 행위가 곧 예수 그리스도에게 행한 것이 되기 때문이다.

"임금이 대답하여 이르시되 내가 진실로 너희에게 이르노니 너희가 여기 내 형제 중에 지극히 작은 자 하나에게 한 것이 곧 내게 한 것이니라 하시고." (마태복음 25:40)

유다의 고발(마태복음 26:14~16, 마가복음 14:10~11, 누가복음 22:3~6)
대제사장과 서기관들과 장로들은 예수를 죽이는 대책을 마련하기 위해 함께 모여 모의하였다. 그런데 이 자리에 예수의 사도 중 하나인 가룟 유다가 나타났다. 그는 예수를 그들에게 넘겨 주겠다고 말했다. 그리고는 넘겨주는 조건으로 얼마를 주겠느냐며 그 값을 흥정했다. 함께 모의하던 자들은 너무 기뻐 유다에게 노예 한 명의 값을 주기로 하였다. 그 가격은 은 30냥이었다. 유다가 이렇게 예수를 팔고자한 것은 그가 악마의 뜻에 굴복했기 때문이며 재물에 눈이 먼 까닭이었다. 그는 그렇게 함으로써 영광스러운 사도의 자리를 버리고 영원히사탄의 노예가 되었다.

넷째 날(수요일)

성경에 이날의 기록은 나와 있지 않다. 이날, 예수 그리스도께서는과연 무엇을 하셨을까?

다섯째 날(목요일)

유월절 만찬예비(마태복음 26:17~19, 마가복음 14:12~16)

유월절은 하나님께서 이스라엘의 장자를 구하시고 애굽의 노예 상태에서 그들을 구출해주신 것을 기념하기 위해 만들어진 절기이다. 이날은 고대 유대인의 첫째 달인 니산월의 14일 저녁부터 시작되어 15일저녁까지 지속되었다. 유대인들은 모세 시대부터 여호와께서 명하신대로 매해 니산월 14일 밤에 유월절 식사를 했는데(출애굽기 12:1~14) 유월절 양을 먹기 전날인 이날, 제자들은 예수께 나아와 유월절에 잡수실 것을 어디서 예비할까 여쭈었다. 예수께서는 사도 베드로와 요한에게 이렇게 이르셨다.

"예루살렘으로 다시 돌아가서 물 한 동이를 이고 가는 사람의 주인에게 청하면 큰 다락방을 보이리니 그곳에 예비하라."

그렇게 하여 목요일 저녁이나 금요일 새벽쯤 되는 이 시간대에 예수께서는 십이사도와 함께 마지막 식사를 취하시려 예루살렘의 한 다락방으로 가셨다. 만찬은 긴장되고 침울한 분위기에서 진행되었다. 예수께서는 제자 중 한 사람이 당신을 팔 거라 말씀하셨는데, 제자들은 "내나이까" 하면서 자신도 모르게 주님을 팔게 될까 걱정하고 있었다. 그러면서도 제자들은 그들이 앉은 좌석 순위에 대해 불평을 했는데 이런 그들의 모습은 예수를 슬프게 했다.

사도의 발을 씻어줌(요한복음 13:1~20)

만찬을 먹던 상에서 일어나신 예수께서는 겉옷을 벗고 수건을 허리에 두르셨다. 그리고는 스스로 대야에 물을 담아오신 다음 제자들 앞에 무릎을 꿇고 차례로 그들의 발을 씻기셨다. 그곳에 있던 12 제자는 시몬 베드로(갈릴리의 어부, 십자가에 거꾸로 달려 순교), 안드레(베드로의 동생), 야고보(세베대의 아들, 요한의 형이자 예수님의 사촌), 요한(요한계시록의 저자), 빌립(헬라 사람), 바돌로매(빌립의 인도를 받음), 도마(갈릴리의 어부), 마태(알패오의 아들, 세리출신), 야고보(알패오의 아들, 마태의 동생), 유다(야고보의 아들), 시몬(셀롯인), 가룟 유다(예수님을 은 30냥에 판자)이었다.

예수께서는 차례로 그들의 발을 씻기시고 허리에 둘렀던 수건으로 물기를 닦으셨다. 이윽고 사도 베드로의 차례가 되자 발 내밀기가 민망하였던 베드로는 예수께 이렇게 말하였다.

"내 발을 절대로 씻기지 못하시리이다."

이에 예수께서는 다음과 같이 말씀하셨다.

"내가 너를 씻기지 아니하면 네가 나와 상관이 없느니라."

그러자 사도 베드로는 성급히 손과 발을 앞으로 내밀면서 이렇게 여쭈었다.

"주여, 내 발뿐 아니라 손과 머리도 씻겨 주옵소서."

충실한 제자가 이같이 말하자, 예수께서는 부드러운 목소리로 다음과 같이 말씀하셨다.

"이미 목욕한 자는 발 밖에 씻을 필요가 없느니라, 온 몸이 깨끗하니라."

그들 각자는 이미 침수로써 뱁티즘(Baptism, 침례, 세례)을 받은 자들이었다. 세례(침례)를 받은 사람들은 다시 세례(침례)를 받을 필요가 없다. 발을 씻는 것처럼 그때그때 회개함으로써 깨끗해질 수 있었다. 하지만 예수께서 사람들을 씻기시는 것은 꼭 필요한 일이었다. 예수께서 우리를 씻기시어 우리의 죄를 깨끗이 하시지 않으신다면(우리의 구속주가 아니라면) 그분이 우리와 무슨 상관이 있겠는가?

"내가 너를 씻기지 아니하면 네가 나와 상관이 없느니라."

그러나 이날 예수께서 제자들의 발을 씻기신 데에는 다른 심오한 뜻이 있었다. 예수께서는 일일이 사도들의 발을 씻기신 후에 말씀하셨다.

"종이 상전보다 크지 못하고 보냄을 받은 자가 보낸 자보다 크지 못하니…… 내가 주와 또는 선생이 되어 너희의 발을 씻겼으니 너희도 서로 발을 씻기는 것이 옳으니라."

그들은 예수 그리스도의 제자들이자 보내심을 받은 종들이었다. 그런데도 예수께서는 무릎을 꿇고 일일이 그들의 발을 씻기셨다. 하물며 그들은 어찌해야 하겠는가? 그들은 누가 큰지 자리를 갖고 서로 따지며 싸워야 할 사람들이 아니라 지극히 낮아져서 서로를 위해 봉사해야 하는 사람들이었다.

"내가 주와 또는 선생이 되어 너희 발을 씻었으니 너희도 서로 발을 씻어 주는 것이 옳으니라." (요한복음 13:14)

예수께서는 이것을 가르쳐주시기 위해 일일이 그들의 발을 씻겨주셨다. 이 '발 씻김의 의식'은 사랑 없이는 할 수 없는 사랑의 의식이었다. 그러므로 주님의 일에 헌신하고자 하는 참된 제자들은 먼저 사랑으로 하나가 되어 서로를 위해 봉사해야 했다.

최후의 만찬(마태복음 26:26~29, 마가복음, 14:22~25, 누가복음 22:15~20)

깊어가는 밤, 예수께서는 십이사도와 함께 상 앞에 앉아 떡 한 덩어리를 집으셨다. 그리고는 그 떡을 경건히 감사 드리고 축복하여 성결케 하시고는 저들에게 떼어 주시면서 이렇게 말씀하셨다.

"이것은 너희를 위하여 주는 내 몸이라. 너희가 이를 행하여 나를 기념하라."

그 후에 포도주가 담긴 잔도 떡과 같은 방법으로 축복하시며 다음과 같이 말씀하셨다.

"너희가 다 이것을 마시라, 이것은 죄 사함을 얻게 하려고 많은 사람을 위하여 흘리는 나의 피 곧 언약의 피니라."

이 의식은 무척 단순해 보이지만 무척 감명 깊은 의식이었다. 여기서 제정된 이 의식은 후에 주님의 만찬, 즉 성찬으로 알려졌다. 기도로써 합당하게 성결하게 된 떡과 포도주는 주님의 몸과 피를 상징하기 때문에 이 의식은 그를 기억하는 경건한 마음으로 행해져야 한다. 이에 대해 사도 바울은 다음과 같이 말했다.

"누구든지 주의 떡이나 잔을 합당치 않게 먹고 마시는 자는…… 자기의

죄를 먹고 마시는 것이니라." (고린도전서 11:24~29)

　합당하지 않은 자는 주의 몸과 피를 상징하는 성찬을 취해서는 안 된다. 이는 주님의 대속으로 깨끗하게 된 자만이 취할 수 있는 것이며 이를 어길 경우 자신의 죄를 먹고 마시는 것이 되기 때문이다. 그러나 깨끗하게 된 자는 저를 위해 흘리신 그분의 살과 피를 기억하고 항상 그의 영이 저와 함께하도록 하기 위해 이 상징적인 의식을 행해야만 한다.

배반자의 지적 (마태복음 26:21~25, 요한복음 13:21~27)

　예수께서는 12명의 사도(제자)들의 발을 다 씻기시고는 "너희가 깨끗하나 다는 아니니라."라고 말씀하셨다. 예수께서는 이미 가룟 유다가 했고, 또 할 일을 알고 계셨기 때문이다. 유다는 목욕한 후에 영적으로 더 더러워진 사람이었다. 그런데도 그는 주님께서 그의 발을 씻기시도록 그냥 내버려 두었다. 예수께서 말씀하셨다.

"너희 중에 한 사람이 나를 팔리라."

　제자들이 서로 궁금해 하던 중 사도 베드로가 예수의 가슴에 머리를 기대고 있던 사도 요한에게 물어보라고 눈짓했다. 사도 요한이 여쭈었다.

"주여, 누구이니오까?"

"내가 떡 한 조각을 찍어다가 주는 자가 그니라."

예수께서는 떡 한 조각을 찍어다가 가롯 유다에게 주시면서 이렇게 말씀하셨다.

"네 하는 일을 속히 하라."

그러나 사도들은 주님을 팔 자가 유다인지 알아채지 못했다. 유다가 재정을 담당하고 있었기에 사도들은 예수께서 그에게 심부름을 시킨 것이라 생각했다. 식사하는 동안 주인이 고기 국물이나 나물이 담긴 그릇에 떡 한 조각을 담갔다가 다른 이에게 주는 것은 흔히 있는 일이었다. 그러나 유다는 예수께서 그의 계획을 간파하고 계시다는 것을 알아차렸다. 예수의 말씀을 듣자 그의 마음은 더 강퍅해졌다. 그는 즉시 예수와 그의 형제들을 버리고 영원히 그곳에서 떠나갔다. 사도 요한은 이 때를 간결한 말로 묘사했다.

"밤이러라."

어둡고 암울한 밤이었다. 유다는 예수의 대속을 도우려고 주님을 판 것이 아니었다. 돈을 사랑했던 그는 은 30냥에 눈이 멀었다. 그에게 그런 마음을 넣은 것은 마귀라고 사도 요한은 설명했다(요한복음 13:2). 3년간 그를 지켜 본 사도 요한은 전에도 그를 돈 궤에서 돈을 훔쳐가는 도둑이라(요한복음 12:6)고 칭했던 적이 있었다. 예수께서는 그런 유다를 "차라리 나지 아니하였더면 제게 좋았을 자"라고 말씀하셨다. 예수께서는 그를 선택하실 때부터 이미 그를 알고 계셨다.

"내가 너희 열 둘을 택하지 아니하였느냐. 그러나 너희 중에 한 사람은 마귀니라." (요한복음 6:70)

예수 그리스도의 죽음에 대한 예언(요한복음 13:33, 36~38, 14:1~27)
유다가 떠나자 다소 큰 슬픔이 감돌았다. 예수께서는 애정이 담긴 말로 제자들을 부르시며 말씀하셨다.

"내가 아직 잠시 너희와 함께 있겠노라. 너희가 나를 찾을 터이나 그러나 일찍 내가 유대인들에게 너희는 나의 가는 곳에 올 수 없다고 말한 것과 같이 지금 너희에게도 이르노라."

예수께서 사도들을 떠나신다는 말에 사도들은 근심했다. 사도 베드로가 물었다.

"주여, 어디로 가시나이까?"

예수께서 대답하셨다.

"나의 가는 곳에 네가 지금은 따라 올 수 없으나 후에는 따라 오리라."

사도 베드로는 주님께서 돌아가시게 된 것을 알아차리게 된 것 같다.

"주여, 내가 지금은 어찌 따를 수 없나이까? 주를 위하여 내 목숨을 버리겠나이다."

예수께서 사도 베드로를 바라보시었다. 마음속에 열의가 가득한 사도 베드로는 자신의 연약함을 알지 못했다. 예수께서는 부드러운 말로 이르셨다.

"베드로야, 내가 네게 말하노니 오늘 닭 울기 전에 네가 세 번 나를 모른다고 부인하리라."

그러나 예수께서는 이내 슬픔에 빠진 그들을 안심시키셨다.

"너희는 마음에 근심하지 말라, 하나님을 믿으니 또 나를 믿으라."

그리고는 그들에게 다음과 같은 위안의 말씀을 해 주셨다.

"내 아버지의 집에 거할 곳이 많도다, 내가 너희를 위하여 처소를 예비하러 가노니 예비하면 내가 다시 와서 너희를 나 있는 곳에 영접하여 나 있는 곳에 너희도 있게 하리라."

어두운 밤, 시간은 절정으로 치닫고 있었다. 이제 몇 시간 후면 오직 제자들만이 세상에 남겨질 것이다. 예수께서는 홀로 남겨질 그들을 위해 계속해서 말씀하셨다.

"너희가 내 이름으로 무엇을 구하든지 구하면 내가 시행하리라, 내가 너희를 고아와 같이 버려두지 아니하고 너희에게로 오리라."

"평안을 너희에게 끼치노니, 곧 나의 평안을 너희에게 주노라, 내가 너희에게 주는 것은 세상이 주는 것 같지 아니하리라, 너희는 맘에 근심도 말고 두려워하지도 말라."

예수께서는 돌아가신 후 부활하여 다시 돌아오실 것이며, 또한 사도들에게 그들을 인도할 보혜사(성신)도 주실 계획이셨다.

나는 길이요 진리요 생명(요한복음 14:1~31)

예수께서는 처소를 예비하러 가신다고 하시면서 이렇게 말씀하셨다.

"내가 가는 곳의 그 길을 너희가 알리라."

그러자 사랑이 깊고 용기를 지녔으나 다소 의심이 많았던 '도마'가 이렇게 물었다.

"주여, 어디로 가는지 우리가 알지 못하거늘 그 길을 어찌 알겠삽나이까?"

예수께서 대답하셨다.

"내가 곧 길이요, 진리요, 생명이니 나로 말미암지 않고는 아버지께 올 자가 없느니라, 너희가 나를 알았더면 내 아버지도 알았으리로다, 이제부터는 너희가 그를 알았고 또 보았느니라."

그들은 이해할 수 없었다. 이번에는 '빌립'이 간청했다.

"주여, 아버지를 우리에게 보여 주옵소서, 그리하면 족하겠나이다."

예수께서는 그를 애처롭게 여기시며 말씀하셨다.

"내가 이렇게 오래 함께 있으되 네가 나를 알지 못하느냐 나를 본 자는 아버지를 보았거늘 어찌하여 아버지를 보이라 하느냐? 내가 아버지 안에 있고 아버지께서 내 안에 계신 것을 네가 믿지 아니 하느냐?"

아들(예수)은 아버지(하나님)의 뜻을 행하시는 분이셨다. 아버지의 뜻을 행하시며 아들은 아버지와 완전히 한마음 한 뜻이 되셨다. 그러니 그들 중 한 분을 아는 것은 두 분을 다 아는 것이나 다름 없었으며 또한 두 분을 모두 뵌 것이나 다름 없었다. 그러나 사도들은 아직 그것을 알지 못했다.

예수께서는 이제 거할 곳이 많은 아버지 집에 처소를 마련하러 가신다고 말씀하셨다. 3년의 성역을 마치신 예수께서는 얼마 안 있어 하나님 아버지께로 돌아가시려 한다. 예수께서는 아버지께로 돌아가시면서 사람들이 아버지께로 갈 수 있도록 길을 놓으실 것이다. 그 길을 놓는 대가로 예수께서는 당신의 목숨을 내어주실 것이다. 하지만 예수의 대속으로 길이 마련된다고 해서 아무나 그 길을 갈 수 있는 것은 아니다. 왜냐하면 하나님 아버지 집은 오직 깨끗한 자만이 거할 수 있기에 그 길은 온전히 회개하여 깨끗해진 사람만이 갈 수 있는 길이기 때문이다. 사람들은 회개의 길을 마련한 예수를 말미암지 않고는 아무도 하나님의 나라에 갈 수 없다. 그러므로 '예수께서는 아버지 집으로 가는 길이요, 그 모든 것을 알려주는 진리요, 아버지 집에서 영원히 살게 해주시는 생명'이셨다.

포도나무와 가지(요한복음 15:1~27)

예수께서는 "이후에 세상 임금이 오겠으나 저는 내게 관계할 것이 없으니"라고 언급하신 후 사도들과 당신과의 관계의 중요함에 대해 말씀하셨다. 예수께서는 자신과 아버지와 사도들의 관계를 포도나무에 비유하셨는데 비유에서 참 포도나무는 예수이시오, 가지는 사도들이요, 아버지는 농부셨다.

"나는 포도나무요 너희는 가지니 저가 내 안에, 내가 저 안에 있으면 과실을 많이 맺나니 나를 떠나서는 너희가 아무 것도 할 수 없음이라."

"과실을 맺지 아니하는 가지는 아버지께서 이를 제해 버리시고 무 롯 과실을 맺는 가지는 더 과실을 맺게 하려 하여 이를 깨끗케 하시 느니라."

포도나무 가지는 나무의 뿌리로부터 영양을 공급 받아 꽃을 피우 고 열매를 맺는다. 그들이 예수를 떠난다면 그들은 사도가 아니라 단 지 미움 받는 세리이거나 교육 받지 못한 갈릴리 어부일 뿐이다. 그리 하여 열매를 맺지 못하는 나뭇가지처럼 쓸모 없는 것이 되어 잘려 버 려지고 말라버려 결국 불에 던져질 것이었다. 그러나 사도들은 나뭇가 지가 나무에서 영양을 받듯 예수로부터 그의 권능을 부여 받은 자들 이었다. 의식과 순종으로 깨끗해진 그들은 이제 그 권능으로 거룩하고 강하게 되어 더욱 많은 선행을 행할 자들이었다. 그렇기 때문에 예수 께서는 그들에게 이렇게 당부하셨다.

"내 안에 거하라 나도 너희 안에 거하리라 가지가 포도나무에 붙어 있지 아니하면 절로 과실을 맺을 수 없음 같이 너희도 내 안에 있지 아니하면 그리하리라."

예수께서는 그들이 아버지 안에 있어야 하는 이유에 대해 말씀을 계속하셨다.

"사람들이 나를 핍박하였은즉 너희도 핍박할 터이요……."

"너희가 나를 택한 것이 아니요 내가 너희를 택하여 세웠나니……."

"너희가 내 안에 거하고 내 말이 너희 안에 거하면 무엇이든지 원하는 대로 구하라 그리하면 이루리라."

예수 그리스도께서 죽음에 임박 하실 때 하신 말씀(요한복음 16:1~33)

예수께서는 당신이 떠나야 할 시간이 몇 시간밖에 남지 않았음을 생각하셨다. 그가 말씀했다.

"지금 내가 나를 보내신 이에게로 가는데…… 조금 있으면 너희가 나를 보지 못하겠고 또 조금 있으면 너희가 나를 보리라."

그러나 제자들은 아직도 그 말의 의미를 잘 알지 못했다. 그들은 서로 의문을 가졌으나 분위기가 엄숙하여 감히 더 이상 공공연히 질문을 할 수는 없었다. 그들은 "우리에게 말씀하신바 조금 있으면 나를 보지 못하겠고 또 조금 있으면 나를 보리라 하시며 또 내가 아버지께로 감이라 하신 것이 무슨 말씀이냐" 하고 "알지 못하노라" 하며 서로 묻고 말하였다. 예수께서는 이를 아시고는 친절히 말씀하셨다.

"내가 아버지께로 나와서 세상에 왔고 다시 세상을 떠나 아버지께로 가노라."

"너희는 근심하겠으나 너희 근심이 도리어 기쁨이 되리라 여자가 해산하게 되면 그 때가 이르렀으므로 근심하나 아이를 낳으면 세상에 사람 난 기쁨을 인하여 그 고통을 다시 기억하지 아니하느니라, 지금은 너희가 근심하나 내가 다시 너희를 보리니 너희 마음이 기쁠 것이요 너희 기쁨을 빼앗을 자가 없느니라."

이제 죄 없이 세상을 사셨던 오직 한 분이신 예수께서 회개하는 자를 위해 그의 목숨을 내어주실 때가 되었다. 그러므로 그들은 조금 있으면 예수를 볼 수 없게 될 것이다. 예수께서 돌아가시는 것이 그들에게 근심이기는 하겠으나 그분의 대속이 이루어져야만 사람들은 하늘나라에 거할 수 있다. 사람들은 살면서 죄를 지을 수 밖에 없는데 깨끗하지 못한 자는 하늘나라에 거할 수 없기 때문이다. 예수께서는 하나님 아버지께로 가셨다가 3일만에 부활하여 다시 사도들에게 그 모습을 보이실 것이다. 그러므로 그들은 또 조금 있으면 예수를 뵙게 될 것이다. 그러니 대속 후의 있을 기쁨이 근심(예수의 죽음)을 덮고도 남지 않겠는가? 하지만 주님이 가시면 세상은 더 심하게 사도들을 미워할 것이었다. 사도들은 세상의 미움을 피하려는 희망을 가져서는 안되었다. 그들은 핍박 받고 회당에서 쫓겨날 것이다. 그들은 그러한 일로 자신들의 신앙을 의심하거나 미혹 당하지 말아야 한다. 예수께서는 그들이 실족하는 것을 원치 않으셨기에 그들에게 성신을 보내실 것을 계획하셨다. 예수께서 말씀하셨다.

"너희에게 말하노니 내가 떠나는 것이 너희에게 유익이라 내가 떠나지 아니하면 보혜사가 너희에게로 오시지 아니할 것이요 가면 내가 그를 너희에게로 보내리니."

"진리의 성령이 오시면 그가 너희를 모든 진리 가운데로 인도 하시리니 그가 자의로 말하지 않고…… 내 것을 가지고 너희에게 알리겠음이니…… 장래 일을 너희에게 알리시리라."

"보라 너희가 다 각각 제 곳으로 흩어지고 나를 혼자 둘 때가 오나니 벌써 왔도다 그러나 내가 혼자 있는 것이 아니라 아버지께서 나와 함께 계시느니라."

"이것을 너희에게 이름은 너희로 내 안에서 평안을 이루게 하려 함이라 세상에서는 너희가 환난을 당하나 담대하라 내가 세상을 이기었노라."

마지막 기도(요한복음 17:1~26)

사도들에게 감명 깊은 설교를 하시고 나서 예수께서는 오직 아들만 드릴 수 있는 기도를 하나님 아버지께 드렸다. 예수께서는 하나님 아버지를 자신에게 권세와 권능을 주신 분으로 인정하시면서 지명된 일에 대해 "아버지께서 내게 하라고 주신 일을 내가 이루어 아버지를 이 세상에서 영화롭게 하였사오니"라고 보고 드리고 난 후, 당신이 가고 난 후 남을 자들을 위해 기도하셨다.

"나는 세상에 더 있지 아니하오나 저희는 세상에 있아옵고 나는 아버지께로 가옵나니 거룩하신 아버지시여 저희를 보전하사 우리와 같이 저희도 하나가 되게 하옵소서."

"내가 아버지의 말씀을 저희에게 주었사옴에 세상이 저희를 미워하였사오니 이는 내가 세상에 속하지 아니함 같이 저희도 세상에 속하지 아니함을 인함이니이다."

"저희를 진리로 거룩하게 하옵소서."

"아버지여 내게 주신 자도 나 있는 곳에 나와 함께 있어 아버지께서 창세 전부터 나를 사랑하시므로 내게 주신 나의 영광을 저희로 보게 하시기를 원하옵나이다."

"내게 주신 영광을 내가 저희에게 주었사오니 이는 우리가 하나된 것 같이 저희도 하나가 되게 하려 함이니이다."

깊이를 헤아릴 수 없는 사랑으로 예수께서는 자신을 믿고 따르는 남겨질 사람들을 위해 간구하셨다. 모두가 예수 그리스도 안에서 한마음 한 뜻으로 하나가 되는 것, 그것은 예수께서 그분의 마지막 기도를 통해 사도들에게 전해주신 최후의 메시지였다.

겟세마네 고난(마태복음 26:36~46, 마가복음 14:32-42, 누가복음 22:40~46)

예수님과 열한 사도는 식사를 했던 집에서 나와 성문을 나섰다. 성문은 대개 명절 기간 동안에는 열어두었다. 그들은 기드온 시내를 건너 감람산 비탈에 위치한 겟세마네라 하는 감람나무 과수원으로 갔다. 예수 그리스도께서는 사도 중 여덟 명에게 입구에서 기다리라고 명하시고는 베드로와 야고보, 요한을 데리고 조금 떨어진 곳으로 가셨다. 그리고는 그들에게 "내가 저기 가서 기도할 동안에 너희는 여기 앉아 있으라" 하시고는 "시험에 들지 않도록 기도하라"고 하셨다. 그런

뒤에 홀로 조금 더 나아가 얼굴을 땅에 대고 엎드려 기도하셨다.

성경의 기록에는 예수께서 심히 놀라고 슬퍼하셔서 세 제자들에게 "내 마음이 심히 고민하여 죽게 되었으니 너희는 여기 머물러 나와 함께 깨어 있으라" 하셨다고 씌어있다. 예수께서는 사십 일을 금식하실 수도 있으셨고, 크신 권능으로 많은 기적을 행하셨던 분이셨으며 죽음조차도 다스리시던 분이셨다. 만유 가운데 가장 큰 자이셨던 그런 예수를 심히 놀라고 고민하게 한 것은 무엇이었을까? "깨어 있으라" 하셨지만 그 당시 제자들은 지쳐서 깨어 있을 수가 없었다. 그러나 적어도 한 명은 비몽사몽간에 예수님의 기도를 들을 수 있었는데, 마가는 그 기도를 다음과 같이 기록했다.

"아버지여 아버지께는 모든 것이 가능하오니 이 잔을 내게서 옮기시옵소서 그러나 나의 원대로 마옵시고 아버지의 원대로 하옵소서."

또한 누가는 이렇게 기록했다.

"예수께서 힘쓰고 애써 더욱 간절히 기도하시니 땀이 땅에 떨어지는 피 방울 같이 되더라."

예수께서는 그곳 겟세마네에서 피가 땀처럼 날 만큼 큰 고통을 겪고 계셨다. 그것은 가능하면 물러서고 싶으실 만큼 너무나 고통스러운 것이었다. 괴로움 속에서 한 번의 기도를 마치고 제자들에게 오셨을 때 제자들은 자고 있었다. 예수께서는 주님을 따라 감옥에도, 죽는 데에도 함께 갈 준비가 되어 있다고 호언 장담(누가복음 22:33)을 하던 사도 베드로에게 말씀하셨다.

"너희가 나와 함께 한 시 동안도 이렇게 깨어 있을 수 없더냐 시험에 들지 않게 깨어 있어 기도하라."

예수께서 사도들에게 시험에 들지 않게 기도하라고 하신 것은 사도들을 위한 것이었다. 그들을 그냥 내버려 둔다면 사도들은 시험에 들어 너무 일찍 예수님을 저버릴 것이다. 그러나 예수님의 그런 바람에도 불구하고 그들은 변형의 산에서처럼 지금도 자고 있었다.

"마음에는 원이로되 육신이 약하도다."

예수께서는 부드럽게 말씀하신 후 다시 나아가 고민하시며 간절히 기도하셨다.

"아버지여 만일 내가 마시지 않고는 이 잔이 내게서 지나갈 수 없거든 아버지의 원대로 되기를 원하나이다."

잠에서 깬 사도들은 예수께서 간절히 기도하시는 것을 들었다. 그러나 그들은 곧 또다시 잠에 빠져 들었다. 그들의 눈이 피곤하였기 때문이다. 주님이 오시자 그들은 당황스럽고 부끄러웠다. 예수께서는 다시 나아이가 홀로 깨어 있으면서 또 다시 똑같은 말로 아버지께 간절히 기도 드렸다. 이때 하늘로부터 사자가 나타나 힘을 도왔지만 그의 '땀이 피 방울처럼 떨어지는 고뇌'는 없어지지 않았다. 우리는 예수께서 겟세마네에서 겪으신 고뇌가 얼마나 격심한 것이었는지 우리의 지성으로는 알 수 없다. 그것은 육체적이거나 정신적인 고통만은 아니었으며 평범한 인간은 감당할 수 없는, 오직 하나님의 독생자 예수님만이 감내할 수 있는 영혼의 영적인 고뇌였다. 그 고통이 너무 커서 예수께서는 그냥 지나가길 원하셨지만 아버지께서는 그 쓴 잔을 그냥 지나가게 하지 않으셨다. 겟세마네에서의 이 고통은 구속주로서 그분이 감내해야 할 일이었기 때문이다. 예수 그리스도께서는 아담의 때로부터 세상의 종말에 이르기까지 이 지상에 살게 될 모든 사람의 죄를 대속하기 위해 이 세상에 오셨으며 그 속죄를 위해 이곳 겟세마네에서의 고통을 감당하셨다. 이 일이 있은 후에 예수께서는 십자가에 못 박히셔 돌아가시는 큰 고통을 당하시지만, 십자가에 달리신 일만으로 인간의 모든 죄를 대신하셨다 할 수는 없다. 후에 사도 베드로 또한 십자가에 거꾸로 못 박혀 순교했던 것이다. 겟세마네에서 예수께서 인간을 위해 겪으신 고통은 온몸의 땀구멍에서 피가 흐를 만큼 너무나 큰 것이었지만 결국 그분은 승리자가 되었다. 예수께서는 깨어난 제자들에게 오셔서 이같이 말씀하셨다.

"이제는 자고 쉬라 보라 때가 가까웠으니 인자가 죄인의 손에 팔리우느니라."

여섯째 날(금요일)

(마태복음 26:47~76, 27:1~61, 마가복음 14:43~72, 15장, 누가복음 22:47~71, 23장, 요한복음 18:2~40,19)

예수께서 피가 땀처럼 흐르는 고통을 끝내시고 겟세마네 동산에서 내려오실 때였다. 11사도와 함께 동산을 내려오시던 그 길에서 무척 슬픈 일이 일어났다. 다락방을 떠났던 유다가 예수를 향해 다가왔기 때문이다. 그는 혼자 온 것이 아니었다. 그는 횃불과 검과 몽치를 들고 있는 큰 무리와 함께 왔다. 유다는 예수님을 보자 그분께 다가와 가증스럽게도 그분께 입을 맞추었다. 이는 죽음의 입맞춤으로 "내가 입

맞추는 자가 예수니 그를 잡으라"는 신호였다. 예수께서는 모든 것을 아시고는 그에게 "유다야 네가 입맞춤으로 인자를 파느냐 친구여 네가 무엇을 하려고 왔는지 행하라"고 말씀하셨다. 유다와 함께 온 무리는 두려움에 잠시 주저하였으나 예수님을 잡으려고 앞으로 나아와 그분의 손을 잡았다. 그러자 베드로가 격분하여 검을 빼서 대제사장의 종이었던 '말고'라 불리던 자를 쳤는데, 그로 인해 말고의 귀가 떨어져 나갔다. 이것을 보신 예수께서는 사도 베드로에게 "검을 가진 자는 다 검으로 망한다, 내가 지금 아버지께 구하여 열 두 영이 더 되는 천사를 보내시게 할 수 없는 줄 아느냐" 라고 말씀하시고는 말고의 귀를 원래대로 고쳐주셨다. 그런 후에 예수께서는 "나를 찾거든 이 사람들이 가는 것을 용납하라"며 11사도를 무사히 보내줄 것을 요구하시고는 저항 없이 무리에게 잡히셨다. 그러자 저항이 소용없다는 것을 안 제자들은 예수님을 홀로 남겨둔 채 모두 도망가 버렸다.

결박을 당한 채 유대 관원 앞에 끌려 온 예수께서는 처음에는 대제사장의 장인인 안나스에게로, 그 후엔 대제사장인 가야바에게 보내지셨다. 가야바의 집에는 그분의 모습을 보려고 제사장, 서기관, 장로들이 모여있었다. 그들은 예수님을 보자 그분을 죽이려고 거짓 증거를 찾으며, 예수님의 얼굴에 침을 뱉는 등 모욕을 주었다. 이때 예수님을 멀찍이 좇아온 사도 요한과 베드로가 불을 쬐며 바깥 뜰에 앉아있었는데, 한 사람이 베드로에게 와서 그에게 "너도 예수와 함께 있었던 사람이라"고 말했다. 그러자 베드로는 세 번이나 이를 부인하면서 저주하고 맹세하여 가로되 "나는 그 사람(예수 그리스도)을 알지 못한다"고 했다. 그때 닭이 울었고 베드로의 눈은 그를 바라보시는 예수님의 눈길과 마주치게 되었다. 그러자 "닭이 울기 전에 네가 나를 세 번 부인하리라"던 예수님의 말씀이 생각났다. 그는 밖으로 나가 심히 통곡하였다.

새벽에 대제사장들과 장로들이 예수 그리스도를 끌고 가서 빌라도에게 넘겨주었다. 그들에게는 사형을 집행할 권한이 없고 오직 로마 제국만이 사형을 집행할 권한을 갖고 있었기 때문이다. 그들은 예수님을 고소하여 가로되 "이 사람은 백성을 미혹하게 하고 가이사에게 세 바치는 것을 금하며 자칫 왕 그리스도라고 한다"고 말했다. 악의나 편견을 갖고 있지 않던 빌라도는 "나는 그에게서 아무 죄도 찾지 못하겠노라"고 했다. 그러나 대제사장과 장로들은 단념하지 않고 "저가 갈릴리부터 시작하여 여기까지 와서 백성을 소동케 한다"고 소리질렀다. 그러자 빌라도는 예수님을 갈릴리 지방의 통치자이자 세례(침례) 요한을 죽였던 헤롯에게 보낸다. 헤롯은 예수님을 심문했으나 예수께서는 위엄 있게 서계시며 아무 말씀도 하지 않으셨다. 감정이 상한 헤롯은 예수님을 희롱하고는 빛난 옷을 입혀 다시 빌라도에게 보냈다. 빌라도는 예수님이 난동죄와 반역죄가 없다는 것을 알고 있었다. 명절에는 사람들의 요청에 따라 죄수 하나를 놓아주는 관례가 있었으므로 빌라도는 예수님을 유월절 특사로 석방시키려고 사람들에게 물었다.

"내가 누구를 놓아주길 원하느냐? 바라바냐 그리스도라 하는 예수냐?"

바라바는 살인과 반란을 저지른 자로서 그날 그곳에서 처형을 기다리며 감금되어 있던 죄수였다. 그러나 사람들이 외쳤다. "바라바로소이다." 결국 빌라도는 "이 사람의 피에 대하여 나는 무죄하니 너희가 당하라" 하고는 예수님을 병정들에게 넘겨줬다. 병정들은 예수님을 끝에 금속이 달린 채찍으로 쳤다. 채찍질은 십자가에 처형하기 전에 가하는 무서운 형벌이었다. 채찍에 맞아 살이 찢기시는 고통을 당하시고 온갖 희롱을 당하신 후에, 예수께서는 스스로 십자가를 지고 '골고다'로 향하셨다. 사람을 십자가에 못박는 것은 당시 로마의 사형 방법이었다. 골고다 언덕에 다다르자 그들은 예수님의 손에 못을 박고, 다시 그분의 몸무게를 생각해 그분의 손목에 못을 박았다. 그렇게 못박히시어 십자가에 달리신지 6시간이 지난 후, 예수께서는 "다 이루었다"고 말씀하신 다음 머리를 숙이셨다. 33년 4월 어느 봄날 금요일 오후 3시, 예수께서는 그의 대업을 이루시고는 그렇게 당신의 사랑하는 아버지 품으로 돌아가셨다.

예수 그리스도의 성역을 함께 동행하면서 얻은
저자의 개인 간증

예수 그리스도께서는 아직 결혼을 하지 않은 동정녀 마리아에게 잉태되셨다. 이 사실을 알게 되자 마리아의 약혼자 요셉은 조용히 그녀와 헤어지려 했다. 결혼도 하지 않은 약혼녀가 임신을 했다니! 나는 요셉의 마음을 이해할 수 있다. 그러나 주의 사자가 요셉의 꿈에 나타나서 "마리아에게 잉태된 자는 성령으로 잉태된 자로서 자기 백성을 죄에서 구원할 자"라고 설명했기 때문에 그런 일은 일어나지 않았다.

예수 그리스도께서는 단칸 방도 아닌, 허름한함 마구간에서 태어나셨다. 이 세상은 모두 그분이 만든 그의 것이었지만 그분이 누일 곳은 작은 구유밖에 없었다. 아기 예수가 태어나자 유대의 왕 헤롯은 '유대의 왕, 예수'가 태어났다는 동방 박사의 말을 듣고 그분을 죽이려 했다. 그래서 천사의 경고를 받은 마리아와 요셉은 아기 예수를 데리고 먼 애굽으로 피신을 가야 했다. 사막을 가로 질러 가야 하는 험한 길이었다. 애굽에서의 생활은 고달팠지만 헤롯이 죽은 후 나사렛으로 돌아오던 험난한 길은 그나마 기쁨의 길이었을 것이었다.

때가 되어 예수 그리스도께서 그분의 사업을 폈을 때, 세상은 그분께 호의적이지 않았다. 유대인들이 예수 그리스도를 죽이려 했기 때문에 그분은 고향인 갈릴리 지방에 머물며 성역을 베풀었다. 그러자 예수 그리스도의 형제들은 그분께 "스스로 나타나기를 구원하면서 왜 이곳 갈릴리에 묻혀있냐"며 비아냥거렸다. 그들은 "많은 사람들이 그가 하는 일을 볼 수 있도록 그곳을 떠나 유대로 가라"는 조롱 섞인 충고도 잊지 않았다. 심지어 예수 그리스도의 고향 사람들은 "마리아의 아들이 무슨 메시아냐"며 절벽으로 끌고가 그분을 떨어뜨려 죽이려 했다. 그분의 친지 조차도 그분을 향해 "예수 그리스도가 미쳤다"고 말했으며 갈릴리 근처에 사는 거라사인들은 예수 그리스도께서 귀신들린 사람들을 고쳐주자 무섭다며 "그곳을 떠나라"고 요구했다. 떡을 먹기 위해, 병 고침을 받기 위해 그분을 왕으로까지 세우려고 했던 많은 제자들은 그분이 구속주라는 사실을 받아드리지 못하고 거절하며 떠나버렸다. 유대인들은 예수 그리스도를 "귀신 들렸다"고 했고, 체포하려 했으며, 돌로 치려 했다. 그분의 주위엔 항상 죽음의 유령이 따라다녔다.

제자가 입맞춤으로 그분을 팔아 대제사장에게 넘겼을 때 하인과 병졸까지도 그분을 업신여기고 그분의 얼굴에 침을 뱉으며 조롱했다. 거짓 증인들은 그분을 죽이기 위해 서로 일치되지도 않는 거짓 증거를 대며 증언했다. 사람들은 그분께 침을 뱉었으며 그분의 눈을 가리고 때리면서 "누가 쳤는지 알아 맞추라며" 조롱했다. 또한 "선지자이니 알 것 아니냐"면서, "선지자 노릇 하라"고 야유했다. 사람들은 예수 그리스도보다는 살인자 바라바를 살려주기 원했다. 로마 군병들도 이에 가담하였다. 그들은 끝에 금속이 달린 채찍으로 예수를 채찍질했다. 그러자 그분의 몸이 금속으로 인해 찢기었다. 그들은 또 조롱하고자 그분의 옷을 벗기고 홍포를 입힌 다음 머리에 가시관을 씌웠다. 이번에는 그분의 이마 위로 피가 흘러 내렸다. 그들은 피 흘리시는 그분의 오른 손에 강제로 갈대를 들게 하고는 "유대의 왕이여, 편안할지어다"라고 말하며 희롱하고, 웃고, 놀리고, 괴롭히다 갈대를 빼앗아 그분의 머리를 쳤다. 그들은 예수 그리스도 앞에서 거짓 경배하고, 거짓 예배하며 웃고 떠들었다. 그러다가 다시 자색 옷을 벗기고 그분이 입었던 옷을 다시 입힌 후에 십자가에 못 박으려 골고다로 끌고 갔다.

예수 그리스도께서는 그분이 박힐 십자가를 스스로 짊어지고 가셔야 했다. 40일을 금식하고도 거뜬했던 그분이었지만 이번에는 그렇지 못했다. 전날 밤의 겟세마네 동산에서의 대속과 한숨도 자지 못하고 체포되어 계속 이어지던 고통스러운 시간들이 그분을 약하게 만들었다. 지치고 찢긴 몸으로 피 흘리시며 무거운 십자가를 힘겹게 지고 가시던 예수 그리스도는 비틀거리다 쓰러지셨다. 그분은 다시 일어났으나 또 다시 두 번, 세 번, 그렇게 쓰러지셨다. 그러나 그분의 십자가를 대신 짊어지고 갈 제자는 더 이상 어디에도 존재하지 않았다. 그들은 멀리 도망가버렸다. 뒤따르던 여인들이 흐느꼈다. 마침 시골에서 올라온 '시몬'이란 자가 구경 나왔다가 억지로 그분의 십자가를 지게 되었다. 골고다 언덕에 다다르자 그들은 그곳에서 예수 그리스도를 십자가에 못 박았다. 처음엔 손바닥에, 그리고 체중으로 인해 손바닥이 찢어질까 봐 손목에 다시 한번 못을 박았다. 살이 찢기고 피가 튀었다. 예수그리스도를 못 박은 그들은 십자가에 달린 그분을 올려다보며 조롱하였다. 백성들은 서서 구경하고 비웃으며 "저가 남을 구원하였으니 만일 하나님의 택하신 자 그리스도이거든 자기도 구원할 것"이라고 말하면서 "만일 유대인의 왕이거든 너를 구원하여 내려오라며" 야유했다. 함께 십자가에 달려있던 강도조차 사람들 말에 동조하면서 "네가 그리스도가 아니냐 너와 우리를 구원하라며" 그분을 욕했다. 지나가던 사람들은 예수 그리스도를 보고는 자기 머리를 흔들면서 "저자가 사흘 만에 성전을 짓는다고 했던 자"라며 조롱했다. 화려하고 위엄 있는 옷을 입은 성직자들과 타락한 종교 지도자들은 그 옆에서 회심의 미소를 짓고 있었다. 병사들은 그 와중에도 죽음 후에 남게 될 그분의 옷을 나눠 갖기 위해 제비를 뽑고 있었다. 이를 본 예수 그리스도께서는 하늘 아버지께 "아버지여 저희를 사하여 주옵소서 자기의 하는 것을 알지 못함이니이다" 라고 간구 드렸다.

　예수 그리스도는 이미 하나님이시기에 이 모든 고통을 겪으실 필요가 없었다. 하지만 그분께서는 잘못을 저지르고 후회하며 돌아서는 사람들을 위해 고통을 감내해내셨다. 인간의 죄를 속죄하기 위해 모든 땀구멍에서 피를 쏟는 고통을 참아냈으며, 죽음보다 더 큰 고통도 인내하였다. 생전에 예수 그리스도는 "여우도 굴이 있고 공중에 새들도 집이 있는데 인자는 머리 둘 곳이 없다"고 말한 적이 있었는데, 사람들의 죄를 대속하기 위해 자신의 목숨을 버려야 하는 마지막까지도 그분은 혼자셨다. 사도 베드로는 예수 그리스도를 모른다고 세 번이나 부인하며 맹세하고 저주하였으며, 제자들은 모두 그를 버리고 도망갔다. 심한 외로움을 느끼신 예수 그리스도께서는 십자가 위에서 "나의 하나님 어찌하여 나를 버리시나이까?" 라고 말하며 고통스러워하셨다. 그렇게 십자가에 못 박힌 채, 그분은 고통 속에서 6시간을 달려있었다. 때가 되자 예수님은 "다 이루었다" 하시고는 "아버지여 내 영혼을 아버지 손에 부탁하나이다" 하며 고개를 떨구셨다. 33년 4월의 어느 봄날 금요일 오후 3시, 예수 그리스도께서는 그렇게 그의 외롭고 고단한 삶을 마감하시게 되었다.

그런데 여기, 우리가 한 번 생각해 볼 것이 있다. 예수 그리스도께서 인간을 대속하기 위해 그의 삶을 마쳤던 그 순간, 그 골고다 언덕 위엔 정말 그분을 조롱하던 자들 외엔 아무도 없었을까? 온 우주의 이목이 집중되고 있던 그 순간 그곳에, 정말 예수 그리스도께서는 철저히 혼자였던 것일까? 나는 그 골고다 언덕에 예수 그리스도만이 혼자 계셨던 것은 아니라고 감히 말하고 싶다. 예수 그리스도께서는 세상을 창조하셨다(히브리서 1:2). 많은 사람들이 그분이 창조한 세계에서 살다 갔고, 지금도 살고 있으며, 이후로도 살 것이다. 그들 수많은 사람들의 운명은 오직 예수 그리스도 한 분의 손에 달려있었다. 예수 그리스도께서 그의 대속을 이루지 못한다면 그들은 하나님께로 돌아가지 못할 것이다. 그들이 하나님께 돌아가지 못하게 된다면 그들은 허공을 떠돌게 될 것이고, 그러면 그들이 비참해지기만을 기다리고 있던 사탄이 그들 모두를 낚아챌 것이다. 그렇게 되면 결국 그들은 악마의 종이 되어 영원히 그의 속박 속에서 그와 함께 떠돌게 될 것이다. 그런데도 과연 그 때 그곳 골고다 언덕에는 아무도 없었던 것일까?

나는 누군가가 영의 눈으로 봤다면 수많은 사람들을 그곳에서 보았을 것이라 생각한다. 세상 사람들이 예수 그리스도를 조롱하던 바로 그곳 골고다 언덕에서 그는, 주의 대속(속죄)이 성공하기만을 간절한 염원으로 바라며 그곳에 서있던 수많은 사람들을 보았을 것이다. 아들의 고통을 대신하고 싶으신 엘로힘 하나님 아버지께서 찢어지는 가슴을 참아내며 그곳에 서 계셨을 것이며 12군단이 넘는 예수 그리스도의 군단이 그가 이겨내기만을 간절히 기도하며 서있었을 것이다. 그리고 당시 전세에서 있었던 우리들도 또한 그분이 대업을 이루기만을 한마음 한 뜻으로 기도했을 것이다.

결국 예수 그리스도께서는 모든 것을 "다 이루셨고" 그로 인해 모든 의로운 하나님의 자녀들은 아버지의 품으로 돌아갈 수 있게 되었다. 그리고 "이 복되고 좋은 소식은 그것을 간절히 기다리던 모든 이에게 평화를 공포하는 아름다운 복음"(이사야 52:7)이 되었다. 아멘.

우리는 이제까지 예수 그리스도의 마지막 일주일을 함께 동행해 보았다. 함께 동행하면서 우리는 우리의 구세주이신 예수 그리스도의 고

난과 함께 사람들이 그분을 알아보지 못하고 처참하게 죽이는 장면도 보게 되었다. 예수 그리스도께서 그렇게 열심히 가르치셨음에도 불구하고 그분께서 돌아가신 후에 세상은 더 악해져 갔다. 사탄을 따르는 무리들은 더 많이 생겨났으며 참됨을 가장하면서도 은밀히 그리스도를 반대하는 사람들도 생겨났다. 우리는 그들을 '적 그리스도'라고 한다. 우리가 예수 그리스도의 가르침대로 살면서 영생을 얻으려면 적 그리스도를 알고 그들의 속임수를 분별해 낼 줄 알아야겠다. 적 그리스도란 누구인가? 그들을 따라가 그들이 누구인지 파악해 보자.

적(敵) 그리스도 (Antichrist)

적 그리스도는 구원의 참된 복음을 가장하여 공개적으로나 은밀하게 그리스도를 반대하는 사람들을 말한다. 그들은 예수는 그리스도라는 사실과 참된 복음, 참된 교회, 참된 구원의 계획에 반대하는 자들이다. 이에 대하여 사도 요한은 다음과 같이 기록하였다.

"많은 미혹(헷갈림)하는 자들이 세상에 들어왔나니 그들은 예수 그리스도께서 육신으로 오신 것을 시인하지 않는 자들이라, 이것이 미혹하는 자요, 적그리스도라." (요한2서 1:7)

"아이들아 지금은 마지막 때라 적 그리스도가 오리라는 말을 너희가 들은 것과 같이 지금도 많은 적 그리스도가 일어났으니 그러므로 우리가 마지막 때인 줄 아노라, 그들이 우리에게서 나갔으나 우리에게 속하지 아니하였나니 만일 우리에게 속하였더라면 우리와 함께 거하였으려니 와 그들이 나간 것은 다 우리에게 속하지 아니함을 나타내려 함이니라." (요한1서 2:18~19)

"거짓말하는 자가 누구냐 예수께서 그리스도이심을 부인하는 자가 아니냐 아버지와 아들을 부인하는 그가 적 그리스도니, 아들을 부인하는 자에게는 또한 아버지가 없으되 아들을 시인하는 자에게는 아버지도 있느니라." (요한1서 2:22~23)

"예수를 시인하지 아니하는 영마다 하나님께 속한 것이 아니니 이것이 곧 적 그리스도의 영이니라 오리라 한 말을 너희가 들었거니와 지금 벌써 세상에 있느니라." (요한1서 4:3)

이들은 사도 바울과 요한이 말한 것처럼 그 스스로 권세를 지니고 있는데 이는 다음과 같다.

"그는 대적하는 자라 신이라고 불리는 모든 것과 숭배함을 받는 것에 대항하여 그 위에 자기를 높이고 하나님의 성전에 앉아 자기를 하나님이라고 내세우느니라." (데살로니카후서 2:4)

"또 큰 이적들을 행하는데 심지어는 사람들 앞에서 불을 하늘에서 땅 위로 내려오게 하더라, 그가 짐승 앞에서 행할 권세를 받아 그 같은 기적들을 통하여 땅에 거하는 자들을 미혹하며, 또 땅에 거하는 자들에게 말하기를 칼로 상처를 입었다가 살아난 그 짐승을 위하여 형상을 만들어야 한다고 하더라." (요한계시록 13:13~14)

적 그리스도는 속이는 자요, 이적을 행하여 미혹하게 하는 자요, 거짓 교회를 세우고 거짓 교리를 가르치는 자이다. 적 그리스도들은 그들 스스로 마련한 거짓 구원의 계획을 제공하여 사람들을 미혹하게 한다. 이들 중에는 자칭 하나님으로부터 직접 부름을 받았다고 주장하는 거짓 선지자와 거짓 성직자도 포함된다. 이런 거짓된 것들 중에 어떤 것은 사람으로부터 나온 것도 있지만 어떤 것은 악마로부터 나온 것이다. 그리고 그 배후에는 모두 예수 그리스도의 가장 큰 적인 사탄이 있다. 사탄은 주술과 요술의 힘으로 초자연적인 기적을 이용하여 사람들을 미혹하게 한다. 모세의 출애굽 시대를 보면 바로의 박사들과 술객들도 기적을 행했다는 것을 알 수 있다.

"모세와 아론이 파라오에게로 들어가서 주께서 명령하신 대로 행하여 아론이 파라오와 그 신하들 앞에 그의 막대기를 던지니 그것이 뱀이 되더라, 그때 파라오도 현자들과 마술사들을 부르니, 이집트의 마법사들도 그들의 마법들로 이같이 행하더라, 그들이 각자 자기 막대기를 던져 그것들

이 뱀이 되었으나, 아론의 막대기가 그들의 막대기들을 삼켜 버리더라." (출애굽기 7:10~12)

사탄은 그를 따르는 많은 추종자와 보조자를 거느리고 있으며 그 막강한 힘으로 예수 그리스도를 반대하고 있다. 그들의 거짓된 주장이나 행위 중에는 미숙하여 쉽게 식별 되는 것도 있지만, 어떤 것은 위에서 보여진 술객의 뱀처럼 영의 나타나심과 아주 흡사하여 예수 그리스도를 믿는 사람들조차 혼란케 한다. 그렇다면 우리는 적 그리스도를 어떻게 식별할 수 있을까? 이에 대해 사도 바울은 다음과 같이 말하고 있다.

"또한 우리가 그것들을 말하되 인간의 지혜가 가르치는 말로 하지 아니하고 성령께서 가르치시는 말로 하나니 영적인 일들을 영적으로 비교하여 말하느니라, 그러나 자연인은 하나님의 영의 일들을 받아들이지 아니하나니 이는 그 일들이 그 사람에게는 어리석게 여겨지기 때문이요, 또 알 수도 없나니 이는 그 일들이 영적으로만이 분별되기 때문이니라." (고린도전서 2:13~14)

사도 바울은 고린도 사람들에게 신령한 일은 신령한 것으로 분별될 수 있다고 하였다. 우리가 악마나 인간이 만든 교리로 꾀임을 받지 않으려면 이 모든 것을 통달하시는 성령의 도움이 필요하다(고린도전서

2:10). 하나님의 것은 하나님의 권능에 의해 이해되며, 사람의 것은 사람의 지혜로 이해되기 때문이다. 그러므로 어떤 교리가 거짓인가 아닌가를 알려면 우선 그것이 사탄이나 사람의 지혜에서 나온 것인가, 아니면 합당한 경로를 통하여 하늘에서 계시된 것인가를 알아 보아야 한다. 그 한가지 방법으로는 무릎 꿇고 하나님께 여쭈어 보는 것이 있다. 그렇게 한다면 모든 것을 후히 주시는 하나님 아버지께서 알려주실 것이다. 신약시대의 야고보는 이에 대해 다음과 같이 말했다.

"너희 중에 누구든지 지혜가 부족하거든 모든 사람에게 후히 주시고 꾸짖지 아니하시는 하나님께 구하라 그리하면 주시리라." (야고보서 1:5)

그런데 하나님께서 알려주셨다고 생각되는 그 가르침이 정말 하나님으로부터 온 것인지 아닌지는 어떻게 알 수 있을까? 여기 그것을 알 수 있는 한가지 방법이 있다. 만약 우리가 받은 가르침이 하나님의 기존 가르침과 일치 한다면 그것은 하나님에게서 온 것이 확실하다. 아무리 그럴듯해 보여도 하나님의 다른 가르침과 일치하지 않는다면 그것은 하나님의 것이 아니기 때문이다.

적 그리스도를 요약해 보자면 다음과 같다.

1. 적 그리스도는 예수 그리스도의 원수이다.

2. 예수 그리스도께서 그리스도이심을 부인한 자가 적 그리스도다.
   (요한1서 2:22) 이들은 거짓말 하는 자요, 예수를 시인하지 않는 자
   로서 하나님에 속한 영이 아니라 악마에 속한 영이다. (요한1서 4:3)

3. 예수 그리스도께서 육체로 임하심을 부인하는 자도 미혹하는 자요
   적 그리스도다. (요한2서 1:7)

4. 큰 표적과 기사를 보임으로써 택함 받은 자들조차 미혹하게 하는
   거짓 그리스도와 거짓 선지자도 적 그리스도이다. (마태복음 24:24,
   마가복음 13:22)

5. 신권의 권능 없이 주의 이름으로 귀신을 쫓아내고 주의 이름으로
   많은 권능을 행하는 자들이 적 그리스도이다. 이들은 마지막 날
   예수 그리스도께서 "내가 저희에게 밝히 말하되 내가 너희를 도무
   지 알지 못하니 불법을 행하는 자들아 내게서 떠나가라(마태복음
   7:22~23)," 고 말씀하실 자들이다.

모든 악한 것의 배후에는 사탄이 있기에 적 그리스도의 배후에도 또
한 사탄이 있다. 우리는 기억 상실의 장막을 거쳐왔지만 사탄은 태초
부터 현재까지의 모든 기억과 지식을 지니고 있다. 그렇기에 그는 속임
수를 쓰기에 아주 노련하다. 사탄의 속임수를 식별해 내지 못하고 그
의 어두움 속에 거하게 된다면 우리는 결국 그와 같은 비참함에 빠지
게 될 것이다. 그러나 하나님께서는 우리에게 그리스도의 빛을 주시어

우리가 빛 가운데 거할 수 있도록 하셨으며 계명을 주시어 우리가 바른 길로 갈 수 있도록 도우셨다. 우리가 그분의 계명대로 살아간다면 사탄은 그의 어둠 속에 우리를 가둘 수 없다. 하지만 우리가 하나님의 계명을 알지 못한다면 우리는 우리에게 주어진 계명을 따를 수 없다. 하나님께서 주신 계명에는 어떤 것들이 있을까?

13

십계명 (十誡命, The Ten Commandments)

십계명은 선지자 모세가 이스라엘 백성을 애굽(이집트)에서 탈출시켜 이스라엘로 데려가던 중에 광야에서 하나님으로부터 받은 것이다. 이것은 두 개의 돌판 위에 씌어있었는데, 돌판 위에는 '십계명 외에도 여러 가지 정치적, 성직자적 법령'이 주어졌다(출애굽기 20장~23장). 다음은 모세가 십계명을 받을 때 일어났던 일을 적은 것이다.

"모세가 돌이켜 시내산에서 내려오는데 두 증거판이 그의 손에 있고 그판의 양면 이쪽 저쪽에 글자가 있으니, 그 판은 하나님이 만드신 것이요 글

자는 하나님이 쓰셔서 판에 새기신 것이더라." (출애굽기 32:15~16)

모세가 처음에 40일 동안 시내산에 머물면서 하나님으로부터 받은 것은 보다 높은 상위의 율법(하나님의 면전에 거 할 수 있는 거룩한 멜기세덱 반차와 의식이 기록된 율법)인 약속의 증거판이었다. 그러나 산에서 내려와 보니 이스라엘 백성은 하나님 대신 금으로 송아지를 만들어 그것을 섬기고 있었다. 모세는 하나님께 주의 백성에게 화 내시지 말기를 간구하고는(출애굽기 32:12) 죄에 빠진 이스라엘 백성에 대한 진노로 그 증거판을 산 아래로 내 던져 부서버렸다.

"그가 진영에 가까이 오자 송아지와 그 춤추는 것을 본지라, 모세가 격노하여 자기 손에서 돌 판을 던져 산 아래서 깨뜨리니라." (출애굽기 32:19)

그 후에 하나님께서는 모세에게 처음 것과 똑같은 돌 판을 두 개를 더 만들라는 두 번째 명을 내리신다.

"여호와께서 모세에게 이르시되 너는 돌 판 돌을 처음 것과 같이 깎아 만들라 네가 깨뜨린바 처음 판에 있던 말을 내가 그 판에 쓰리니." (출애굽기 34:1)

모세는 하나님의 명대로 돌 판을 두 개를 만들어 하나님께서 명하신 시내산에 다시 오른다.

"모세가 돌 판 둘을 처음 것과 같이 깎아 만들고 아침에 일찍이 일어나 그 두 돌 판을 손에 들고 여호와의 명령대로 시내 산에 올라가니." (출애굽기 34:4)

모세는 다시 시내산에서 40일 동안 머물면서 하나님으로부터 두 번째로 계명을 받았다. 그것이 오늘날 알려진 바로 그 십계명이다. 이것은 하나님께서 말씀하셨듯이 첫판에 있던 것을 다시 쓰신 것이다. 그러나 첫판에 있던 것과 다른 것이 있었다. 그것은 앞에서 말한 멜기세덱의 반차(하나님의 나라에 들어가기 위해 필요한 모든 복음 의식을 집행할 수 있는 신권, 히브리서 6:20)에 따른 의식이 거두어지고, 그보다 낮은 반차인 아론의 반차(모세 율법과 복음의 현세적 및 외형적 의식만을 집행하는 것으로 예비적인 복음을 집행하는 신권, 역대상 23:27~32)에 따른 의식이 주어진 것이 그것이다. 사도 바울은 이 두 신권의 차이점에 대해 다음과 같이 말했다.

"율법은 아무 것도 온전하게 못할지라 레위 계통의 제사 직분으로 말미암아 온전함을 얻을 수 있었으면(백성이 그 아래에서 율법을 받았으니) 어찌하여 아론의 반차를 따르지 않고, 멜기세덱의 반차를 따르는 다른 한 제사장을 세울 필요가 있느냐? 그는 육신에 속한 한 계명의 법을 따르지 아니하고 오직 불멸의 생명의 능력을 따라 되었으니 증언하기를 네가 영원히 멜기세덱의 반차를 따르는 제사장이라 하였도다." (히브리서 7:19, 11, 16~17)

모세가 시내산에서 받은 십계명은 히브리어로 '열 가지의 말씀'이라고 하며, '언약(신명기 9:9)과 증거'(출애굽기 25:21, 32:15)라고도 불려진다. 하나님께서는 이 십계명을 두 개의 큰 계명으로 요약하셨다. 처음 네 계명은 하나님과 사람과의 관계에 대한 것이고, 나머지 여섯 계명은 사람과 사람과의 관계에 대한 것이다. 출애굽기 20장 1절부터 17절에는 십계명에 대해 기록 되어있다.

1. 너는 나 외에는 다른 신들을 네게 있게 말지니라(20:3),
2. 너를 위하여 새긴 우상을 만들지 말고 또 위로 하늘에 있는 것이나 아래로 땅에 있는 것이나 땅 아래 물 속에 있는 것의 아무 형상이든지 만들지 말며(20:4), 그것들에게 절하지 말며 그것들을 섬기지 말라 나 여호와 너의 하나님은 질투하는 하나님인즉 나를 미워하는 자의 죄를 갚되 아비로부터 아들에게로 삼 사대까지 이르게 하거니와(20:5), 나를 사랑하고 내 계명을 지키는 자에게는 천대까지 은혜를 베푸느니라(20:6),
3. 너는 너의 하나님 여호와의 이름을 망령되이 일컫지 말라 나 여호와의 이름을 망령되이 일컫는 자를 죄 없다 하지 아니하리라(20:7),
4. 안식일을 기억하여 거룩하게 지키라(20:8),

엿새 동안은 힘써 네 모든 일을 행할 것이나(20:9),

제 칠일은 너의 하나님 여호와의 안식일인즉 너나 네 아들이나 네 육축이나 네 문안에 유하는 객이라도 아무 일도 하지 말라(20:10),

이는 엿새 동안에 나 여호와가 하늘과 땅과 바다와 그 가운데 모든 것을 만들고 제 칠일에 쉬었음이라 그러므로 나 여호와가 안식일을 복되게 하여 그 날을 거룩하게 하였느니라(20:11),

5. 네 부모를 공경하라. 그리하면 너의 하나님 나 여호와가 네게 준 땅에서 네 생명이 길리라(20:12),

6. 살인하지 말지니라(20:13),

7. 간음하지 말지니라(20:14),

8. 도적질하지 말지니라(20:15),

9. 네 이웃에 대하여 거짓 증거하지 말지니라(20:16),

10. 네 이웃의 집을 탐내지 말지니라 네 이웃의 아내나 그의 남종이나 그의 여종이나 그의 소나 그의 나귀나 무릇 네 이웃의 소유를 탐내지 말지니라(20:17).

십계명은 3000년도 훨씬 전에 모세에게 주어진 율법이었다. 그것은 지구가 창조되기 전부터 늘 존재하고 있었던 하나님의 기본적인 율법이다. 나는 앞에서 경륜의 시대를 얘기할 때 각 시대를 사는 사람들은 다른 시대의 계시에 의지할 필요가 없다고 하였다. 그것은 각 시대마다 하나님께서 그때그때 그 시대에 맞는 계시를 주시기 때문이다. 그런데 어느 시대이든지 동일하게 주시는 계명이 있는데 그것이 바로 십계명이다. 십계명은 전세에서도, 현세에서도, 내세에서도 영원을 통해 지켜져야 할 하나님의 기본적인 율법이다. 지상의 모든 예언자가 십계명에 대해 가르쳐왔는데 그것은 십계명이 광범위하고 기본적인 원리를 담고 있기 때문이다. 십계명은 인간의 모든 합당한 행위에 기초를 이루는 기본 원리를 제시하며 각 시대를 사는 사람들의 문화나 영적 성숙도에 따라 광범위하게 적용된다. 예를 들어 "살인하지 말찌니라"라는 계명(출애굽기 20:15)은 사람들의 표준이 높아지면서 더 이상 살인하는 사람들이 없게 되면, "노하지 말지니라" (마태복음 5:22)에서 "네 오른편 뺨을 치거든 왼편도 돌려 대며"(마태복음 5:39)라는 율법으로 바뀔 수 있다. 또한 "간음하지 말지니라"는 계명(출애굽기 20:14)은 개인의 발전 정도에 따라 "여자를 보고 음욕을 품지 말라"(마태복음 5:28)에서 "사랑하는 아내와 함께 즐겁게 살찌어다"(전도서 9:9)라는 계명 등으로 바뀔 수 있다. 개인마다 컴퓨터를 갖고 있는 현시대에는 "인터넷에서 음란물을 보지 말지니라"라고도 주어질 수 있다. 그러나 사람의 영적 수준이 낮아지면 율법은 더욱 강경해지는데, "부러뜨린 것은 부러뜨리는 것으로, 눈은 눈으로, 이는 이로 하며, 사람에게 상처를 낸 자에게는 그에게도 그렇게 다시 할지니라." (레위기 24:20) 라든지, "누구든지 그 계모와 동침하는 자는…… 남자(여자)가 짐승을 가까이 하여 교합하거든…… 반드시 죽일찌니"(레위기 20장)가 그것이다. 이렇게 하여 기본적인 율법인 십계명을 바탕으로 이스라엘 백성에게는 많은 율법들이 주어졌다. 예를 들어, "안식일을 거룩하게 지키라는 계명"(출애굽기 20:8)으로 인해 안식일을 어떻게 지킬지에 대한 율법들이 주어졌으며 "도둑질하지 말라는 계명"(출애굽기 20:15)으로 인해 도둑질을 한 사람은 어떻게 해야 하는지에 대한 율법들이 주어졌다. 모세의 시대에도 하나님께서는 개개인에게 높은 도덕적 수준의 계명을 주셨다.

"원수를 갚지 말며 동포를 원망하지 말며 네 이웃 사랑하기를 네 자신과 같이 사랑하라 나는 여호와이니라."(레위기 19:18)

"너희가 너희의 땅에서 곡식을 거둘 때에 너는 밭 모퉁이까지 다 거두지 말고 네 떨어진 이삭도 줍지 말며 네 포도원의 열매를 다 따지 말며 네 포도원에 떨어진 열매도 줍지 말고 가난한 사람과 거류민을 위하여 버려두라 나는 너희의 하나님 여호와이니라."(레위기 19:9~10)

그러나 모세 백성은 하나님의 충만한 복음을 받을 준비가 되어있지 않았다. 그렇기 때문에 모세 백성이 받은 범죄상의 율법은 강경한 것이 되었으며, 그들의 사회적인 율법은 그들의 수준에 맞추어 세상적인 율법이 되었다. 그리하여 실제 문화와 일상 생활에 관한 구체적인 원리와 해석이 주어지는, 심히 엄격한 율법이 된 모세 율법은 그들을 충만한 복음으로 이끌 예비적인 복음이 되었다. 그것은 사람들로 하여금 육체적, 영적으로 청결을 유지하며 하나님을 기억하도록 함으로써 그들을 충만한 그리스도의 율법으로 다시 데려올 *¹ 몽학 선생이 되었다.

"이같이 율법이 우리를 그리스도에게로 인도하는 몽학선생이 되어 우리로 하여금 믿음으로 말미암아 의롭다 함을 얻게 하려 함이니라." (갈라디아서 3:23~25)

*¹ 몽학선생(蒙學, Schoolmaster): '지도교사'를 의미하는 몽학선생은 부유한 가정에 고용된 특별한 교사를 뜻한다. 오늘날 유모나 가정 교사에 해당 되는 이들은 어린이의 교육뿐 아니라 어린이가 성숙하도록 준비시키고 훈련시키는 역할을 한다. 그러므로 이스라엘 자손들이 그리스도를 기억하고 장차 임할 그의 복음에 대비하여 영적으로 준비할 수 있게 해 주는 모세 율법은 그들에게 있어서 몽학선생이었다.

그런데 우리가 하나님의 계명을 알고도 고의적으로 계명을 거스른다면 우리는 어떻게 될까? 세상을 살며 짓게 되는 죄란 어떤 것이며 사람이 죄에 빠진다는 것은 무엇을 의미할까?

죄 (罪, Sin)

일반적으로 죄란 도의에서 벗어난 악한 행동이나 법률에 위반되는 행동으로써 벌을 받아 마땅한 불법행위를 말한다. 죄를 히브리어로 '하와타아'라고 하는데, 그것은 본래 '과녁에서 빗나가다'라는 뜻으로 종교적으로는 하나님의 계명을 알고도 고의적으로 불순종하는 행위를 말한다. 죄는 숨긴다고 해서 숨겨지는 것이 아니므로 죄를 지었다면 용서를 빌고 회개하는 편이 낫다.

"자기의 죄를 숨기는 자는 형통치 못하나 죄를 자복하고 버리는 자는 불쌍히 여김을 받으리라." (잠언 28:13)

죄를 지은 사람은 현세에서도 괴롭지만 죽는다고 해서 죄가 없어지는 것은 아니어서 결코 행복한 상태로 회복될 수 없다. 죄 가운데 죽은 모든 사람에게는 화가 임하게 될 것인데 죄에 대한 대가는 사망이다.

"죄의 삯은 사망이요 하나님의 은사는 그리스도 예수 우리 주 안에 있는 영생이니라." (로마서 6:23)

그렇다면 죄에는 어떤 것들이 있을까? 회개한다면 사람들이 짓게 되는 모든 죄는 용서받는 것일까?

세상에는 용서 받을 수 없는 가중한 죄들이 있는데 그 중 하나가 성령을 거스르는 죄요, 다른 하나는 무죄한 자의 피를 흘리는 살인이다.

"그러므로 내가 너희에게 이르노니 사람의 모든 죄와 훼방은 사하심을 얻되 성령(성신, The Holy Ghost)을 훼방하는 것은 사하심을 얻지 못하겠고." (마태복음 12:31)

"무릇 사람의 피를 흘리면 사람이 그 피를 흘릴 것이니." (창세기 9:6)

용서 받을 수 없는 '성신을 거스르는 죄'란 성신의 은사를 받은 후에 범해지는 신성모독 죄이다. 성신의 은사를 통해 하나님의 권능을 알게 되고 그 권능에 참여하는 자가 되었으나 악마의 힘에 굴복하여 그 알고 있는 진리를 거부하며, 하나님의 권능을 무시하고, 성령을 모독하는 행위를 하는 것이 성신을 거스르는 죄이다. 성신은 사람들에게 큰 권세로 진리를 밝혀 준다. 성신은 하늘에서 온 천사가 직접 전하는 것보다 더 큰 감성과 이해력으로 사람들에게 모든 진리를 드러내 주는데 그렇게 주어진 진리는 우리의 가슴 속 깊이 촘촘히 스며들기 때문에 오랜 시간이 지나도 잊혀지지 않는다. 그러나 세상에는 이렇게 하나님의 진리를 알고 나서도 이를 거부하며 자신의 이익을 좇는 사람들이 있다. 그런 사람들은 예수 그리스도께서 십자가에 달리실 때 그곳에 있던 사람들이 가지고 있었던 것과 똑 같은 악마의 영을 갖는 사람들이다. 그들은 하나님의 영을 상실한 자로서 회개할 기회조차 갖지 못하며 죽은 후에는 영원히 사탄과 함께 살게 될 것이다.

"또 누구든지 인자를 거슬러 말하는 자는 용서받을 수 있어도 누구든지 성령(성신, The Holy Ghost)을 거슬러 말하는 자는 용서받을 수 없느니라, 이는 이 세상에서나 오는 세상에서도 마찬가지니라." (마태복음 12:32)

그러나 성신을 거스르는 죄는 먼저 그에 따른 지식을 지닌 후에 짓게 되는 죄이기 때문에 평범한 사람이 그 죄를 짓기는 어렵다.

용서 받기 힘든 죄 중에 다른 하나는 앞에서 언급된 십계명 중 제 6 계명인 "살인하지 말라"라는 계명이다. 하나님의 뜻을 알면서도 고의적으로 살인을 한 사람에게는 예수 그리스도의 대속이 적용되지 않는다. 그는 이 세상에서나 다음 세상에서도 용서받을 수 없다. 그는 스스로 그 죄에 따른 고통을 감수해야 한다. 구약전서에는 용서받지 못할 살인을 저지른 최초의 살인자가 기록되어 있는데 그자가 바로 아담과 이브 사이에서 태어난 '가인'이다. 하나님께서는 아벨(가인의 아우)이 드린 양의 첫 새끼는 제물로서 받아들이셨는데 가인이 드린 땅의 소산은 받아드리지 않으셨다. 그 이유는 하나님보다 사탄을 더 사랑했던 가인은 제물을 바칠 때 신앙으로 바치지 않았으며, 하나님께서 명하신 희생 제물이 아닌 땅의 소산을 그의 임의대로 바쳤기 때문이다. 제물이 받아드려 지지 않자 가인은 화가 났다. 결국 사탄의 유혹에 굴복한 그는 아벨을 들판으로 불러내 그를 쳐죽였다.

"가인이 그의 아우 아벨에게 말하고, 그들이 들에 있을 때에 가인이 그의 아우 아벨을 쳐 죽이니라." (창세기 4:8)

결국 그는 최초의 살인자가 되어 저주를 받게 되었다. 이때 그는 자신이 아벨을 살해한 사실을 알고 누군가가 자기를 죽일까 봐 두려웠다. 그래서 그는 하나님께 이를 탄원했고, 하나님께서는 그의 탄원을 받아드려 아무도 가인을 죽이지 못하게 하셨다. 처음에 가인은 죽음으로부터 자유로운 듯 했으나 결국 죽을 권리를 얻지 못해 그는 죽고 싶어도 마음대로 죽지 못하는 비참한 신세가 되었다. 가인은 살해를 당할 수도, 자살을 할 수도 없는 상태가 되어 수천 년이 지난 오늘날까지 지상 어딘가를 유리하며 살아가고 있다.

"주께서 오늘 이 지면에서 나를 쫓아 내시온즉 내가 주의 낯을 뵈옵지 못하리니 내가 땅에서 피하며 유리하는 자가 될지라 무릇 나를 만나는 자가 나를 죽이겠나이다, 여호와께서 그에게 이르시되 그렇지 않다 가인을 죽이는 자는 벌을 칠 배나 받으리라 하시고 가인에게 표를 주사 만나는 누구에게든지 죽임을 면케 하시니라." (창세기 4:14~15)

가인의 경우를 보면 알 수 있듯이 살인을 저지르는 것은 무섭고 두려운 일이다. 특히 무죄한 자를 살해하는 것은 다시는 하나님의 왕국으로 돌아갈 수 없는 심각한 죄를 짓는 것이다. 왜냐하면 살인은, 지상 생활을 통해 발전해야 하는 타인의 오직 한번뿐인 기회를 그의 목숨과 함께 앗아가는 것이기 때문이다. 회개는 보상이 수반돼야 하는데 한번 죽은 목숨은 어떠한 방법으로도 보상될 수 없다. 그러므로 알고서도 고의로 저지르게 되는 살인은 시대를 막론하고 정죄 받아야 하는 큰 죄로써(창세기 4:1~12) 모세의 시대엔 반드시 죽이라 하였고,

"사람을 쳐 죽인 사람은 반드시 죽일 것이나." (출애굽기 21:12)

사도 요한 또한 살인하는 사람은 둘째 사망에 처해진다고 말하였다 (요한계시록 21:8).

살인이라고 여겨지는 것에는 낙태도 포함된다. 낙태는 현 시대뿐만 아니라 구약의 시대에도 심각한 죄였다. 출애굽기에는 다른 사람을 쳐 서 유산케 한 자에 대한 형벌이 나오는데,

"사람이 서로 싸우다가 임신한 여인을 쳐서 낙태하게 하였으나 다른 해 가 없으면(낙태가 되지 않았으면) 그 남편의 청구대로 반드시 벌금을 내되 재 판장의 판결을 따라 낼 것이니라 그러나 다른 해가 있으면(낙태가 되었으면) 갚되 생명은 생명으로." (출애굽기 21:22~23)

이 말은 모세의 시대에 두 남자가 싸우다가 한 사람이 임신한 여인 을 쳐서 유산을 시켜 벌을 받았던 이야기로써, 그자는 그 죗값을 그의 생명으로 갚아야 했다. 이처럼 사고에 의한 유산도 엄한 벌을 받아야 했는데 고의적인 낙태는 얼마나 심각한 죄가 되겠는가?

낙태가 빈번히 행해지는 이유는 사람들이 자신들의 편리를 위해 태 아가 생명체라는 사실을 잘 인식하려 들지 않기 때문이다. 그러나 뱃 속의 태아도 하나의 소중한 생명체이다. 이에 대해 성경을 찾아보자.

"엘리사벳이 마리아의 문안함을 듣자, 아기가 태에서 뛰니 엘리사벳이 성령으로 충만하여,"

"보라, 너의 문안하는 음성이 내 귀에 들리니 내 태의 아기가 기뻐서 뛰었도다." (누가복음 1:41, 44)

낙태를 생각하면 나는 언젠가 텔레비전의 건강 프로그램에서 했던 어느 산부인과 의사의 말이 생각난다. 낙태 수술을 하려고 수술 기구를 들이대면 순간 태아는 살기 위해 좁은 자궁 내를 이리저리 도망 다닌다고 한다. 나는 실제로 간에 착상되었던 태아를 산모의 생명을 지키기 위해 수술로 끄집어낸 사진을 보았는데(2004. 8. 7. 조선일보) 손가락보다 조금 큰 태아는 얼굴의 윤곽은 물론 손가락 발가락의 모양도 다 형성돼 있었다. 2008년 2월27일자 조선일보 기사에서 보면 한 해 총 출산 건수는 49만 명인데, 낙태 건수는 무려 34만 명에 달한다고 한다. 그리고 수년이 지난 오늘날에도(낙태가 워낙 은밀히 이루어져서 그 정확한 통계를 알 수 없지만) 나는 낙태 건수가 괄목할 만큼 줄어들었다는 기사를 접하지 못했다. 아기를 낳는다는 것은 새로운 생명을 탄생시키는 거룩한 행위이다. 임신할 수 있다는 것은 하나님께서 오직 여자에게만 주신 특권이고, 축복이며, 인간이 이 지상에 온 목적 중에 하나이기도 하다. 우리는 낙태를 함으로써 살인죄를 저지르는 일을 절대로 해서는 안되겠다.

그렇지만 우리의 모든 행위에는 주님의 헤아림이 적용된다. 전쟁 시기에, 혹은 방어의 수단으로 살인을 했다든지, 강간을 당했거나, 혹은 산모의 목숨이 위태로워 어쩔 수 없이 낙태를 했다든지 하는 경우가 그에 해당 된다. 하나님께서는 공의의 하나님이시지만 또한 자비의 하나님이시기도 하기 때문이다.

심각한 죄로써 용서 받기 힘든 죄 중에는 또한 '간음'이 있다. 구약전서의 레위기 20장 10절에는 다음과 같이 씌어있다.

"다른 사람의 아내와 간음하는 자, 즉 자기 이웃의 아내와 간음하는 자는 그 간음한 자와 그 간음한 여자를 반드시 죽일지니라."

어느 시대에나 간음은 가증한 죄이다. 간음은 앞에서 말한 성신을 부인하거나 무죄한 자의 피를 흘리는 것을 제외하고는 가장 가증한 죄이기에 고대에는 죽음으로 그 대가를 치르게 했다. 그러나 간음은 회개할 수 있는 죄이다. 요한복음 8장 3절에서 11절에는 돌에 맞아 죽을 뻔한 간음한 여인을 예수 그리스도께서 살리신 일이 기록되어 있는데 그 이야기는 다음과 같다.

서기관들과 바리새인들이 간음 중에 잡힌 여자를 끌고 와서 가운데 세우고 예수 그리스도께 말했다.

"선생이여, 이 여자가 간음하다가 현장에서 잡혔나이다 모세는 율법에 이러한 여자를 돌로 치라 명하였거니와 선생은 어떻게 말하겠나이까."

그러자 예수께서 대답하셨다.

"너희 중에 죄 없는 자가 먼저 돌로 치라."

이 말씀을 듣고 저희가 양심의 가책을 받아 하나씩 가버리자 오직 예수 그리스도와 그 가운데 서있던 여자만 남게 되었다. 그러자 예수 그리스도께서 여인에게 이르셨다.

"여자여, 너를 고소하던 그들이 어디 있느냐?"

"주여, 없나이다."

"나도 너를 정죄하지 아니하니 가서 다시는 죄를 범하지 말라."

그러나 위의 여자가 그냥 죄를 용서받은 것은 아니다. 그녀는 다시는 죄를 범하지 않는 회개의 과정을 거쳐야지만 용서받을 수 있다. 너무 힘든 과정이긴 하지만 간절한 마음으로 충분히 회개한다면 간음은 용서받을 수 있는 죄이다.

그 외에도 사람들이 저지를 수 있는 죄에는 여러 가지가 있는데 아무리 작은 죄라고 해도 죄란 결코 행복한 것이 아니다. 앞에서 말했듯이 죄의 삯은 사망이기 때문이다.

"그의 아비로 말하면 잔인하게 억압하고 폭력으로 그의 형제를 착취하며 그의 백성 가운데서 선하지 않은 일을 행하였으니, 보라, 그가 그의 죄악 가운데서 죽으리라." (에스겔 18:18)

그렇다면 죄를 범하는 것은 어떤 것인지, 죄를 짓게 됨으로써 겪게 되는 죄책감에서 벗어나려면 어떻게 해야 하는지 이에 대해 알아보자.

14.1. 죄(罪)를 범(犯)하다와 죄책감
(罪責感, Committing Sin and Feeling Guilt)

우리는 앞에서 우리가 저지를 수 있는 중대한 죄에 대해 알아보았다. 그런데 죄에는 앞에서 말한 것만 있는 것은 아니다. 성경에서는 노하거나 선을 알고도 행하지 않는 것도 죄라 말하고 있다.

"노하기를 맹렬히 하는 자는 벌을 받을 것이라." (잠언 19:19)

"그러므로 사람이 선을 행할 줄 알고도 행하지 아니하면 죄니라." (야고보서 4:17)

성경에는 우리가 짓게 되는 죄들에 대해 경고하고 있는데, 이는 다음과 같다.

"그러나 나를 믿는 이런 어린아이들 가운데 하나를 실족케 하는 자는 연자 맷돌을 그의 목에 걸고 깊은 바다에 빠지는 것이 더 나으니라." (마태복음 18:6)

그렇다면 죄 지은 사람은 어떻게 해야 될까?

사람이 죄를 짓게 되면 보통 그에 따르는 괴로움과 슬픔을 느끼게 된다. 이러한 감정들은 예수 그리스도의 빛인 양심의 가책에서 오게 되는 것으로써 우리는 이를 죄책감이라 한다. 죄책감에서 오는 괴로움에서 벗어나려면 어떻게 해야 할까? 이제 죄를 용서 받는 방법과 죄 사함이란 무엇인지 그것에 대해 알아보자.

14.2. 죄(罪) 사함 (Remission of Sin)

죄를 지으면 정말 괴롭다. 때론 죄책감에 잠을 이룰 수 없을 때도 있다. 그러나 앞에서 언급 했듯이 죄란 용서 받을 수 있는 것이다. 용서는 예수 그리스도의 속죄에 의해 가능하게 되었는데, 성경에는 다음과 같이 씌어있다.

"이것은 죄 사함을 얻게 하려고 많은 사람을 위하여 흘리는바 나의 피 곧 언약의 피니라." (마태복음 26:28)

"이제 오라, 우리가 서로 변론하자, 주가 말하노니 너희 죄들이 주홍 같을지라도 눈같이 희게 될 것이요, 진홍처럼 붉을지라도 양털같이 되리라." (이사야 1:18)

그러나 죄는 우리가 용서받고 싶다고 해서 무조건 용서받게 되는 것은 아니다. 우리가 죄를 용서 받으려면 행하여야 할 일련의 과정이 있다. 이에 대해 사도 베드로는 다음과 같이 말했다.

"그분에 대하여 모든 선지자도 증거하기를 누구든지 그를 믿는 자는 그의 이름으로 말미암아 죄들의 사함을 받으리라고 하였느니라." (사도행전 10:43)

"베드로가 가로되 너희가 회개하여 각각 예수 그리스도의 이름으로 세례(침례)를 받고 죄 사함을 얻으라 그리하면 성령을 선물로 받으리니." (사도행전 2:38)

또한 사도 바울은 이에 대해 다음과 같이 말했다.

"이제는 왜 주저하느냐 일어나 주의 이름을 불러 세례(침례)를 받고 너의 죄를 씻으라 하더라." (사도행전 22:16)

위에서 베드로와 바울이 말한 것처럼 죄를 용서 받으려면 우리는 다음과 같이 행해야 한다.

1) 먼저 예수 그리스도를 믿는 신앙을 갖고,

2) 죄가 크든 작든, 애통해 하는 마음으로 자신의 죄를 완전히 회개하며,

3) 예수 그리스도께서 세례(침례) 요한에 의해 물로서 뱁티즘 (Baptism, 세례, 침례)을 받아(마태복음 3:16) 시범을 보이신 것처럼, 물에 완전히 잠기는 뱁티즘(Baptism, 세례, 침례)을 받고 다시 태어나,

4) 예수 그리스도의 침례 후에 비둘기 모양으로 내려 오시던 성신(마가복음 1:10~12)의 불의 은사를 권능 있는 자에 의한 안수로써 받아야 한다.

사도 베드로의 시대에 사람들은 위와 같이 행함으로써 완전한 죄 사함을 받고 죄에서 깨끗해질 수 있었다. 그렇게 하여 예수 그리스도의 제자가 된 그들은 서로 교제하며 성찬을 취하고 기도하였다 (사도행전 2:41~42).

그런데 사람은 누구나 불완전하여 죄 사함을 위한 세례(침례)를 받은

후에도 언제든 죄를 지을 수 있다. 그 땐 어떻게 해야 할까? 그때마다 다시 세례(침례)를 받아야 하나? 예수 그리스도께서는 이에 대해 다음과 같이 말씀하셨다.

"이미 목욕한 자는 발 밖에 씻을 필요가 없느니라, 온 몸이 깨끗하니라." (요한복음 13:10)

목욕한 자의 발이 더러워지면 그는 발만 씻으면 됐다. 다시 목욕을 할 필요는 없다. 마찬가지로 세례(침례) 후에 죄를 짓게 되면 사람들은 다시 세례(침례)를 받을 필요 없이 그 지은 죄만 회개하면 된다(단지 큰 죄, 즉 성신을 거스르는 자나 고의로 살인한 자에게는 해당되지 않는다). 그렇다면 세례(침례)를 받고 성신의 불의 은사를 받은 후에 짓게 되는 죄는 어떻게 회개해야 할까? 그 과정은 다음과 같다.

1) 우선 죄 지은 자는 자기가 무엇을 잘못했는지 자신이 지은 죄를 온전히 인식해야 한다. 그런 다음에는

2) 애통하는 마음으로 자신의 죄를 완전히 회개해야 한다. 죄를 범하는 과정에서 타인에게 손해를 끼쳤다면 보상해야 하며, 상대에게 마음의 상처를 줬다면 가서 용서를 구해야 한다. 만약에 지은 죄가 간음과 같이 심각한 것이라면 그것을 용서할 수 있는 열쇠를

지닌 신권 지도자에게 가서 고백해야 한다. 그런 후에

3) 다시는 같은 죄를 반복해서 저지르지 말아야 하는데 그렇게 한다
면 우리의 죄는 용서받을 수 있을 것이다.

사도 바울은 죄짓는 사람들에 대해서 고린도 사람들에게 다음과 같
이 말하였다.

"불의한 자는 하나님의 나라를 상속받지 못한다는 것을 너희가 알지 못
하느냐? 속지 말라, 음행하는 자들이나 우상 숭배하는 자들이나 간음하는
자들이나 여자처럼 행세하는 자들이나 남자 동성연애자들이나." (고린도전서
6:9)

죄에 빠져 헤어나지 못하는 사람들은 속히 그 죄를 회개하고 용서
를 구하여야 한다. 깨끗하지 못하거나 부정한 사람은 하나님의 나라에
거할 수 없기 때문이다. 죄 사함을 받고자 회개하는 일은 때론 너무
부끄럽고 힘든 비난의 시기가 될 수도 있다. 그렇다고 해서 회개를 미
루어서는 안 된다. 회개할 수 있는 기회가 언제나 우리와 함께하는 것
이 아니기 때문이다. 회개를 미루다 보면 시간이 흐르는 사이에 우리
의 양심은 무뎌지며 서서히 우리는 우리의 죄를 변명하고 합리화하게
될 것이다. 혹시 그렇게까지는 아니다 할지라도 시간이 지남에 따라

우리는 죄를 회개할 용기를 잃게 될 것이며, 지은 죄가 희미해지면서 더 이상 처음처럼 죄에 대해 가슴 아파하지 않게 될 것이다. 결국 죄를 지은 후에는 하나님의 길에서 벗어나 제각기 각자의 길을 가게 될 것인데 다시는 원래대로 돌아오지 못하게 될 것이다.

"이것이 정죄라, 즉 빛이 세상에 왔으나 사람들이 빛보다는 오히려 어두움을 더 사랑하니 이는 그들의 행위가 악하기 때문이라, 악을 행하는 자는 누구나 빛을 미워하며 빛으로 오지 아니하나니, 혹 자기의 행위가 책망받을까 함이라." (요한복음 3:19~20)

그러므로 회개하지 않는 사람들이 가는 그 길은 영원한 어둠의 길이 될 것이다.

"빛이 어두움에 비취되 어두움이 깨닫지 못하더라." (요한복음 1:5)

우리가 죄를 짓고도 회개하지 않는다면 우리에게는 많은 고난이 따를 것인데, 그 중에 하나가 '전쟁'이다. 하나님께서는 예수 그리스도의 재림과 지구의 종말에 앞서 이 지상에 크고 처참한 마지막 전쟁이 있을 것이라 말씀하셨다. 그 전쟁은 너무 고통스러운 것이라 죽고 싶으나 죽을 수도 없다고 한다. 어떤 것일까? 우리 모두 말세에 있게 될 전쟁 속으로 함께 가보자.

아마겟돈 전쟁 (Armageddon War)

    현재 이 세상에는 크고 작은 전쟁들이 끊임없이 일어나고 있다. 나라가 나라를 대적하여 일어나고 동족이 동족을 치는 일이 발생하면서 세상에는 분쟁과 불화가 가득하다. 성경에는 지금 이 세상에서 일어나는 전쟁과는 비교도 할 수 없을 만큼 큰 전쟁이 일어날 것이란 예언이 있는데 이름하여 세상의 마지막 전쟁, 즉 '아마겟돈 전쟁'이다. 이 전쟁은 예수 그리스도께서 다시 지상에 오셔서 천 년 동안 세상을 다스리시기(복천년이라 함) 바로 전에 치러지게 될 것이다.

아마겟돈 전쟁은 세상의 거의 모든 나라가 참여하는 중요한 전쟁이기에 이사야, 예레미아, 에스겔, 다니엘, 스가랴, 사도 요한 등 많은 선지자들이 이에 대해 예언했다. 이 마지막 전쟁이 치러지는 곳은 '므깃도'라고 불려지는 곳(히브리어로는 '아마겟돈'이라 하며, '전쟁을 하는 곳'이란 뜻)에서 예루살렘까지 포함될 것이다. 어쩌면 그보다도 더 광범위한 지역들이 포함될 수 있다. 성경은 아마겟돈 전쟁에 대해 다음과 같이 설명했다.

"세 영[(개구리 같이 더러운 영(요한계시록 16:13)]이 히브리어로 아마겟돈이라 하는 곳으로 왕들을 모으더라." (요한계시록 16:16)

"그 날에 예루살렘에 큰 애통이 있으리니 므깃도 골짜기(에 있는) 하다드림몬에 있던 애통(유다의 의로운 왕 요시아가 이곳에서 애굽과의 전투 중에 활을 맞고 예루살렘에 가서 죽음, 역대하 35:22~24)과 같을 것이라." (스가랴 12:11)

그렇다면 아마겟돈이라고도 불리는 므깃도는 어디에 있을까? 므깃도는 이스라엘의 수도 예루살렘에서 북쪽으로 97 킬로미터 떨어진 곳에 있는 큰 언덕이다. 이스라엘 지도를 보면 지중해 쪽으로 뾰족하게 돌출되어 있는 곳이 있음을 볼 수 있는데 갈멜산이 있는 곳이다. 므깃도 언덕은 엘리야가 바알의 선지자들과 겨루어 하늘에서 불을 내린 갈멜산(열왕기상 18:19~40)이 있는 산맥의 남쪽에 위치해 있는 곳으로 므깃도 산이라고도 하였다. 이 므깃도 언덕은 이스라엘의 비옥한 곡창지대인 에스트랠론 대 평야의 북쪽 입구를 지키고 있었다. 애굽부터 이어지는 뱃길이 이곳을 통과하여 에스트랠론 평원을 지나는 내륙의 길로 이어져 있었기 때문에 아마겟돈 골짜기나 에스트랠론 평야는 옛날부터 대 전쟁터였다. 앗수르의 군대와 바빌로니아의 군대와 로마 군대와 십자군이 이곳을 밟고 지나갔다. 바로 이곳에서 예수 그리스도의 재림 전에 다시 마지막 세계전쟁이 일어날 것이다.

선지자들은 아마겟돈 전쟁이 발발하기 전에 지상에 발생하게 될 몇 가지 사건에 대하여 예언하였다. 그들은 이 일들이 있기 전에는 아마겟돈 전쟁이 일어나지 않을 것이라 하였다. 그들이 예언한 사건이란 무엇일까?

그들이 예언한 사건 중 하나는 이스라엘의 집합이다. 에스겔은 약 2600년 전에 말세에 일어나게 될 이스라엘의 집합에 관하여 예언하였다. 그는 열국으로 흩어졌던 이스라엘이 다시 그들의 땅으로 돌아가 이스라엘 땅을 재건하고 그곳에 거하게 될 것이라 했다.

"여러 날 후에 네가 감찰 받게 되리니 말년에 네가 칼로부터 되찾고 많은 백성 가운데서 모아진 그 땅에 이르러 항상 황폐하였던 이스라엘의 산들을 대적하리라. 그러나 그 땅은 민족들에서 나왔으니 그들 모두는 안전하게 거하리라." (에스겔 38:8)

"내가 또 사람을 너희 위에 많게 하리니 이들은 이스라엘의 온 족속이라 그들로 성읍들에 거하게 하며 빈 땅에 건축하게 하리라." (에스겔 36:10)

돌아온 그들은 이스라엘 땅에 다시 한 국가를 세울 것이다.

"그 땅 이스라엘 모든 산에서 그들로 한 나라를 이루어서 한 임금이 모두 다스리게 하리니 그들이 다시는 두 민족이 되지 아니하며 두 나라로 나누이지 아니하리라." (에스겔 37:22)

이스라엘에 국가를 세워지면 그 수도는 예루살렘이 될 것이다.

"그러므로 여호와가 이처럼 말하노라 내가 긍휼히 여기므로 예루살렘에 돌아 왔은즉 내 집이 그 가운데 건축되리니 예루살렘 위에 먹줄이 치어지리라 나 만군의 여호와의 말이니라 하셨다 하라." (스가랴 1:16)

여기서 예루살렘에 "먹줄이 치어진다"는 것은 도시가 측량되고 건설되리라는 것을 의미한다. 이 모든 일들은 이스라엘이 1948년 이스라엘 땅으로 돌아가 독립적인 나라를 세우면서 이루어졌다.

아마겟돈 전쟁이 있기 전에 일어날 사건 중 다른 하나는 세상에 결성될 커다란 결사조직에 대한 것인데 사도 요한은 이에 대해 다음과 같이 예언하였다.

"내가 보니 바다에서 한 짐승이 나오는데 뿔이 열이요 머리가 일곱이라 그 뿔에는 열 왕관이 있고 그 머리들에는 신성 모독 하는 이름들이 있더라, 또 일곱 대접을 가진 일곱 천사 중 하나가 와서 내게 말하여 가로되 이리 오라 많은 물 위에 앉은 큰 음녀의 받을 심판을 네게 보이리라, 그의 이마에 이름이 기록 되었으니 비밀이라, 큰 바벨론이라, 땅의 음녀들과 가증한 것들의 어미라 하였더라, 내가 보던 열 뿔은 열 왕이니 아직 나라를 얻지 못하였으나 다만 짐승으로 더불어 임금처럼 권세를 일시 동안 받으리라, 저희가 한 뜻을 가지고 자기의 능력과 권세를 짐승에게 주더라." (요한계시록 13:1, 17:1, 5, 12~13)

여기서 '바다에서 나온 한 짐승'이란 사탄을 섬기는 결사 조직을 말한다. 아마겟돈 전쟁이 일어나기 전에 세상에는 아주 큰 결사조직이 일어날 것이다. 그 이름은 바다에서 나오는 한 짐승으로 지구의 사악한 왕국들을 나타낸다. 이들은 극단적이고 잔인하며 격렬한 사상으로 서로 단합하여 큰 결사 조직을 형성할 것이다.

위에서 말한 두 가지 사건이 일어난다면 세상에는 마지막 전쟁인 아마겟돈 전쟁이 임하게 될 것이다. 그렇다면 이제 아마겟돈 전쟁에 대해 알아보자.

아마겟돈 전쟁은 이스라엘과 이스라엘을 대적하는 나라들 사이에서 일어나게 될 것이다(스가랴 12:9, 에스겔 38:15~16). 그렇기 때문에 위에서 말한 것처럼 아마겟돈 전쟁이 일어나기 전에 이스라엘이 독립하는 것은 꼭 필요한 일이다. 에스겔은 독립한 이스라엘과 아마겟돈 전쟁을 치르게 되는 군대 지도자에 대해 말했는데 그는 마곡(성경에 나오는 흑해 근처의 땅과 백성)의 왕으로 이름은 '곡'이었다. 곡은 현재 러시아와 그 주변에 해당되는 땅을 점령하고 있던 로스와 메삭과 두발왕으로서(에스겔 38:2) 그는 말세에 사악한 권력을 지닐 지도자를 상징한다. 에스겔은 곡과 동맹을 맺을 나라들도 언급했는데 이들 나라들은 바사, 구스, 붓, 고멜, 그리고 도갈마를 들이었다(에스겔 38:5~6). 예레미아 또한 이스라엘과 싸울 나라들을 언급했는데, 그 나라들은 애굽, 우스, 블레셋, 애돔, 모압, 암몬, 두로, 그리고 시돈 등 중동의 고대 여러 나라들이었다(예레미아 25:15~25). 이 나라들은 고대의 나라들이기에 현대의 어느 나라를 뜻하는지는 잘 알 수 없다. 다만 현재 우리가 알 수 있는 것은 에스겔과 예레미아가 그들 시대의 거의 모든 나라들을 언급한 것으로 봐서 오늘날 대부분의 나라들이 서로 연합하여 이스라엘과 대적하여 싸우게 되리라는 것뿐이다(예레미아 25:26, 스가랴 14:2, 요한계시록 16:14). 그렇다면 왜 사악한 연합에 가담하는 나라들이 그렇게 많은 것일까? 아마겟돈 전쟁이 어떻게 시작되는지는 알 수 없으나 사람들이 사악한 연합에 가담하는 이유 중 한가지는 거짓 종교 지도자들이 행하는 기적에 있겠다. 사도 요한은 이에 대해 이렇게 말했다.

"내가 보매 또 다른 짐승이 땅에서 올라오니 새끼 양 같이(겉은 선함) 두 뿔이 있고 용처럼(속은 사탄) 말하더라, 큰 이적을 행하되 심지어 사람들 앞에서 불이 하늘로부터 땅에 내려 오게 하고, 짐승 앞에서 받은바 이적을 행함으로 땅에 거하는 자들에게 이르기를 칼에 상하였다가 살아난 짐승을 위하여 우상을 만들라 하더라." (요한계시록 13:11, 13~15)

"또 내가 보매 개구리 같은 세 더러운 영이 용의 입과 짐승의 입과 거짓 선지자의 입에서 나오니, 저희는 귀신의 영이라 이적을 행하여 온 천하 임금들에게 하나님 곧 전능하신 이의 큰 날에 전쟁을 위하여 그들을 모으더라." (요한계시록 16:13~14)

사탄은 그의 추종자인 거짓 종교인들로 하여금 거짓 기적을 행하게 할 것이다. 이렇게 기적을 행하는 더러운 세 영은 악마의 영이다. 그들은 기적으로 세상 사람들을 미혹하며 지상의 왕들에게 가서 그들이 전쟁에 가담하도록 부추길 것이다. 그리하여 지상의 왕들은 물론 훌륭하다 칭송 받는 사람들조차 이 거짓 기적에 속아 사탄의 발 아래 몰려들어 사악한 연합을 이룰 것이다.

요엘은 이스라엘을 대적하여 싸우게 되는 연합한 열국을 다음과 같이 표현했다.

"불이 그들의 앞을 사르며 불꽃이 그들의 뒤를 태우니 그들의 예전의 땅은 에덴 동산 같았으나 그들의 나중의 땅은 황폐한 들 같으니 그것을 피한 자가 없도다, 그의 모양은 말 같고 그 달리는 것은 기병 같으며, 그들이 산 꼭대기에서 뛰는 소리는 병거 소리와도 같고 불꽃이 검불을 사르는 소리와도 같으며 강한 군사가 줄을 벌이고 싸우는 것 같으니." (요엘 2:3~5)

위에서 요엘은 이스라엘을 대적하는 군대가 역사상 가장 강한 군대가 될 것이라고 예언했다. 그렇다면 작은 나라 이스라엘이 어떻게 홀로 많은 나라들이 연합한 강한 군대를 상대로 싸울 수 있을까? 그렇게 많은 나라를 상대로 싸우게 되는 이스라엘의 운명은 어떻게 될까?

사도 요한은 다음과 같이 말했다.

"내가 나의 두 증인에게 권세를 주리니, 그러면 그들이 굵은 베옷을 입고 일천이백육십 일을 예언하리라고 하더라, 이들은 땅의 하나님 앞에 서 있는 두 올리브 나무이며 두 촛대니라, 누구든지 그들을 해치려고 하면 그들의 입에서 불이 나와 그들의 원수를 삼키리니 누구든지 그들을 해치려고 하면 반드시 이와 같이 죽게 되리라." (요한계시록 11:3~5)

사도 요한은 하나님께서 그의 겸손한 두 증인을 불러서 그들에게 권세를 주어 이스라엘을 보호하실 것이라 말했다. 하나님께서는 그의 두 증인에게 고대 엘리야가 가졌던 것과 똑같은 권세(엘리야는 3년 반 동안 땅에 기근이 들게도 했고 하늘에서 불을 내리기도 했다. 열왕기상17, 18장 참조)를 주실 것인데 이 권세로 그들은 하늘에서 불을 불러 내릴 것이다. 그리하여 이스라엘은 3년 반 동안 두 증인의 보호를 받으면서 열국의 강한 군사들을 막아내게 된다. 그러나 3년 반이 지나고 나면 이스라엘을 보호하던 두 증인은 곡의 군대(이스라엘을 대적하는 연합 군대)에 죽임을 당하게 될 것이다. 두 증인의 죽음으로 인해 곡의 군대들은 기뻐하며 그 시체를 장사 지내지 못하게 하는데 시체는 사흘 반 동안 예루살렘의 큰 길에 놓여있게 된다. 시체가 길가에 있는 동안 곡의 군대는 예루살렘으로 진격하여 성읍을 유린하며 그 성읍의 백성을 절반이나 사로잡아 갈 것인데 결국 이스라엘 백성은 삼분의 일 밖에 살아남지 못할 것이다.

"그들이 그 증언을 마칠 때에 무저갱(악마가 벌을 받아 한번 떨어지면 헤어나지 못한다는 영원한 구렁텅이)으로부터 올라오는 짐승이 그들과 더불어 전쟁을 일으켜 그들을 이기고 그들을 죽일 터인즉, 그들의 시체가 큰 성 길에 있으리니 그 성은 영적으로 하면 소돔이라고도 하고 애굽이라고도 하니 곧 그들의 주께서 십자가에 못 박히신 곳이라 백성들과 족속과 방언과 나라 중에서 사람들이 그 시체를 사흘 반 동안을 보며 무덤에 장사하지 못하게 하리로다." (요한계시록 11:7~9)

"내가 열국을 모아 예루살렘과 싸우게 하리니 성읍이 함락되며 가옥이 약탈되며 부녀가 욕을 보며 성읍 백성이 절반이나 사로잡혀 가려니와." (스가랴 14:2)

"여호와가 말하노라 이 온 땅에서 삼분지 이는 멸절하고 삼분지 일은 거기 남으리니." (스가랴 13:8)

그러나 이것이 아마겟돈 전쟁의 끝은 아니다. 죽었던 두 증인이 3일 반 후에 사람들이 보는 앞에서 부활할 것이기 때문이다. 그들은 하늘로부터 "이리 올라오라"는 음성을 듣고 하늘로 올라갈 것인데, 예루살렘을 유린하던 곡의 군대들도 이것을 보게 된다. 곡의 군대들이 하늘로 올라가는 두 증인을 구경하고 있는 그 순간, 지상에는 전 세계를 뒤흔드는 큰 지진이 있게 될 것이다. 이는 전에는 듣지도 보지도 못했던 큰 지진으로 지상의 모든 산들이 무너지며 절벽이 떨어져 내릴 것인데 이로 인해 바다와 땅에 사는 모든 것들은 두려움에 떨게 된다.

"삼일 반 후에 하나님께로부터 생기가 저희 속에 들어가매 저희가 발로 일어서니 구경하는 자들이 크게 두려워하더라, 하늘로부터 큰 음성이 있어 이리로 올라오라 함을 저희가 듣고 구름을 타고 하늘로 올라가니 저희의 원수들도 구경하더라, 그 시에 큰 지진이 나서 성 십 분의 일이 무너지고 지진에 죽은 사람이 칠천이라." (요한계시록 11:11~13)

성경에서는 많은 선지자들이 아마겟돈 전쟁의 마지막 때에 일어나는 이 지진에 대해 말하고 있다. 이때 일어나는 큰 지진에 대해 좀 더 자세히 알아보자. 선지자들은 이날의 지진에 대해 다음과 같이 예언하였다.

"세 영이 히브리 음으로 아마겟돈이라 하는 곳으로 왕들을 모으더라 일곱째가 그 대접을 공기 가운데 쏟으매…… 번개와 음성들과 뇌성이 있고 또 큰 지진이 있어 어찌 큰지 사람이 땅에 있어 옴으로 이같이 큰 지진이 없었더라…… 각 섬도 없어지고 산악도 간데 없더라." (요한계시록 16:16~20)

"그날에 그의 발이 예루살렘 앞 곧 동편 감람산에 서실 것이요 감람산은 동서로 갈라져 매우 큰 골짜기가 되어서 산 절반은 북으로, 절반은 남으로 옮기고." (스가랴 14:4)

"내가 질투와 맹렬한 노여움으로 말하였거니와 그날에 큰 지진이 이스라엘 땅에 일어나서, 바다의 고기들과 공중의 새들과 물에 짐승들과 땅에 기는 모든 벌레와 지면에 있는 모든 사람이 내 앞에서 떨 것이며 모든 산이 무너지며 절벽이 떨어지며 모든 성벽이 땅에 무너지리라." (에스겔 38:19~20)

"하늘은 두루마리같이 말려서 쓸려 가고 모든 산과 섬도 각기 제자리에서 옮겨졌으니." (요한계시록 6:14)

"골짜기마다 돋우어지며 산마다, 작은 산마다 낮아지며 고르지 않은 곳이 평탄케 되며 험한 곳이 평지가 될 것이요." (이사야 40:4)

우리는 지구에 대해 알아볼 때 벨렉시대에 지구가 나뉘었음을 알게 되었다. 원래 하나였던 땅이 벨렉시대에 나뉘면서 섬도 생기고 바다도 나뉘었다. 그런데 위에서 선지자들은 이때 있을 지진으로 섬들이 제자리에서 옮기어 없어지고 산악도 간데 없이 사라져 평평해지리라 했다. 이는 이때 일어나는 지진으로 인해 땅은 섬과 대륙이 합쳐져 다시 커다란 하나의 대륙이 될 것이며 섬나라는 더 이상 존재하지 않게 될 것을 의미한다. 하나가 된 땅의 모습은 고르지 않은 곳이 없이 평평해져서 하나의 정원같이 될 것인데 땅은 이렇게 됨으로써 복천년을 맞을 준비를 하게 된다. 이 때 일어나는 지진이 얼마나 크던지 이것을 시현으로 본 사도 요한은 위에서 "땅에 사람이 있은 이후로 이렇게 큰 지진은 없었다"라고 얘기하고 있다.

이 지진은 지상에 여러 변화를 가져오게 된다. 예루살렘의 지형에도 많은 영향이 있을 것인데 예루살렘에는 거대한 골짜기가 생기고 큰 샘이 솟을 것이다. 샘물은 서쪽으로는 지중해로 흐르고, 동쪽으로는 사해로 흘러 들어가 소금물이던 사해는 담수가 되어 물고기들이 뛰놀게 된다. 또한 예수께서 앉아서 제자들에게 당신의 재림 때의 징조에 대해 말씀하시던(마태복음 24:3) 감람산은 지진으로 인해 동과 서로 갈라질 것인데 그로 인해 그곳에는 커다란 골짜기가 만들어질 것이다. 그리하여 때마침 두 증인을 잃고 삼일 반 동안 유린당하던 유대인들은 적을 피해 감람산 골짜기로 피신을 할 수 있게 된다. 급히 감람산 골짜기로 피신을 한 유대인들은 위에서 스가랴가 말한 것처럼 그곳에서 자신들을 구해주신 예수 그리스도를 볼 것이다. 예수 그리스도의 품 안에서 안전해진 그들은 예수 그리스도의 손과 발에 난 상처를 보고 그분이, 그들이 그토록 오랫동안 기다렸던 메시아, 즉 그들이 거부했던 예수 그리스도임을 알게 된다. 뒤늦게 이러한 사실을 깨닫게 된 그들은 그로 인해 애통해 하며 심히 통곡한다.

"그 날에 그의 발이 예루살렘 앞 곧 동편 감람산에 서실 것이요 감람산 은 그 한가운데가 동서로 갈라져 매우 큰 골짜기가 되어서 산 절반은 북으로, 절반은 남으로 옮기고…… 나의 하나님 여호와께서 임하실 것이요 모든 거룩한 자가 주와 함께하리라." (스가랴 14:4~5)

"그 날에 여호와가 예루살렘의 거민을 보호하리니…… 어떤 자가 그에게 말하기를 "네 손들에 이 상처들은 무엇이냐?" 하면 그가 대답하기를 "그것들은 내 친구들의 집에서 받은 상처라" 하리라, 그들이 그 찌른바 그를 바라보고 그를 위해 애통하기를 독자를 위하여 애통하듯 하며 그를 위하여 통곡하기를 장자를 위하여 통곡하듯 하리로다." (스가랴 12:8, 13:6, 12:10)

"그날에 생수가 예루살렘에서 솟아나서 절반은 동해로, 절반은 서해로 흐를 것이라 여름에도 겨울에도 그러하리라 여호와께서 천하의 왕이 되시리니 그 날에는 여호와께서 홀로 하나이실 것이요." (스가랴 14:8)

전쟁은 전장 속에 있든 아니든 모든 사람에게 고통을 안겨준다. 아마겟돈 전쟁 때도 세상 사람들은 공포와 괴로움의 시기를 맞게 될 것이다. 악인들에게는 그 고통이 더할 것인데 왜냐하면 이때는 악마가 저들을 다스리기 때문이다. 정의가 효력을 잃는 무질서 속에서 간악한 자들은 다른 간악한 자들을 벌할 것이며, 그들은 서로를 속이고 대적하며 죽이게 될 것이다.

"의인이 많아지면 백성이 즐거워하고 악인이 권세를 잡으면 백성이 탄식하느니라." (잠언 29:2)

이렇게 아마겟돈 전쟁의 시기에 사람들이 악마로부터 고통을 받는 이유는 하나님의 영은 악한 자들에게는 머무시지 않기 때문이다. 사도 요한은 하나님의 보호를 받지 못하는 악인들이 겪게 되는 고통에 대해 이야기했는데 이는 다음과 같다.

"또 그 연기에서 메뚜기들이 땅 위로 나왔는데 땅의 전갈들이 지닌 권세와 같은 권세를 받더라, 그들에게 명령이 내려지기를 땅의 풀이나 또 어떤 푸른 것이나 어떤 나무도 해치지 말고 다만 그들의 이마에 하나님의 인장으로 표시 받지 아니한 사람들만 해치라고 하더라, 또 그들에게 명령이 내려지기를 그 사람들을 죽이지는 말고 오직 다섯 달 동안 고통만 주라고 하는데, 그 고통은 마치 전갈이 사람을 쏠 때의 고통과 같은 것이라, 그 날들에는 사람들이 죽음을 구하여도 찾지 못할 것이요 또 죽으려고 애를 써도 죽음이 그들을 피하리라, 한 가지 화는 지나갔으나, 보라, 아직도 이후에 두 가지 화가 더 오리로다." (요한계시록 9:3~6,12)

사도 요한의 말처럼 악인들은 죽고 싶어도 죽지 못하는 전쟁과 역병과 고통의 기간을 보내게 될 것이나 그것이 전부가 아니다. 이것이 그들에게는 겨우 첫째 화일 뿐이기 때문이다. 곧이어 그들에게는 둘째 화가 닥칠 것인데, 예수 그리스도께서 감람산에 나타나실 때 지구상에 있게 될 큰 지진이 주는 고통이 그것이다. 사도 요한은 이 전대미문의 큰 지진을 설명하고 나서야 그들에게 둘째 화가 지났다고 말하고 있다. 그러나 이 고통도 그들에게는 끝이 아니다. 악인들에게 또 다시 셋째 화가 이를 것이기 때문이다.

"그 시에 큰 지진이 나서 성 십 분의 일이 무너지고 지진에 죽은 사람이 칠천이라 그 남은 자들이 두려워하여 영광을 하늘의 하나님께 돌리더라, 둘째 화는 지나갔으나 보라 셋째 화가 속히 이르는 도다." (요한계시록 11:13~14)

격노하신 주님은 이스라엘을 대적하여 일어나는 사악한 군대에게 큰 지진을 주신 이후에 회개하지 않는 그들에게 다시 큰 고통을 주시게 될 것이다. 지진의 공포와 혼란으로 그들이 서로를 치고 있을 때

1달란트, 즉 34kg이나 되는 우박이 그들 위로 쏟아질 것이요, 원자 폭탄과 같은 불길이 그들을 태워버릴 것이요, 역병이 그 군대를 치게 될 것이다.

"그때에 주께서 나가시어 그 민족들을 대적하여 싸우시리니, 전쟁의 날에 싸우셨을 때처럼 하시리라." (스가랴 14:13)

"또 내가 전염병과 피로 그를 대적하여 항변할 것이요, 내가 그와 그의 부대와 그와 함께한 많은 백성들 위에 비를 내리리니 범람한 비와 큰 우박과 불과 유황으로 내리리라." (에스겔 38:22)

"또 무게가 각기 한 달란트나 되는 큰 우박이 하늘로부터 사람들 위에 떨어졌는데, 사람들은 그 우박의 재앙 때문에 하나님을 모독하니 이는 그 재앙이 심히 크기 때문이라." (요한계시록 16:21)

"그곳의 시내들은 역청(검은 찌꺼기)으로 변하게 될 것이요, 그곳의 흙은 유황으로 변하고, 그곳의 땅은 불타는 역청이 되리라, 그것은 밤낮 꺼지지 않을 것이며, 그 연기들은 영원히 올라가리라, 대대로 그것은 황폐하게 남아, 그곳을 통과하는 자가 영원무궁토록 아무도 없으리라." (이사야 34:9~10)

"예루살렘을 친 모든 백성에게 여호와께서 내리실 재앙이 이러하니 곧 섰을 때에 그 살이 썩으며 그 눈이 구멍 속에서 썩으며 그 혀가 입 속에서 썩을 것이요." (스가랴 14:12)

그러나 이것도 그들에게는 끝이 아니니 사람들이 고통 속에 있다고 해서 누구나 회개하고 선하게 되는 것은 아니기 때문이다. 악한 사람은 여전히 지상에서 그 악을 행하게 될 것인데 그런 그들에게는 마지막으로 크고 두려운 날이 임하게 될 것이다. 아무도 예측하지 못하는 순간이 오게 되는 그날은 바로 예수 그리스도의 재림의 날이다. 예수 그리스도께서는 아마겟돈 전쟁이 끝난 뒤, 하늘에 표적이 보이고 나서 한동안 잠잠한 뒤에 오시게 될 것이다. 이날 예수 그리스도께서는 불에 옹위(擁圍)되어 하늘의 해와 같이 재림하실 것인데 이때에 악을 행하는 모든 자들은 예수 그리스도의 강렬한 불길에 초개 같이 탈 것이다. 구약시대의 말라기는 악을 행하는 자들이 이날 겪게 될 그들의 운명에 대해 이야기했다.

"보라, 이는 화덕같이 탈 그 날이 오기 때문이니, 교만한 자와 악을 행하는 자는 정녕 다 그루터기가 되리라, 오는 그 날이 그들을 태우니, 뿌리나 가지도 그들에게 남기지 아니하리라, 만군의 주가 말하노라." (말라기 4:1)

이렇게 모든 악인들이 불에 타 죽게 됨으로써 결국 그들의 악행도 끝이 나게 된다.

치열했던 아마겟돈 전쟁은 예수 그리스도께서 이스라엘을 위해 열국과 싸워주심으로써 결국 이스라엘의 승리로 끝이 날 것이다(예레미야 25:32). 이스라엘은 아마겟돈 전쟁으로 죽은 자를 매장하는 데도 7개월이 걸릴 것이며, 그 전쟁에서 취한 전리품만으로도 7년이나 살아갈 수 있을 것이다.

"이스라엘 족속이 일곱 달 동안에 그들을 장사하여 그 이름을 하몬곡의 골짜기라 일컬으리라…… 이스라엘의 성읍들에 거한 자가 나가서 그 병기를 불 피워 사르되 큰 방패와 작은 방패와 활과 살과 몽둥이와 창을 취하여 칠 년 동안 불 피우리라." (에스겔 39:12,9)

이제 아마겟돈 전쟁을 끝으로 현세의 삶이었던 제 2막을 내리기로 하자. 물론 복천년도 현세에 해당되나 그 때는 예수 그리스도께서 친히 지상에 내려오셔서 함께 하시는 기간이므로 잠시 그것을 남겨두고 이제 제3막인 사후세계, 즉 내세(영의 세계)로 가보자.

내세(영의 세계) 來世(靈의 世界)

Afterlife (The World of Spirits)
사망 후 육에서 분리된 영이 부활을 위해
잠시 대기 하는 곳

"내가 진실로 네게 이르노니, 오늘 네가 나와 함께 낙원에 있으
리라." (누가복음 23:43)

낙원과 영옥 그리고 내세(영의 세계)의 선교사업
(Paradise and Spirit Prison and the Missionary Work
in the World of Spirits)

앞에서 언급했듯이 우리는 전세에서 기억 상실의 장막을 통해 이곳 지상으로 오게 되었다. 전세에서 영으로 존재하던 우리는 이곳 지상으로 오면서 현세의 부모로부터 육신을 받아 현재와 같은 살과 뼈를 갖게 되었다. 지상에서 우리는 각자의 수명만큼 살다 때가 되면 결국 죽게 될 것이다. 지상에서의 우리의 삶이란 영과 육신의 결합이고, 죽음이란 영과 육신의 분리이다. 우리가 부모로부터 받은 육신은 여호와 하나님에 의해 흙으로 만들어졌으니(창세기 2:7) 죽은 후에는 땅으로 돌아갈 것이다. 반면 영은 '내세'라 불리는 '영의 세계'로 간다. 구약시대의 욥은 이것을 알고 있었기에 다음과 같이 말했다.

"나의 이 가죽, 이것이 썩은 후에 내가 육체 밖에서 하나님을 보리라."
(욥기 19:26)

영의 세계는 지상에서 살다가 간 영들이 예수 그리스도께서 재림하실 때까지 머무는 곳이다. 영의 세계에는 두 개의 세계가 있다. 하나는 '낙원'이고 다른 하나는 '영옥'이다. 누가복음 16장에는 이 두 세계에 대한 아주 흥미로운 이야기가 나온다.

한 부자가 있었다. 돈이 많았던 그는 값비싼 옷을 입고 날마다 잔치를 벌였다. 그런데 그 곳에는 '나사로'라는 거지도 살고 있었다. 피부까지 덕지덕지 헐었던 나사로는 부자네 대문에 누워 상에서 떨어지는 음식으로 허기를 달랬다. 심지어 함께 음식 찌꺼기를 기다리던 개들도 와서 나사로의 헌데를 핥았다. 그렇게 세월이 흐르고, 결국 나사로도 죽고 부자도 죽었다. 부자는 죽은 후에 불이 활활 타는 음부에서 고통 중에 있게 되었다. 고통 중에서 그가 눈을 들어보니 거지 나사로가 낙원에서 아브라함의 품속에 있는 것이 보였다. 유대인이었던 이 부자는 생전에 아브라함이 자기의 조상인 것에 자부심을 가졌었다. 숨이 턱턱

막히는 더위와 입이 바짝바짝 마르는 갈증으로 고통 받던 부자는 자기의 조상인 아브라함에게 이렇게 애원했다.

"불러 이르되 아버지 아브라함이여 나를 긍휼히 여기사 나사로를 보내어 그 손가락 끝에 물을 찍어 내 혀를 서늘하게 하소서 내가 이 불꽃 가운데서 괴로워하나이다." (누가복음 16:24)

시원한 얼음물을 한 컵 원했던 것도 아니고, 그는 오직 손가락 끝에서 떨어지는 물 몇 방울만을 원했을 뿐이었다. 그런데 아브라함은 그런 그를 향해 다음과 같이 말한다.

"아브라함이 이르되 얘 너는 살았을 때에 좋은 것을 받았고 나사로는 고난을 받았으니 이것을 기억하라 이제 그는 여기서 위로를 받고 너는 괴로움을 받느니라." (누가복음 16:25)

아무리 그렇다 해도 나사로는 착한 사람이니 생전의 부자에게 물 몇 방울쯤이야 갖다 주고 싶지 않았을까? 그러나 아브라함은 다음과 같이 덧붙였다.

"이 모든 것 외에도 우리와 너희 사이에는 커다란 구렁이 놓여 있어서 여기에서 너희에게로 건너가고자 하여도 갈 수 없고 거기에서 우리에게로

건너오고자 하여도 올 수 없느니라,' 고 하더라." (누가복음 16:26)

그 말을 듣자 절망하던 부자는 아직 지상에 살아있는 그의 다섯 형제가 생각났다. 그 형제들에게는 그가 겪는 고통을 겪게 하고 싶지 않았다. 그는 다시 말했다.

"그가 말하기를 '그러면 아버지여, 내가 당신께 간구하오니 당신께서 나사로를 내 아비 집에 보내어 주소서, 나에게 다섯 형제가 있으니 그가 그들에게 증거하여 그들로 이 고통의 장소에 오지 않게 하소서,' 라고 하니." (누가복음 16:27~28)

이에 아브라함이 대답했다.

"아브라함이 그에게 말하기를 '그들에게는 모세와 선지자들이 있으니 그들에게서 듣게 하라,' 고 하더라." (누가복음 16:29)

부자는 자신을 생각했다. 자신도 생전에 모세의 말과 살아있는 선지자의 말을 들었지만 그들의 말에 관심을 두지 않았었다. 그는 말했다.

"그러자 그가 말하기를 '아니옵니다, 아버지 아브라함이여, 만일 누군가가 죽은 자들로부터 그들에게 가면 그들이 회개하리이다,' 라고 하니." (누가복음 16:30)

그러자 아브라함이 다시 말했다.

"아브라함이 이르되 그들에게 모세와 선지자들이 있으니 그들에게 들을지니라, 이르되 모세와 선지자들에게 듣지 아니하면 비록 죽은 자 가운데서 살아나는 자가 있을지라도 권함을 받지 아니하리라 하였다." (누가복음 16:29, 31)

그렇다. 믿으려 하지 않는 자는 그 어떤 경우에도 믿음을 갖지 않을 것이다. 설혹 죽은 자가 살아나서 간증을 전한다 할지라도 그는 천만 가지 근거를 들어가며 자신의 믿지 않음을 합리화할 것이다.

그런데 신약시대의 누가가 쓴 위 이야기에서 우리는 몇 가지 흥미로운 사실을 발견할 수 있다.

지상에서 부러움 없이 살던 부자는 죽은 후에 음부란 곳으로 갔다. 그곳을 '영옥'이라 한다. 그리고 거지 나사로는 죽은 후에 아브라함의 품으로 갔다. 그곳을 '낙원'이라 한다. 물론 부자가 영옥에 간 것은 살아있었을 때에 모세와 선지자들의 말씀에도 불구하고 가난한 이웃의 고통을 외면한 채 오직 이기적인 쾌락과 만족만을 추구했기 때문이다. 나사로가 낙원으로 간 것은 그가 살아있었을 때에 비록 고통 속에 있었지만 모세와 선지자를 믿으며 의로운 생활을 하고자 했기 때문이다. 부자는 죽은 후에 후회하였으나 그것은 소용 없는 일이었다. 이미 죽은 후에는 낙원과 영옥 사이에 "큰 구렁"(누가복음 16:26)이 있어 그곳에 다리를 놓지 않는 한 아무리 애써도 낙원으로 갈 수 없었기 때문이다. 그런데 위 이야기에는 우리의 눈길을 끄는 대목이 있다. 죽은 후에 영옥과 낙원으로 간 부자와 나사로가 서로를 바라보고 있었다는 것이 그것이다. 이로써 우리는 사람이 죽은 후에 마지막 심판을 기다리며 거하게 되는 낙원과 영옥은 사실 같은 장소에 있다는 것을 알 수 있다. 그러나 죽은 후에 같은 곳에 머물게 되었다 하더라도 그들이 할 수 있는 일이나 처해진 환경은 완전히 달랐다. 그러므로 '큰 구렁'은 그들이 머무는 장소를 분리하는 것이 아니라, 그들이 처해진 상태를 분리하고 있다는 것을 알 수 있다. 의인과 악인은 큰 구렁을 사이에 두고 행복한 안식의 상태와 어둡고 참담한 상태로 나뉜다. 영옥에 있는 사람은 같은 곳에 있었지만 결코 낙원으로 건너가 그곳에 있는 사람들과 어울리며 그들에게 주어지는 축복을 함께 향유할 수 없었다. 그렇기 때문에 행복한 의인들을 바라보며 고통 속에 있게 될 악인들의 절망도 그만큼 클 수밖에 없을 것이다. 악인들은 하다못해 거지 나사로도 누리는 축복을 그들이 받을 수 없다는 사실에 절망하고 분노하게 된다. 하지만 그 땐 아무리 후회한다 하더라도 이미 때가 늦었다. 한번 죽은 후에는 다시는 죽기 전으로 돌아갈 수 없기 때문이다.

그렇다면 우리가 죽은 후에 가는 낙원과 영옥은 진정 어떤 곳일까? 이제 낙원과 영옥이 있는 영의 세계로 함께 가보자.

1.1. 낙원 (樂園, Paradise)

낙원은 지상에서 하나님의 복음을 받아들이고 의롭게 살다가 죽은 사람(영)들이 부활할 때까지 잠시 머무르는 곳이다. 의로운 사람이 죽게 되면 그들은 세상을 의롭게 살다 먼저 간 많은 영들을 만나 환영받고 영접받게 된다. 낙원은 안식과 평화의 처소로 사람들은 그곳에서 지상에서의 고난과 근심과 슬픔을 모두 잊는다. 그들은 예수 그리스도께서 재림하실 때까지 그 곳에서 즐거움을 만끽하며 편히 쉴 것이다. 신약전서에는 사람들이 죽은 후에 가게 될 낙원에 대해 언급된 곳이 있는데 이를 소개하면 다음과 같다.

예수께서 십자가에 못 박히실 때 강도 둘도 함께 십자가에 달리었다. 그들의 십자가는 각각 예수의 오른쪽에, 또 예수의 왼쪽에 세워졌다. 그 중에 한 강도가 옆에서 십자가에 달리신 예수님을 비방하였다. 그러자 그것을 들은 다른 하나가 그를 꾸짖으며 예수님을 옹호한 후에 예수께 다음과 같이 간청하였다.

"예수여 당신의 나라에 임하실 때에 나를 생각하소서." (누가복음 23:42)

이 말을 들은 예수께서는 그에게 다음과 같이 말씀하셨다.

"내가 진실로 네게 이르노니 오늘 네가 나와 함께 낙원에 있으리라." (누가복음 23:43)

예수께서도, 강도도 얼마 후 이 세상을 떠날 것이다. 물론 죽기 전의 말 한마디로 회개가 이루어질 순 없다. 그러나 영의 세계에 가게 될 위 강도에게도 기회가 온다면, 그는 자신의 죄를 회개하고 낙원에 거할 수 있게 될 것이다.

사도 요한도 낙원에 대해 언급했는데, 그는 에베소 교회에 편지를 보내 다음과 같이 이야기했다.

"귀 있는 자는 성령께서 교회들에게 말씀하시는 것을 들을지어다, 이기는 자에게는 내가 하나님의 낙원 가운데 있는 생명 나무를 주어서 먹게 하리라." (요한계시록 2:7)

또한 셋째 하늘(해의 영광)에 이끌려 갔었던 사도 바울도 낙원에 간 경험을 얘기했는데 이는 고린도 성도에게 보낸 서신에서 볼 수 있다.

"그가 낙원으로 끌려 올라가서 말로 다 설명할 수 없는 말을 들었는데 그것은 사람들에게 말하도록 허락되지 않은 것이로다." (고린도후서 12:4)

1.2. 영옥 (靈獄, Spirit in Prison)

사도 베드로는 사람들이 사후에 가는 영의 세계에 옥이 있다고 말했다.

"그가 성령으로 감옥에 있는 영들에게도 가서 전파하셨으니 그들은 전에 노아의 날에 방주를 예비하는 동안 하나님께서 오래 참고 기다리셨을 때에 순종하지 아니하던 자들이라, 방주에서 물로 말미암아 구원을 받은 사람이 몇 명뿐이니 곧 여덟의 혼들이라." (베드로전서 3:19~20)

영옥은 지상에서 예수 그리스도의 복음을 거절한 불의한 영들이 부활할 때까지 머무는 곳이다. 복음을 거절한 사람들은 죽은 후에 지상에서의 일시적인 만족을 얻고자 복음을 거절하여 영원한 기회와 특권을 저버린 사실을 인식하게 된다. 그들은 자신이 어리석게 세상을 살았으므로 후회와 통한의 고통을 받는다. 또한 그들은 지상에서 자신이 저질렀던 악행을 항상 기억하게 됨으로써 위에서 언급된 부자와 같이 영원히 꺼지지 않는 불 같은 괴로움 속에 거하게 될 것이다.

그런데 영옥에는 복음을 거절한 불의한 영들만 가는 것은 아니다. 그곳은 예수 그리스도의 복음을 받아드릴 수 없었던 모든 사람들이 머무르는 곳이기도 하다. 복음이 없었더라도 덕망으로 세상을 산 사람들도 있었을 텐데 왜 그들은 영옥으로 가게 될까? 그것은 평화의 처소인 낙원은 죄로부터 깨끗해진 의로운 사람들만이 거할 수 있는 곳이기 때문이다. 지상에서 사는 사람들은 모두가 육신의 나약함으로 인해 크든 작든 죄를 짓게 된다.

"선을 행하고 죄를 짓지 아니하는 의인은 땅 위에 한 명도 없느니라."
(전도서 7:20)

그런데 세상에는 자신의 죄를 아예 없었던 것처럼 하여 그 스스로를 죄로부터 깨끗하게 할 수 있는 사람은 아무도 없다.

"내가 내 마음을 정하게 하였다, 내 죄를 깨끗하게 하였다 할 자가 누구요." (잠언 20:9)

그래서 사람들은 그들이 지은 죄에 대한 죄의식으로 인해 끊임없이 고통을 당할 것이다. 그 상태에서는 결코 낙원의 평안과 안식을 얻을 수 없다. 그들은 죄로부터 깨끗해져야 하나님의 낙원에 거하게 되는데 그러기 위해서는 회개하고 세례(침례)를 받아야 한다. 회개하고, 뱁티즘(Baptism, 세례, 침례)을 받고, 성신의 안수를 받는 일련의 과정들이 이루어진 후에야 사람들은 더 이상 죄를 기억하지 아니하고 하나님의 낙원에서 온전한 기쁨으로 거할 수 있게 된다. 그런데 애초에 복음 자체를 접해보지 못한 사람들은 그런 의식들을 받을 기회조차 없었다. 그렇다면 그들이 영옥에 거한다는 것은 억울하지 않을까? 하나님께서는 공의의 하나님이시다. 그분께서는 그의 자녀 중 누구도 편애하시지 않으시며 누구도 소외시키지 않으신다. 하나님께서는 지상 생활에서 복음을 접해보지 못하였던 사람들이 부당하게 영옥에 거하게 되는 것을 막기 위하여 한가지 계획을 세우셨다. 그것은 예수 그리스도를 통해 그분의 의로운 천사들을 영옥에 보내시어 복음을 접해보지 못했던 자들에게 복음을 전하는 것이었다. 이렇게 하여 세워진 하나님의 계획이 바로 '영옥의 선교사업'이다. 영옥에서의 선교사업은 그들뿐만 아니라 생전에 이미 복음을 접했지만 거절했던 자녀들에게도 다시 한 번의 기회가 주어질 것이다. 그렇다면 영옥에서의 선교사업은 어떻게 이루어질까? 내세에서 이루어지는 선교사업 속으로 함께 동행해 보자.

1.3. 내세(영의 세계)의 선교사업 (來世(靈의 世界)의 宣敎事業, The Missionary Work in the World of Spirits)

기본적으로 영옥은 자의였던, 타의였던 복음을 받아드리지 않았던 사람들이 사후에 머물게 되는 곳이다. 영옥에 머무르며 선교사업을 받게 될 사람들은 다음과 같은 사람들이다.

첫째. 그들은 살았을 때 예수 그리스도의 복음을 접할 기회를 갖지 못하고 죽은 사람(영)들이다. 그들 중엔 그리스도께서 탄생하시기 전에 이 세상에서 살다 죽은 사람(영)들과 예수 그리스도께서 탄생하신 후에 태어난 모든 사람들이 해당된다.

둘째. 그들은 살았을 때 복음을 접할 기회를 가졌으나 이를 거절하고 하나님보다는 사탄을 따르며 죄를 지으면서 살다가 영옥에 간 사람(영)들이다. 노아 시대에 복음을 거절한 사람들도 이에 해당된다. 그들은 생전에 예수 그리스도의 선지자를 통해 회개와 복음을 받아드릴 기회가 주어졌지만 거절했다.

위에 해당되는 사람들은 모두 죽은 후에 영옥에 머무르게 되었는데 낙원과 영옥 사이에는 큰 구렁이 있어 영옥에 있는 영들은 낙원으로 건너갈 수 없었다.

"이 모든 것 외에도 우리와 너희 사이에는 커다란 구렁이 놓여 있어서 여기에서 너희에게로 건너가고자 하여도 갈 수 없고 거기에서 우리에게로 건너오고자 하여도 올 수 없느니라.' 고 하더라." (누가복음 16:26)

그러나 그들이 낙원으로 갈 수 있는 방법이 아예 없는 것은 아니었다. 영옥에서 고통 받는 사람들에게 복음이 전해진다면 영옥에 있는 사람들도 회개를 하고 낙원으로 갈 수 있을 것이다. 예수 그리스도께서는 십자가에서 돌아가신 후 영의 세계로 가셨다. 아직 그분의 몸이 무덤에 있어 영의 상태로 계시던 사흘간의 짧은 기간이었다. 그분은 영의 세계로 가셔서 낙원에 있는 의로운 자들에게 당신의 권능과 권세를 주시어 영옥에 있는 사람들에게 복음을 전하도록 하셨다. 사도 베드로는 이에 대해 다음과 같이 말했다.

"그리스도께서도 단번에 죄를 위하여 죽으사 의인으로서 불의한 자를 대신하셨으니 이는 우리를 하나님 앞으로 인도하려 하심이라 육체로는 죽임을 당하시고 영으로는 살리심을 받으셨으니, 그가 또한 영으로 가서 옥에 있는 영들에게 선포하시니라." (베드로전서 3:18~19)

이로써 세상에서 복음을 받아들일 기회가 없었던 죽은 영들에게도 복음이 전해지게 되었다. 그들이 만약 복음을 받아드린다면 그들도 낙원으로 옮겨갈 수 있을 것이다.

"이를 위하여 죽은 자들에게도 복음이 전파되었으니 이는 육체로는 사람처럼 심판을 받으나 영으로는 하나님처럼 살게 하려 함이니라." (베드로전서 4:6)

"진실로 진실로 너희에게 이르노니 죽은 자들이 하나님의 아들의 음성을 들을 때가 오나니 곧 이 때라 듣는 자는 살아나리라." (요한복음 5:25)

이렇게 영옥에서 행해지는 선교 사업으로 인해 이제 세상에는 예수 그리스도의 복음을 듣지 못할 자가 없게 되었다. 하나님의 모든 자녀들은 그들이 살아서든, 아니면 죽어서든 적어도 한 번 이상은 예수 그리스도의 복음을 접할 기회를 갖게 되었다.

그런데 살았을 때 복음을 거절했던 악한 영들에게도 복음이 전파됨으로써 한 번의 기회가 더 주어지게 된 이유는 무엇일까? 그것은 그들에 대한 하나님의 사랑 때문이다. 지상에 온 자녀들은 전세의 천국전쟁 때 예수 그리스도와 함께 사탄의 무리와 싸워 그들을 물리친 의로운 사람들이다. 하나님께서는 육체를 입고 지상에 온 그분의 자녀들을 모두 진정으로 사랑하신다. 하나님께서는 그분의 자녀들이 옥에 갇히어 영원히 고통 받는 것을 원치 않으셨다. 이에 이사야는 다음과 같이 말했다.

"네가 눈먼 자들의 눈을 밝히며 갇힌 자를 감옥에서 이끌어 내며 흑암에 앉은 자를 감방에서 나오게 하리라." (이사야 42:7)

예수 그리스도께서는 그들에게 복음을 전파하시어 그들을 옥에서 건져내시려고 그의 의로운 영들을 영옥에 보내셨다. 그리하여 그들이 죄의 고통으로부터 나아올 수 있게 하였다. 그런데 영옥에 있는 사람들이 복음을 받아드린다면 그들은 어디서, 어떻게 세례(침례)를 받고 깨끗해질 수 있을까? 죽은 후에도 사람들은 영의 세계에서 세례(침례)를 받을 수 있는 것일까? 아니다. 영의 세계에서는 세례(침례)의식이 주어질 수 없다. 그것은 살과 피를 갖고 있는 사람들에 의해 지상에서

만 행해질 수 있는 의식이다. 산 자들은 지상에서 죽은 자를 위해 대리세례(침례) 의식을 행할 것이다. 그 대리의식은 지상에서 주님의 집, 즉 템플(Temple, 성전)에서 이루어질 것인데 이는 나중에 복천년으로 여행 할 때 자세히 다뤄보기로 하자. 또한 사후에 복음을 받아들이게 되는 영들의 축복에 대해서도 나중에 알아보자. 복음을 접하지 못했던 영과 복음을 한번 거절했던 자들이 받는 축복은 어떻게 다른지, 이에 대해서는 나중에 세 개의 영광(왕국)과 지옥을 다룰 때 자세하게 알아보자.

영의 세계로의 여행은 비록 짧지만 우리에게 많은 의미를 주는 곳이다. 사람이 죽은 후에 가게 되는 영의 세계에 대해 알아보면서 우리는 죽은 후에 의로운 자는 기쁨을 만끽할 수 있으나 불의한자는 그렇지 못하다는 것을 알게 되었다. 이것은 우리가 현세의 삶을 어떻게 살아야 되는지 다시 한 번 생각하게 한다. 또한 우리는 자녀들을 위한 하나님의 사랑이 얼마나 공평하고 무한한지도 알 수 있게 되었다. 그러나 영의 세계에서도 개인의 자유의지는 허락되어 있다. 그들이 그곳에서 기회를 받아드리고 받아드리지 않고는 지상 생활에서와 마찬가지로 전적으로 그들의 자유의지에 달려있다.

이제 3막을 마치고 제 4막을 열면서 부활에 대해 알아보기로 하자. 부활은 하나님께서 인간과 세상 만물에게 조건 없이 주시는 선물이자 은혜이며 축복이다. 부활은 예수 그리스도께서 이 세상

에 다시 오실(재림) 때 시작될 것인데, 우리 모두 부활이 이루어지
는 곳으로 함께 가보자.

The Greatest Plan

4막

다시 태어남

(Born Again)

"……아담 안에서 모든 사람이 죽은 것 같이 그리스도 안에서
모든 사람이 삶을 얻으리라." (고린도전서 15:20~22)

부활 (復活, Resurrection)

부활이란 사망한 후에 분리되었던 영이 육체와 재결합하는 것을 말한다. 영과 육이 재결합하여 결코 다시 분리되지 않고 불멸의 상태로 다시 태어나는 (Born Again) 것을 '부활'이라 한다. 부활은 기독교의 '뼈대요, 중심사상이요, 그리고 뿌리'이다. 만인의 부활을 믿지 못한다면 기독교의 모든 것이 부정되기 때문이다. 모든 육체는 죽어야 할 운명을 지녔는데 사람의 생(生)이 육체의 죽음으로 끝난다면 우리의 신앙과 삶이 무슨 소용이 있겠는가? 그러기에 사도 바울은 다음과 같이 말했다.

"만일 그리스도께서 일으켜지지 못하셨다면 너희의 믿음도 헛되고 너희가 여전히 너희 죄들 가운데 있는 것이라, 그렇다면 그리스도 안에서 잠든 사람들도 멸망한 것이라, 만일 그리스도 안에서 우리가 바라는 것이 오직 이생뿐이라면 우리는 모든 사람 가운데서 가장 비참한 사람이라." (고린도전서 15:17~19)

부활은 지상에 태어나는 모든 이들에게 아무런 조건 없이 골고루 주어지는 하나님의 선물이다. 지상에 태어난 사람들은 예수 그리스도께서 사망을 이기시고 부활의 첫 열매가 되셨기 때문에 모두 부활할 수 있게 되었다.

"그러나 이제 예수 그리스도께서 죽은 자 가운데서 다시 살아 잠 자는 자들의 첫 열매가 되셨도다, 사망이 한 사람(아담)으로 말미암았으니 죽은 자의 부활도 한 사람(예수 그리스도)으로 말미암는도다, 아담 안에서 모든 사람이 죽은 것 같이 그리스도 안에서 모든 사람이 삶을 얻으리라." (고린도전서 15:20~22)

부활한 후에 사람들은 영원히 죽지 않을 것이며 늙거나 병들지도 아니할 것이다. 낙원에 있는 의로운 영이든, 영옥에 있는 의롭지 못한 영이든, 육에서 분리된 영들은 모두 죽음에서 부활하여 늙거나 병들지 않고 영원히 살게 된다.

"그러나 이제는 우리 구주 예수 그리스도의 나타나심으로 그것이 드러났으니, 그는 죽음을 폐기하시고 복음을 통하여 생명과 불멸을 밝히셨느니라." (디모데후서 1:10)

그러나 부활은 사람에 따라 그 시기가 달라 모든 사람이 동시에 부활하지는 않는다

"각각 자기 차례대로 되리니 먼저는 첫 열매인 그리스도요 다음에는 그가 강림하실 때에 그리스도에게 속한 자요, 그 후에는 마지막이니 그가 모든 통치와 모든 권세와 능력을 멸하시고 나라를 아버지 하나님께 바칠 때라." (고린도전서 15:23~24)

또한 모두가 똑같은 조건으로 부활하는 것도 아니다.

"하늘에 속한 형체도 있고 땅에 속한 형체도 있으나 하늘에 속한 자의 영광이 따로 있고 땅에 속한 자의 영광이 따로 있으니." (고린도전서 15:40)

사람들이 부활하는 장소는 다른 은하계의 별이 아닌, 바로 우리가 살다 죽음을 맞이하는 이 지구가 될 것이다.

"무덤들이 열리며 자던 성도의 몸이 많이 일어나되, 예수의 부활 후에

그들이 무덤에서 나와서 거룩한 성에 들어가 많은 사람에게 보이니라."

(마태복음 27:52~53)

그렇다면 부활은 언제, 어떻게 이루어지는 것일까? 부활하는 순서는 어떻게 정해지는 것일까? 이것을 알아보기 위해 우리 모두 부활이 이루어지는 세상 속으로 함께 가보자.

예수 그리스도의 부활

(復活, Jesus Christ's Resurrection)

A.D 33년 봄 어느 금요일 오후 3시, 예수 그리스도께서는 골고다 언덕 위에 세워진 십자가 위에서 돌아가셨다. 그리고 3일만인 일요일 새벽에 부활하셨다. 성경에서는 예수 그리스도께서 부활하실 당시의 상황을 아래와 같이 기록하고 있다(마태복음 27:62~66, 28:1~15, 마가복음 16:1~7, 누가복음 24:1~7).

아직 어둠이 가시지 않은 일요일 동틀 녘, 지상에 지진이 일었다. 그러자 찬란한 흰 옷을 입은 주의 천사가 하늘에서 내려왔다. 천사는 예수 그리스도의 무덤 입구를 막고 있던 돌을 굴려 내고 그 위에 앉았다. 돌 위에 앉은 천사의 형상은 번개 같았고 그 옷은 눈과 같이 희었다. 그것을 보고 무덤 곁에서 무덤을 지키고 있던 병정들이 공포에 마비되어 죽은 자들처럼 쓰러졌다. 그들은 유대의 대제사장들과 바리새인들이 예수 그리스도의 무덤을 지키려고 빌라도에게 말하여 그곳에 세워둔 로마 병정 파수꾼들이었다. 예수 그리스도를 핍박했던 유대의 대제사장들과 바리새인들은 예수 그리스도의 부활에 대한 예언을 전해 들었다. 그래서 그들은 예수 그리스도의 제자들이 그분의 시신을 훔쳐갈까 걱정이 되었다. 제자들이 시신을 훔쳐간 뒤에 예수 그리스도께서 부활하였다고 말한다면 많은 사람들이 예수 그리스도의 복음을 받아드리게 될 것이었다. 그들은 제자들이 그렇게 하지 못하도록 빌라도로부터 병정들을 빌려와 무덤을 지키게 하였다. 그러나 쓰러졌던 병정들은 기운을 차리자마자 재빨리 그곳에서 도망쳤다. 그들은 자기 위치를 이탈하는 자에게는 즉결 처분이 내려진다는 엄한 군율도 개의치 않았다. 급히 성안으로 들어간 파수꾼들은 대제사장들에게 가서 무덤에서 일어난 일을 알렸다. 그런데 그들이 그러고 있는 사이, 예수 그리스도의 무덤을 향해 가고 있던 다른 사람들이 있었다. 그들은 막달라마리아와 몇몇의 충실한 여인들이었다. 그들은 예수 그리스도의 시신에 방부 조치를 취하기 위해 향료를 가지고 무덤으로 가고 있었다. 여인들이 막 무덤에 도착했을 때, 그들은 너무 무서워 떨며 죽은 사람처럼 되었다. 천사가 여전히 그곳에 머무르고 있었던 것이다. 자신을 두려워하는 여인들을 보자 천사가 말하였다.

"너희는 무서워하지 말라 십자가에 못 박히신 예수를 너희가 찾는 줄을 내가 아노라, 그가 여기 계시지 않고 그가 말씀 하시던 대로 살아나셨느니라 와서 그가 누우셨던 곳을 보라, 또 빨리 가서 그의 제자들에게 이르되 그가 죽은 자 가운데서 살아나셨고 너희보다 먼저 갈릴리로 가시나니 거기서 너희가 뵈오리라 하라 보라 내가 너희에게 일렀느니라." (마태복음 28:5~7)

예수께서는 그곳에 계시지 않았다. 예수께서는 죽음에서 부활하시어 이미 그곳을 떠나시고 없었다. 그럼으로써 그분께서는 지상에서 부활한 첫 번째 사람이 되셨다. 천사는 이 기쁜 소식을 여인들에게 전하며 빨리 가서 예수 그리스도의 제자들에게도 알리라고 하였다. 결국 예수 그리스도의 부활은 많은 사람들에게 알려지게 되었으며, 실제로 그들은 부활하신 예수 그리스도를 보게 되었다.

신약전서에는 부활하신 예수 그리스도에 대해 많은 것들을 기록하고 있다. 성경에는 예수 그리스도께서 이 지상에서 부활하신 첫 번째 사람이며(사도행전 26:23, 골로새서 1:18, 요한계시록 1:5) 부활의 첫 열매(고린도전서 15:20)라고 말하고 있다. 부활하신 예수 그리스도께서는 살과 뼈로 이루어진 육신을 가지고 계셨다고 했는데, 부활하신 후에도 생선을 잡수셨다는 기록은 참 흥미롭다(누가복음 24: 36~43). 성경은 그분이 부활하신 후에도 지상에 남아 사십일 동안 그분의 성역을 베푸셨다(사도행전 1:2~3)고 전하고 있다. 예수 그리스도께서는 부활하신 당신의 모습을 많은 사람들에게 보이셨다. 마리아(마가복음 16~9)와 시몬 베드로(누가복음 24:34), 일곱 제자(요한복음 21:1~14)와 사울(사도행전 9:1~8), 오백 명이 넘는 사람들 (고린도전서 15:4~8) 등이 그들이다.

예수 그리스도께서는 생전에 당신께서 죽임을 당하신 후, 제 3일에 살아나야 할 것(부활)을 알고 계셨다. 그분은 그 사실을 제자들에게 말씀하셨는데(마태복음 16:21~23) 그 말을 들은 사도 베드로가 예수 그리스도를 붙들고 간하여 다음과 같이 아뢰었다.

"주여 그리 마옵소서 이 일이 결코 주에게 미치지 아니하리이다."

그러자 예수 그리스도께서 사도 베드로를 향해 돌아서시며 다음과 같이 말씀하셨다.

"사탄아 내 뒤로 물러 가라 너는 나를 넘어지게 하는 자로다 네가 하나님의 일을 생각지 아니하고 도리어 사람의 일을 생각하는 도다."

사실 예수 그리스도께서 돌아가신 것은 그분이 대속과 부활을 위해 자신의 죽음을 허락하셨기 때문이다. 십자가에서 돌아가신 예수 그리스도께서는 목숨을 버릴 권세와 얻을 권세 모두를 가지고 계셨다.

"아버지께서 나를 사랑하시는 것은 내가 다시 목숨을 얻기 위하여 목숨을 버림이라, 이를 내게서 빼앗는 자가 있는 것이 아니라 내가 스스로 버리노라 나는 버릴 권세도 있고 다시 얻을 권세도 있으니 이 계명은 내 아버지에게서 받았노라 하시니라." (요한복음 10:17~18)

죽지 않을 권세 또한 지니고 계셨지만 예수 그리스도께서는 스스로 생명을 바침으로써 온 인류의 죄를 대속(속죄)하셨다. 그리고 돌아가신 다음 3일 만에 부활하셨다. 만약 이러한 일이 일어나지 않았다면 하나님의 계획은 무산되고 온 인류는 비참함에 빠져 이리저리 떠돌다 결국 사탄의 노예가 되었을 것이다. 그것은 사탄이 바라는 일이었다. 그렇기 때문에 사도 베드로의 선한 뜻을 아시면서도 예수 그리스도께서는 그를 사탄이라고 부르셨다. 이제 예수 그리스도께서 부활하셨으므로 모든 사람들은 선하든 악하든 무덤에서 부활하여 영원히 살 수 있게 되었다.

"그리스도 안에서 모든 사람이 삶을 얻으리라." (고린도전서 15:1~22)

예수 그리스도께서 사망을 이기고 부활하셨다는 사실은 하나님의 모든 자녀들에게 크나큰 기쁨이 되었다. 그래서 기독교에서는 예수 그리스도의 부활을 기념하기 위해 한 날을 부활절로 정하여 기념하고 있다. 그들은 춘분(양력3월 21일경)이 지나고 보름달이 뜬 후에 오는 첫째 일요일을 부활절로 정하고 삶은 달걀을 나누며 이날을 기린다.

그런데 모든 사람들에게 축복이 되는 부활은 어떻게 이루어질까? 그것을 자세히 살펴보기로 하자.

인간의 부활

(人間의 復活, Mankind's Resurrection)

우리는 앞에서 예수 그리스도로 말미암아 선한 사람이든, 악한 사람이든 인간은 모두 부활할 수 있게 되었다는 것을 알게 되었다.

"의인과 불의한 자에게 다 죽은 자의 부활이 있게 되리라는 소망을 저 사람들 스스로 받아들이고 있듯이 나도 하나님을 향하여 가지고 있나이다." (사도행전 24:15)

그러나 앞에서 말했던 것처럼 사람들은 모두 한꺼번에 부활하지도, 모두 같은 영광으로 부활하지도 않는다. 그렇다면 인간의 부활(復活)은 어떻게 이루어지며 또한 변형(變形)이란 무엇을 말하는지 이에 대해 자세히 알아보자.

3.1. 부활 (復活, Resurrection)

부활은 사람들의 영과 땅속에 묻혔던 그들의 육이 다시 재결합하는 것을 말한다. 과거의 선지자들은 부활에 대해 많은 것을 언급했는데 그들의 말을 통해 부활에 대해 좀더 알아보자.

생전에 예수 그리스도께서는 죽었던 '야이로'의 딸이나 '나사로'를 다시 살리신 적이 있었다(누가복음 8:41~56, 요한복음 11:17~46). 그러나 부활은 야이로의 딸이나 나사로처럼 죽음에서 살아나 삶이 계속 이어지는 것과는 다른 것이다. 사람의 몸이 죽은 야이로의 딸이나 나사로처럼 지상에서 살 때와 똑같은 상태로 부활한다면 사람의 몸은 언젠가 다시 썩게 될 것이다. 그러나 사도 바울은 고린도인들에게 보낸 편지에서 부활한 자의 몸은 썩지 않는다고 하였다.

"나팔 소리가 나매 죽은 자들이 썩지 아니할 것으로 다시 살아나고 우리도 변화되리라, 이 썩을 것이 반드시 썩지 아니할 것을 입겠고 이 죽을 것이 죽지 아니함을 입으리로다, 이 썩을 것이 썩지 아니함을 입고 이 죽을 것이 죽지 아니함을 입을 때에는 사망을 삼키고 이기리라고 기록된 말씀이 이루어지리라." (고린도전서 15:52~54)

부활한 사람들의 몸이 썩지 않는 이유는 무엇일까? 그것은 사람들 몸 속에 흐르던 피가 없어지고 대신 영으로 채워지기 때문이다.

"무릇 흙에 속한 자는 저 흙에 속한 자들과 같고 무릇 하늘에 속한 자는 저 하늘에 속한 자들과 같으니, 우리가 흙에 속한 자의 형상을 입은 것 같이 또한 하늘에 속한 자의 형상을 입으리라, 형제들아 내가 이것을 말하노니 '피와 육은 하나님 나라를 유업으로 받을 수 없고' 또한 썩은 것은 썩지 아니한 것을 유업으로 받지 못하느니라." (고린도전서 15:48~50)

인간이 지상에서 살아갈 수 있는 것은 몸 속에 피가 흐르기 때문이다. 피는 온 몸에 산소와 영양소 등을 공급해주고 노폐물을 운반하여 배설하게 해줌으로써 사람이 살 수 있게 해준다. 그러나 피는 너무나 연약하여 쉽게 썩으며 다양한 질병을 발생시키기도 한다. 우리가 부활할 때, 우리의 몸에는 썩을 것(피) 대신 썩지 않을 것(영)으로 채워질 것이다. 그렇게 되면 영으로 채워진 우리 몸의 모든 기관은 완전하게 변화되어 더 이상 썩지 않고 영원히 존속될 것이다.

그런데 사람들 중에는 선천적으로 장애를 갖고 태어나거나 후천적으로 불구가 된 사람들도 있으며 정신적으로 결함이 있는 사람들도 있다. 예수 그리스도를 세례(침례) 주었던 세례(침례) 요한 또한 죽을 때 목이 잘렸기 때문에 머리가 몸에서 분리된 상태로 무덤에 묻히게 되었다(마태복음 14:10~12). 부활은 내세에 있던 영이 무덤 속에 있던 그들의 육체와 다시 결합하는 것을 말한다. 그렇다면 과연 그들은 어떤 모습으로 부활하게 될까? 우리는 세례(침례) 요한이 목과 몸이 분리된 채로 부활하여 영원히 살 것이라고 생각할 수 없다. 그렇게 된다면 부활은 결코 그에게 축복이 될 수 없기 때문이다. 세례(침례) 요한은 목이 잘린 상태가 아닌, 온전한 몸으로 부활하게 될 것이다. 마찬가지로 세상에서 정신적으로나 육체적으로 장애를 지니며 살아가는 사람들도 부활할 때에는 그들의 장애를 벗고 온전한 몸으로 부활하게 된다. 에스겔은 사람들이 부활하는 과정을 시현으로 보았다.

"주 여호와께서 이 뼈들에게 이같이 말씀하시기를 내가 생기를 너희에게 들어가게 하리니 너희가 살아나리라, 너희 위에 힘줄을 두고 살을 입히고 가죽으로 덮고 너희 속에 생기를 넣으리니 너희가 살아나리라 또 내가 여호와인 줄 너희가 알리라 하셨다 하라, 이에 내가 명령을 따라 대언하니 대언할 때에 소리가 나고 움직이며 이 뼈, 저 뼈가 들어 맞아 뼈들이 서로 연결되더라, 내가 또 보니 그 뼈에 힘줄이 생기고 살이 오르며 그 위에 가죽이 덮이나 그 속에 생기는 없더라, 또 내게 이르시되 인자야 너는 생기를 향하여 대언하라 생기에게 대언하여 이르기를 주 여호와께서 이같이 말씀하시기를 생기야 사방에서부터 와서 이 죽음을 당한 자에게 불어서 살아 나게 하라 하셨다 하라, 이에 내가 그 명령대로 대언하였더니 생기가 그들에게 들어가매 그들이 곧 살아나서 일어나 서는데 극히 큰 군대더라." (에스겔 37:5~10)

하나님 아버지께서는 전세에서 우리를 낳으실 때 누구는 온전한 자녀로, 누구는 장애를 가진 자녀로 낳으신 적이 없으시다. 하나님께서는 당신의 모든 자녀를 그분의 온전한 형상으로 창조하셨다(창세기 1:27). 그렇기 때문에 하나님의 모든 자녀들은 때가 되면 다시 그들의 예전 모습인 온전한 모습으로 부활할 것이다. 모든 사람들은 에스겔의 시현에서처럼 모든 뼈와 모든 신체 기관이 완전하게 결합된 모습으로 부활하게 될 것이다. 에스겔은 그의 시현에서 분리되었던 뼈들이 다시 들어 맞으며 그 뼈에 힘줄이 생기고 그 위에 가죽이 덮이는 것을 보았다. 그렇게 완성된 육신 속으로 생기, 즉 영이 들어가며 사람들은 부활하게 되는데 그 수가 무척 많아 군대 같아 보였다.

간혹 어떤 이들은 장애를 가진 사람들은 원래부터 그런 모습을 가졌던 것으로 오해하기도 한다. 그래서 장애자들은 영원히 장애자로 살아갈 것이라고 생각한다. 더 나아가서 사람들은 그들이 장애자로 태어난 것은 그들이 합당하지 않은 사람들이었기에 그렇게 되었다고 말도 안 되는 억측을 하기도 한다. 그것은 사실이 아니다. 현세에서의 우리의 몸은 너무나 연약해서 쉽게 상처를 받고, 부러지고, 그리고 변형된다. 신체가 갖게 되는 장애는 우리의 몸이 갖는 특성 때문이지 우리의 의로움과는 상관이 없다. 장애는 오히려 우리에게, 우리가 아무것도 아니라는 것을 깨닫게 함으로써 우리를 겸손하게 만들기도 한다. 하나님께서는 훗날 육신의 연약함으로 인해 장애가 된 사람들의 모든 고통을 헤아리실 것이다. 또한 장애아를 키운 부모의 노고에 대해서도 잊지 않으실 것이며, 그들에게 그 노고에 합당한 상을 베푸실 것이다.

그런데 세상을 일찍 떠난 유아나 어린 아이들은 어떻게 될까? 우리가 전세에서 하나님과 함께 있었을 때 우리는 모두 성인이었다. 그렇기 때문에 부활한 후에 누구는 어린 아이로, 누구는 노인으로 영원히 살아가는 일은 없을 것이다. 하지만 유아나 어린아이 때 죽었던 사람들은 자라나면서 발전할 수 있는 소중한 기회를 잃었기 때문에 다른 사람들처럼 발전을 할 수 없었다. 그러므로 그들은 그 기회를 다시 가질 수 있도록 유아나 어린아이로 부활할 것이다. 어린 상태로 부활한 그들은 보호자의 안전한 보호 아래서 성년이 될 때까지 성장하게 될 것이다.

이 세상에서 육신을 얻고 살게 되는 모든 사람들은 죽게 되었을 때의 연령이나 몸의 상태에 상관 없이, 모두 그들의 가장 아름다운 성년의 모습으로 부활하여 영원히 살게 될 것이다. 그들의 부활한 모습은 영광스러운 예수 그리스도의 몸의 형체와도 같을 것인데, 사도 바울은 이에 대해 다음과 같이 이야기했다.

"우리의 시민권은 하늘에 있으므로 우리가 그곳으로부터 오실 구주이신 주 예수 그리스도를 기다리고 있으니, 그가 만물을 자신에게 복종시키는 그 능력의 역사로 인하여 우리의 천한 몸을 그분의 영광스러운 몸같이 변모시키시리라." (빌립보서 3:20~21)

그런데 성경에서는 사람의 몸이 변화하기는 하지만 부활과는 다른 변형이란 것에 대해서도 이야기하고 있다. 그것은 무엇일까?

3.2. 변형 (變形, Transfigure)

성경을 살펴보면 그 모습이 너무나 영광스러워 두려움에 감히 가까이 하기를 꺼리게 될 정도로 얼굴에 광채가 나는 사람들의 이야기가 나온다. 죽은 후에 몸과 영이 다시 결합하는 것을 '부활'이라고 한다면, 산 사람의 몸에 변화가 일어나는 것을 '변형'이라고 한다. 마태복음 17장 5절을 보면 하나님 아버지께서 그분의 아들 예수 그리스도를 인간에게 소개하실 때, 그 분의 주위 환경이 영화롭게 변형되었던 것을 볼 수 있다.

"말할 때에 홀연히 빛난 구름이 그들을 덮으며 구름 속에서 소리가 나서 이르시되 이는 내 사랑하는 아들이요 내 기뻐하는 자니 너희는 그의 말을 들으라 하시는지라."

변형은 하늘의 영광을 감당할 수 있도록 살아있는 상태에서 몸이 변화되는 것을 말한다. 거룩한 면전에서 그들의 몸이 변형되지 않는다면 빛난 구름이 사람들을 덮을 때, 그들의 몸은 그 빛난 구름을 견딜 수 없게 된다.

그렇다면 사람들에게 일어나는 변형은 얼마 동안이나 지속되는 것일까? 변형은 그 필요에 따라 주어지는 시간이 다르다. 짧은 시간 동안 주어지는 '순간적인 변형'과 부활할 때까지 지속되는 '장기적인 변형(승천)'이 있다. 이들 변형에 대해 알아보자.

짧은 시간 지속된 변형으로는 변형의 산에서의 예수 그리스도와 시내산에서의 모세에 대한 기록이 있는데, 성경은 이에 대해 다음과 같이 말하고 있다.

"엿새 후에 예수께서 베드로와 야고보와 그 형제 요한을 데리시고 따로 높은 산에 올라가셨더니, 그들 앞에서 변형되사 그 얼굴이 해 같이 빛나며 옷이 빛과 같이 희어졌더라. " (마태복음 17:1-2)

"모세가 그 증거의 두 판을 모세의 손에 들고 시내 산에서 내려오니 그 산에서 내려올 때에 모세는 자기가 여호와와 말하였음으로 말미암아 얼굴 피부에 광채가 나나 깨닫지 못하였더라, 아론과 온 이스라엘 자손이 모세를 볼 때에 모세의 얼굴 피부에 광채가 남을 보고 그에게 가까이 하기를 두려워하더니." (출애굽기 34:29~30)

또 오랜 시간 계속되는 변형(승천)으로는 모세와 엘리야와 사도 요한과 구약시대의 에녹성의 백성들에 대한 기록이 있다(창세기 4:17, 5:24). 그들은 부활 때까지 고통이나 사망을 경험하지 않도록 변화된 사람들이다. 이들에 대해 알아보자.

성경에는 모세가 죽었다고 했으나 그의 무덤을 아는 자가 없다고 기록되어 있다. 모세는 죽을 때 눈이 흐리지도 않았고 기력이 쇠하지도 않았다고 했는데 이것은 모세가 변형되어 하늘로 올라갔기(승천) 때문이다.

"이에 여호와의 종 모세가 여호와의 말씀대로 모압 땅에서 죽어, 벳브올 맞은편 모압 땅에 있는 골짜기에 장사되었고 오늘까지 그의 묻힌 곳을 아는 자가 없느니라, 모세가 죽을 때 나이 백이십 세였으나 그의 눈이 흐리지 아니하였고 기력이 쇠하지 아니하였더라." (신명기 34:5~7)

모세는 변형되어 사라진 후에 지상에 다시 오게 되는데 베드로는 변형의 산에서 지상에 다시 온 모세를 보게 된다.

"그 때에 모세와 엘리야가 예수와 더불어 말하는 것이 그들에게 보이거늘." (마태복음 17:3)

이때는 예수 그리스도께서 지상에 살아 성역을 베푸시던 때이므로 아직 부활한 사람이 아무도 없었을 때였다. 그런데도 베드로는 예수 그리스도와 대화하는 모세를 볼 수 있게 되는데 이는 모세가 변형된 모습으로 있었기 때문에 가능한 일이었다. 모세가 죽은 후에 육체와 분리되어 영의 상태로 있었다면 베드로는 그를 보지 못하였을 것이다.

엘리야에 관한 변형 이야기는 구약전서의 열왕기하에 잘 묘사되어 있다.

"그들이 아직 가면서 이야기하는데, 보라, 불병거 한 대와 불말들이 나타나서 그들 둘을 갈라놓더니 엘리야가 회오리바람을 타고 하늘로 올라가더라." (열왕기하 2:11)

엘리야는 엘리사와 함께 길을 갈 때 불병거(수레)와 불말이 출현된 가운데 변형되어 회오리 바람과 함께 하늘로 올라갔다. 그렇기 때문에 베드로는 변형의 산에서 모세와 함께 있던 엘리야를 볼 수 있게 되었다.

사도 요한의 변형에 관한 이야기는 마태복음을 보면 알 수 있다. 예수 그리스도께서는 생전에 그의 제자들에게 다음과 같이 말씀하셨다.

"인자가 아버지의 영광으로 그 천사들과 함께 오리니 그 때에 각 사람이 행한 대로 갚으리라, 진실로 너희에게 이르노니 여기 서 있는 사람 중에 죽기 전에 인자가 그 왕권을 가지고 오는 것을 볼 자(요한)들도 있느니라." (마태복음 16:27~28)

예수 그리스도께서는 생전에 그 분과 함께 있던 사람 중에 예수 그리스도께서 다시 오실 때까지 살아있어 당신을 볼 자가 있다고 하셨다. 그런데 예수 그리스도께서는 그 때로부터 2000년이 된 지금도 오시지 않으셨다. 이 세상에서 필멸의 몸을 갖고 2000년을 살 사람은 아무도 없다. 필멸의 몸으로 2000년을 살 수 있으려면 그의 몸이 변형되지 않고는 불가능한 일이다. 사도 요한은 죽지 아니하고 변형된 모습으로 예수 그리스도께서 다시 오실 때까지 머물게 될 것이다.

"이에 베드로가 그(사도 요한)를 보고 예수 그리스도께서는 여짜오되 주님 이 사람은 어떻게 되겠사옵나이까? 예수께서 이르시되 내가 올 때까지 그(요한)를 머물게 하고자 할지라도 네게 무슨 상관이냐 너는 나를 따르라 하시더라." (요한복음 21:21~22)

또한 하나님께서는 *¹시온(Zion)의 상징으로 잘 알려진 '에녹'을 그 거룩한 성에 살고 있었던 그의 백성과 함께 그 모습을 변형시켜 하늘로 데리고 가셨다.

"에녹이 하나님과 동행하더니 하나님이 그를 데려가므로 세상에 있지 아니하였더라." (창세기 5:24)

에녹과 그의 백성이 변형된 상태로 하늘에서 살게 된 것은 그들의 의로움으로 인해서이다.

"믿음으로 에녹은 죽음을 보지 않고 옮겨졌으니, 하나님께서 그를 옮기셨으므로 다시 보이지 아니하니라, 그는 옮기 우기 전에 하나님을 기쁘시게 하였다는 이 증거를 지녔느니라." (히브리서 11:5)

변형은 의로운 자들이 죽음을 당하지 않고 하나님의 영광을 감당할 수 있도록 하기 위해 주어진 하나님의 축복이다. 그런데 우리가 주의할 것은 예수 그리스도께서 재림하실 때도 그분의 영광이 지상을 덮을 것이라는 사실이다. 이때 지상에 살아있던 의로운 사람들은 변형되어 끌어올려져 그분을 영접하게 될 것이다. 그러나 그렇지 못한 사람들은 아마겟돈 전쟁에서 이야기했듯이, 그 영광을 감당하지 못하고 결국은 초개같이 타버릴 것이다.

* [1] 시온(Zion)은 구약시대의 에녹의 성에 살았던 사람처럼 마음이 청결하고 의로운 자들이 사는 곳을 말한다.

이제 변형을 끝내고 다시 부활에 대해 좀더 알아보자.

3.3. 특별 부활 (特別 復活, Special Resurrection)

부활은 일반적으로 예수 그리스도께서 이 땅에 재림하실 때부터 시작된다. 그러나 예수 그리스도께서 재림 하시기 전에 이미 부활한 사람들이 있는데 이를 '특별 부활'이라고 말한다. 이들에 대한 기록은 마태복음 27장 52절부터 53절에 나와 있다.

"무덤들이 열리며 자던 성도의 몸이 많이 일어나되(52절),"

"예수의 부활 후에 그들이 무덤에서 나와서 거룩한 성에 들어가 많은 사람에게 보이니라(53절)."

예수 그리스도께서 부활 하신 직후에 이 지상에는 많은 성도(로마서 1:7, 하나님의 사랑을 입은 예수 그리스도교회의 충실한 회원)들의 부활이 있었다. 그들은 예수 그리스도께서 부활 하시기 전에 죽었던 의로운 성도들이었다. 그들은 예수 그리스도께서 부활 하신 후에 무덤에서 부활하여 성으로 들어가 많은 사람들에게 자신들의 부활한 모습을 보였다.

부활의 순서

(復活 의 順序, Order in Resurrection)

본격적으로 부활이 시작되는 시기는 예수 그리스도께서 재림하실 때이다. 그러나 모든 사람이 한꺼번에 부활하는 것은 아니다. 신약전서를 보면 부활에도 순서가 있음을 알 수 있다.

"주께서 호령과 천사장의 음성과 하나님의 나팔 소리와 함께 하늘로부터 친히 내려 오시리니 그러면 그리스도 안에서 죽으신 자들이 먼저 일어나고." (데살로니카전서 4:16)

"그러나 각각 자기 차례대로 되리니 먼저는 첫 열매인 그리스도요 다음에는 그가 강림하실 때에 그리스도에게 속한 자요, 그 후에는 마지막이니 그가 모든 통치와 모든 권세와 능력을 멸하시고 나라를 아버지 하나님께 바칠 때라." (고린도전서 15:23~24)

부활은 어떤 순서로 일어날까? 사도 바울은 위에서 예수 그리스도께서 재림하실 때에 그분에게 속했던 의로운 자가 먼저 부활하고 그 다음에 남았던 마지막 사람들이 부활할 것이라고 했다. 인간의 부활은 '첫째 부활의 아침과 변형된 자의 부활, 첫째 부활의 저녁, 그리고 둘째 부활'로 나뉠 수 있다.

위에 열거된 각각의 부활 속으로 가보자.

4.1. 첫째 부활의 아침 (Morning of the First Resurrection)

첫째 부활의 아침에 참여할 자들은 예수 그리스도께서 부활하실 때 이미 함께 부활한 자들(마태복음 27:52~53)과 예수 그리스도께서 재림하실 때 부활할 의로운 자들이다(데살로니가전서 4:14). 계명대로 살다 죽은 의로운 자들은 예수 그리스도께서 재림하실 때 무덤에서 부활할 것이다. 그들의 부활은 지상의 의로운 자들이 하늘로 올려지는 것보다 먼저 이루어질 것이며 그런 후에 지상의 사람들과 함께 예수 그리스도를 맞으러 하늘로 끌려 올려 갈 것이다.

"주께서 호령과 천사장의 소리와 하나님의 나팔 소리로 친히 하늘로부터 강림 하시리니 그리스도 안에서 죽은 자들이 먼저 일어나고, 그 후에 우리 살아 남은 자들도 그들과 함께 구름 속으로 끌어 올려 공중에서 주를 영접하게 하시리니 그리하여 우리가 항상 주와 함께 있으리라." (데살로니가전서 4:16~17)

위와 같이 행해지는 부활은 의로운 자의 부활 또는 '생명의 부활'이라고도 말한다. 이때 부활하는 자들은 하나님의 면전에서 영원히 살 자들로서, 그들은 장차 큰 권세를 지니게 될 자들이다. 신약전서에서는 첫째 부활에 참여하는 자에 대해 다음과 같이 기록하고 있다.

"이 첫째 부활에 참여하는 자들은 복이 있고 거룩하도다 둘째 사망이 그들을 다스리는 권세가 없고 도리어 그들이 하나님과 그리스도의 제사장이 되어 천 년 동안 그리스도와 더불어 왕 노릇 하리라." (요한계시록 20:6)

"이를 기이히 여기지 말라 무덤 속에 있는 자가 다 그의 음성을 들을 때가 오나니, 선한 일을 행한 자는 생명의 부활로 악한 일을 행한 자는 심판의 부활로 나오리라." (요한복음 5:28~29)

첫째 부활에 참여할 의로운 자들은 천 년 동안 예수 그리스도와 함께 왕 노릇하며 축복된 생활을 하게 될 것이다. 여기서 말하는 천 년은 예수 그리스도께서 재림하신 뒤에 다스리시게 될 '복천년(福千年: The Millennium)'을 말한다. 복천년에 관한 것은 다음 제5막을 여행할 때 좀더 상세히 다뤄보도록 하자.

4.2. 변형된 자의 부활

(The Resurrection of people who were transfigured)

변형되어 오랜 세월을 살던 자들도 결국은 부활에 참여하게 된다. 이들 중엔 예수 그리스도께서 부활하시기 전에 변형되었던 엘리야, 모세 등이 있다. 우리는 앞에서 예수 그리스도께서 부활하시고 나서 의로운 그의 성도들도 무덤에서 나와 부활에 참여하게 되었다는 것을 알게 되었다(마태복음 27:53). 예수 그리스도의 부활 전에 변형되어 승천했던 엘리야, 모세 등도 의로운 성도들 중 하나였기에 예수 그리스도께서 부활하신 직후에 바로 부활하였다. 그러나 이때 부활하지 아니한 변형된 자들도 있었으니, 사도 요한 등이 그들이다. 사도 요한은 그의 소원대로 예수 그리스도의 재림 때까지 변형의 상태로 남아 있을 것이다.

4.3. 첫째 부활의 저녁 (Evening of the First Resurrection)

첫째 부활의 저녁에 참여할 자들은 첫째 부활의 아침이 있은 다음 부터 부활하게 되는 사람들을 말한다. 이를 알아보기 위해 고린도전서 15장을 21절부터 26절까지 다시 한번 살펴보자.

"사망이 한 사람으로 말미암았으니 죽은 자의 부활도 한 사람으로 말미암는도다 (21절),"

"아담 안에서 모든 사람이 죽은 것 같이 그리스도 안에서 모든 사람이 삶을 얻으리라 (22절),"

"그러나 각각 자기 차례대로 되리니 먼저는 첫 열매인 그리스도요 다음에는 그가 강림하실 때에 그리스도에게 속한 자요 (23절),"

"그 후에는 마지막이니 그가 모든 통치와 모든 권세와 능력을 멸하시고 나라를 아버지 하나님께 바칠 때라 (24절),"

"그가 모든 원수를 그 발 아래에 둘 때까지 반드시 왕 노릇 하시리니 (25절),"

"맨 나중에 멸망 받을 원수는 사망이니라 (26절)."

사도 바울은 위에서 부활에는 순서가 있다고 하면서 첫째는 예수 그리스도요, 그 다음은 그분의 강림(재림)시 부활하는 자들이요, 그 다음은 예수 그리스도께서 하나님께 나라를 바치실 때라 했다. 그러면서 그는 예수 그리스도께서 모든 원수를 발아래 두실 때까지 왕 노릇하실 거라 했는데 예수 그리스도께서는 복천년 기간 내내 왕이 되어 지상을 다스리실 것이다. 그리고 이때도 부활은 이루어질 것인데 이때 부활하는 자들이 첫째 부활의 저녁에 참여하는 자들이다. 이들의 부활은 복천년 기간 내낸 계속될 것이다. 사도 바울은 그 외에 맨 나중에 부활할 자들에 관해서도 언급하였다. 위 성구 26절에서 언급된 맨 나중에 부활할 자들은 천 년이 끝나기 전에는 결코 부활할 수 없는 자들과 부활 후 즉시 지옥으로 던져질, 즉 사탄을 따랐던 멸망의 자식들이 될 것이다. 이에 대해 알아 보자.

4.4. 둘째 부활 (The Second Resurrection)

요한계시록 20장 5절에는 복천년이 지나기 전까지 살지(부활하지) 못할 죽은 자들에 관한 이야기가 기록되어 있다.

"그 나머지 죽은 자들은 그 천 년이 차기까지 살지 못하더라."

위에서 복천년이 차기 전까지는 살아나지 못할 것이라 일컬어지는 사람들이 둘째 부활에 참여하게 될 자들이다. 이들은 복천년이 지난 후에야 부활하게 된다. 사도 바울은 의인의 부활과 악인의 부활이 있을 것이라 했는데(사도행전 24:15) 이들은 악인의 부활에 해당하는 자들이다. 따라서 둘째 부활은 '불의한 자의 부활' 또는 '심판의 부활'이 되겠다.

"선한 일을 행한 자는 생명의 부활로, 악한 일을 행한 자는 심판의 부활로 나오리라." (요한복음 5:29)

이들은 어떻게 하여 심판의 부활로 나아오게 되었을까? 이에 대해 알아보자. 우리는 영옥에 간 자들에게 선교사업이 주어진다는 것을 앞에서 다루어 알고 있다. 만약 영옥에 있는 자들이 복음을 받아드린다면 그들은 지상에 살고 있는 사람들에 의해 '죽은 자를 위한 대리세례(침례)'를 받게 된다. 그렇게 되면 그들은 자신의 죄를 씻고 영옥에서 낙원으로 옮겨갈 수 있다. 그러나 사람이 죽어 영옥으로 갔다고 해서 그들 모두가 복음을 받아드리는 것은 아니다. 죽었다고 갑자기 그 성품이 바뀌거나 하지는 않기 때문이다. 살아있을 때도 바꾸지 못했던 행동을 죽었다고 해서 순식간에 바꾸게 될 수는 없다. 영옥에서도 자유의지는 존재하므로 사람들은 영옥에서도 그들 스스로의 뜻대로 행동하게 될 것이다. 생전에 음행하며 거짓을 지어내고 교활하게 행동했던 자들은 죽은 후에도 여전히 그렇게 행동할 것이며, 게을렀던 영들은 여전히 게으르고 악했던 영들은 여전히 악할 것이다. 그들은 여전히 자신의 죄를 인정하려 들지 않고 미워했던 사람들을 미워하고 시기하던 사람들을 시기하게 된다. 이렇게 쉽게 화내고 다른 이의 실수에 관대하지 못하며 이타적인 삶을 살기를 거부하여서 예수 그리스도의 복음을 받아들일 수 없는 자들에게는 예수 그리스도의 대속이 적용되지 않는다. 그러므로 그들은 복천년 기간 동안 지옥에 던져져서 스스로 자신의 죄에 대한 죗값을 치르게 될 것이다. 그들 중에는 예수 그리스도의 재림 때에 불에 타게 될 사람들도 포함된다. 결국 그들은 지옥에서 악마와 함께 천 년 동안 고통의 시간을 지낸 후에야 부활하여 최후의 심판을 받게 될 것이다.

이제까지 우리는 부활의 순서를 다루면서 부활은 의로운 순서대로 이루어진다는 것에 대해 알게 되었다. 신약시대의 사도 바울은 고린도 성도에게 보내는 그의 서신에서 이에 대해 다음과 같이 말했다.

"해의 영광이 다르고 달의 영광이 다르며 별의 영광도 다른데 별과 별의 영광이 다르도다, 죽은 자의 부활도 그와 같으니 썩을 것으로 심고 썩지 아니할 것으로 다시 살아나며." (고린도전서 15:41~42)

사도 바울이 이야기한 것처럼 우리는 사람들이 부활하는 순서에서 그들이 어느 영광에 속할지 유추해볼 수 있는데 이는 다음과 같다. 첫째 부활의 아침(예수 재림 시)까지 부활하는 자들은 '해의 영광'에 속할 자들이다. 첫째 부활의 저녁(복천년 기간 동안)에 부활할 자들은 '달의 영광'에 속할 자들이다. 둘째 부활(복천년 끝난 후)에 나아올 자는 '별의 영광'에 속할 자들이다. 이 세 영광에 속하지 못할 자들도 있는데, 그들은 멸망의 자식으로 지옥에 떨어질 자들이다. 그들은 별의 왕국에 속할 자들처럼 천 년 간 지옥에서 고통 받다가 마지막에 부활할 자들로 부활 후엔 즉시 다시 지옥으로 떨어질 것이다. 그런데 사도 바울이 말한 '해의 영광(왕국)', '달의 영광(왕국)', '별의 영광(왕국)'은 무엇을 말하는 것일까? 제 6막에서 우리는 그에 대해 자세히 알게 될 것이다.

4.5. 지구의 부활 (Resurrection of the Earth)

이 지구는 하나님께서 그분의 자녀들을 위해 창조하신 것이다. 사람들은 필멸의 시험 기간 동안에 지상에 살면서 땅을 사용할 수 있는 권리를 하나님으로부터 받았다. 그러나 땅은 사람들의 사악함으로 인해 더럽혀지는데 이는 땅의 잘못이 아니다. 노아 시절에 물로 깨끗하게 된 적이 있는 살아있는 물체인 땅은 다시 불로 깨끗해지기 위하여 심판의 날까지 보존되었다.

"그러나 현재 있는 하늘들과 땅은 그 동일한 말씀으로 보존되어 있으되 경건치 아니한 자들의 심판과 멸망의 날에 불사르려고 간수 되어진 것이니라." (베드로후서 3:7)

"만군의 여호와가 이르노라 보라 용광로 불 같은 날이 이르리니 교만한 자와 악을 행하는 자는 다 지푸라기 같을 것이라 그 이르는 날에 그들을 살라 그 뿌리와 가지를 남기지 아니할 것이로되." (말라기 4:1)

불사른 후에 지구는 모든 불의로부터 성결케 될 것이며 복천년을 보낸 후에 '해의 영광(왕국)'이 될 것이다. 사도 요한은 시현을 통하여 이 지구가 해의 영광(왕국)의 상태로 변화되는 것을 보았다.

"또 내가 새 하늘과 새 땅을 보니 처음 하늘과 처음 땅이 없어졌고 바다도 다시 있지 않더라." (요한계시록 21:1)

지구도 사람들처럼 발전의 단계를 거쳐 부활해야 한다. 인간의 타락으로 필멸의 상태가 되었던 지구는 사람들처럼 죽음을 거쳐서, 즉 처음의 땅이 없어지고 새롭게 되는 부활의 단계를 거쳐서 해의 영광(왕국)이 될 수 있다. 사도 요한은 지구가 해의 영광(왕국)의 상태가 된 장면을 요한계시록 21장과 22장에서 상세하게 묘사하고 있다. 이는 제 6막에서 해의 영광(왕국)을 다룰 때 다시 다루게 될 것이다.

4.6. 동물과 식물의 부활
(Resurrection of Animals and Plants)

사람들이 부활하는 것처럼 동물과 식물도 그 모습 그대로 부활한다는 것은 흥미로운 일이다. 동물과 식물은 하나님으로부터 창조되기 전에 인간처럼 영으로 존재했었다. 그랬던 것이 아담이 타락하여 필멸(반드시 죽게 되는)의 몸이 되자 땅 위에 있는 만물도 그에 맞추어 필멸의 것으로 바뀌었다. 하나님께서는 땅 위에 사는 그분의 자녀들을 구원하시는 것처럼 그분이 창조하신 지상의 모든 것들을 구원하기 원하신다. 하나님께서는 사도 요한에게 새 땅(부활한 지구)에 대한 시현을 보이신 후에 이 지구상에 창조된 만물도 인간과 함께 모두 새롭게 부활시키시겠다고 말씀하셨는데 이는 다음과 같다.

"보좌에 앉으신 이가 이르시되 보라 내가 만물을 새롭게 하노라 하시고 또 이르시되 이 말은 신실하고 참되니 기록하라 하시고." (요한계시록 21:5)

하나님께서 말씀하신 것처럼 이 지상에서 살던 모든 동물과 식물은 부활을 통하여 새롭게 태어날 것이다. 사도 바울은 이에 대해 다음과 같이 말하였다.

"누가 묻기를 죽은 자들이 어떻게 다시 살아나며 어떠한 몸으로 오느냐 하리니…… 육체는 다 같은 육체가 아니니 하나는 사람의 육체요 하나는 짐승의 육체요 하나는 새의 육체요 하나는 물고기의 육체라. (고린도전서 15:35,39)

이제 부활의 막을 내리고자 한다. 4막을 끝내고 우리는 지금부터 살아있는 사람과 부활한 사람들이 함께 거하는 복천년으로 갈 것이다. 복천년은 예수 그리스도께서 재림하시고 나서 지상에서 통치하실 천년의 기간을 말한다. 이제 제 5막인 복천년의 세상 속으로 여행을 떠나보자

The Greatest Plan

5막

복천년
(福千年, The Millennium)

"…… 이 땅이 황무하더니 이제는 에덴 동산 같이 되었고,"
(에스겔 36:35)

"…… 무리가 그 칼을 쳐서 보습을 만들고 그 창을 쳐서 낫을
만들 것이며 이 나라와 저 나라가 다시는 칼을 들고 서로 치지
아니하며 다시는 전쟁을 연습지 아니하리라," (이사야 2:4)

복 천 년 (The Millennium)

오늘날 세상은 온갖 나쁜 소식들로 가득하다. 매일같이 전쟁과 살인과 다툼의 소문이 끊이지 않고 있으며 곳곳에서 재난의 소문들이 들려온다. 어느 날 갑자기 신체적인 질병이나 재정난으로 고통을 받는 이웃들을 보면서 우리는 불확실한 미래에 두려운 마음마저 든다. 병도 없고, 욕심과 다툼도 없으며, 미래에 대한 불안과 걱정도 없는 세상이 온다면 얼마나 좋을까? 성경은 앞으로 이러한 세상이 오리라 예언하고 있다. 이러한 세상이 오면 지상은 다시 에덴동산과 같은 아름다운 곳이 될 것이다. 그곳에서 사람들은 욕심이나, 다툼이나, 병마 없이 평화롭게 평생을 살게 될 것이다. 성경에서는 이때를 '복천년'이라 일컫는다. 땅이 에덴동산처럼 되는 복천년은 예수 그리스도께서 재림하신 후에 시작될 것이라고 하는데 그 때는 언제가 될까? 성경에서 선지자들은 복천년이 시작 되기 전에 이루어져야 할 일들이 있다고 말하고 있다. 성경에서 언급된 일들이 일어나게 되면 우리는 곧 복천년이 오리라는 것을 알 수 있는데, 그렇다면 복천년이 오기 전에 일어나는 일들은 무엇일까? 좀더 자세히 그 일들을 알아보기 위해 그 세상 속으로 함께 가보자.

복천년이 시작되기 전의 징조
(Signs before beginning of the Millennium)

복천년이 오기 전에 지상에는 많은 위대한 일들과 끔찍한 재앙들이 일어나게 될 것이다. 하나님께서는 그분의 자녀들이 이에 대비할 수 있도록 많은 예언의 말씀을 해주셨다. 하나님을 통해 예고된 표적들에는 배교(배도: 베드로후서 3:3~7), 유대인의 이스라엘 땅으로의 집합(에스겔 38:8), 복음의 회복, 성전 건립(이사야 2:2), 아마겟돈을 포함한 전쟁들, 그리고 예수 그리스도의 재림(욥기 19:25) 등이 있다. 성경을 통해 미리 주어진 이 표적들을 주시하여 본다면 자녀들은 당황하지 않고 준비된 상태로 복천년을 맞이할 수 있게 될 것이다.

1.1. 배교(배도:Apostasy)

신약전서의 데살로니가후서 2장 3절에는 복천년이 오기 전에 일어나게 될 '배교(배도)'에 대해 다음과 같이 말하고 있다.

"누가 어떻게 하여도 너희가 미혹되지 말라 먼저 배교하는 일이 있고 저 불법의 사람 곧 멸망의 아들이 나타나기 전에는 그 날이 이르지 아니하리니."

하나님께서는 먼저 사람들이 하나님의 진리로부터 멀어지는 배교(배도)가 있고 난 후에 그리스도의 재림과 함께 복천년이 오리라 말씀하셨다. 복천년이 오기 전의 세상을 흔히 '말세'라고 한다. 말세라고 일컬어지는 오늘날에는 진리에서 돌이켜 허탄한 이야기를 좇을 이들이 많을 것이다(디모데후서 4:3~4). 그들은 귀가 가벼워서 바른 교훈을 받아들이지 아니하고 자기의 사욕을 좇아 각자의 스승을 둘 것이며, 지상에는 이에 부합하여 자칭 자신이 그리스도라고 주장하는 사람들이 나타날 것이다.

"그 때에 사람이 너희에게 말하되 보라 그리스도가 여기 있다 혹은 저기 있다 하여도 믿지 말라, 거짓 그리스도들과 거짓 선지자들이 일어나 큰 표적과 기사를 보여 할 수만 있으면 택하신 자들도 미혹하리라." (마태복음 24:23~24)

하나님께서는 그런 자들을 믿지 말라고 하셨다. 사람들이 그런 것에 미혹되는 것은 사람들의 배교(배도)로 인해 하나님과 인간 사이에 소통이 두절되었기 때문이다. 하나님께서는 이에 대해 다음과 같이 말씀하셨다.

"여호와의 말씀을 듣지 못할 기근이 올 것이다." (아모스 8:11)

이렇게 하나님과의 소통이 두절된 말세에 사람들은, 구약시대의 이사야가 예언한 것처럼 하나님의 말씀(하나님의 계명)으로 사는 척 하면서 사람의 말(사람의 권고)에 따라 온갖 탐심과 더러움을 추구하게 될 것이다.

"입으로는 하나님을 존경하나 사람의 교훈을 따를 것이다." (이사야 29:13)

말세에 만연하는 배교(배도)에 관해 좀 더 살펴보자.

"또 내가 이것을 아노니, 내가 떠난 후에 흉악한 이리들이 너희 가운데로 들어와서 양떼를 아끼지 아니할 것이며, 또한 너희 가운데서도 사람들이 일어나서 왜곡된 것을 말하여 제자들을 끌어내어 자기들을 좇게 할 것이라." (사도행전 20:29~30)

"그러나 백성 가운데 또한 거짓 선지자들이 일어났었나니 이와 같이 너희 중에도 거짓 선생들이 있으리라 그들은 멸망하게 할 이단을 가만히 끌어들여 자기들을 사신 주를 부인하고 임박한 멸망을 스스로 취하는 자들이라, 그들이 탐심으로써 지어낸 말을 가지고 너희로 이득을 삼으니 그들의 심판은 옛적부터 지체하지 아니하며 그들의 멸망은 잠들지 아니하느니라." (베드로후서 2:1,3)

"주 여호와의 말씀이니라 보라 날이 이를지라 내가 기근을 땅에 보내리니 양식이 없어 주림이 아니며 물이 없어 갈함이 아니요 여호와의 말씀을 듣지 못한 기갈이라, 사람이 이 바다에서 저 바다까지 북쪽에서 동쪽까지 비틀거리며 여호와의 말씀을 구하려고 돌아다녀도 얻지 못하리니." (아모스 8:11~12)

위에 열거된 구절들을 살펴보면 다음과 같다. 사도행전에서 사도 바울은 자기가 간 후에 거짓 선생들이 제자들을 꾀어 자신들을 따르게 하려고 어그러진 말을 하리라 예언했다. 이에 대해 사도 베드로는 그 거짓 선생들이 이단을 끌어들여 주를 부인하게 하고, 자신들을 따르게 하는 것은 탐심으로 이득을 삼으려 하기 때문이라고 말하고 있다. 배교(배도)는 예수 그리스도와 그분의 12 사도가 돌아가신 후에 시작되어 말세에 이르기까지 오랜 기간 지속되었다. 이 기간 동안에 세상은 위에서 언급된 아모스의 말처럼 혼탁하고 암흑과 같이 되었다. 예수 그리스도의 가르침이 거두어지면서 대신 이득을 취하고자 하는 이들의 거짓말로 가득해졌다. 거짓 선지자가 나타나고 사탄과 그를 따르는 추종자들의 활동이 활발해지면서 적 그리스도도 생겨났다. 심지어 죄를 지어도 돈으로 면죄부를 사면 그 죄가 사함 받을 것이라는 헛된 말에 면죄부를 사는 상황에 까지 이르게 되었다. 그 결과 종교개혁 및 종교전쟁이 일어나게 되었는데 그렇게 세월이 흐르면서 원래 하나였던 교회는 그 추구하는 바에 따라 수많은 교회와 종파로 나뉘었다. 거기에 인간의 교훈과 토속신앙이 더해지면서 사람들은 '여호와의 말씀을 듣지 못하는 기근' 속에 무엇이 진리인지 잘 알 수 없게 되었다. 그러나 하나님께서는 그의 자녀들이 영원히 암흑 속에 거하는 것을 원치 않으신다. 하나님께서는 그의 자녀들에게 다음과 같이 약속하셨다.

"하나님께서 말씀하시기를 말세에 내가 내 영을 모든 육체에 부어 주리니 너희의 자녀들은 예언할 것이요 너희의 젊은이들은 환상을 보고 너희의 늙은이들은 꿈을 꾸리라." (사도행전 2:17)

하나님께서는 그의 자녀들이 말씀의 기근에서 벗어나 다시 그의 영이 충만하게 부어지는 일이 말세에 일어나리라 말씀하셨다. 그런데 그의 영이 부어지기 위해서는 하나님으로부터 신권의 열쇠가 다시 지상에 주어져야 한다. 신권이 지상에 주어져야지만 하나님의 권능과 권세를 통하여 하나님의 자녀들이 예언을 하고, 또 그것을 서로 나눌 수 있게 될 것이기 때문이다. 사도 바울은 이에 대해 다음과 같이 말했다.

"그 뜻의 비밀을 우리에게 알리신 것이요 그의 기뻐하심을 따라 그리스도 안에서 때가 찬 경륜을 위하여 예정하신 것이니, 하늘에 있는 것이나 땅에 있는 것이 다 그리스도 안에서 통일되게 하려 하심이라." (에베소서 1:9~10)

신권을 통하여 지상에 하나님의 참된 선지자와 사도들이 세워지면 그들은 하나님의 복음을 온 세상에 전파할 것이다. 그들은 복음을 전파함으로써 그리스도 안에서 모든 것이 통일되게 할 것이다. 그러고 나면 예수 그리스도의 재림과 함께 이 세상에는 끝이 오게 된다.

"이 천국 복음이 모든 민족에게 증언되기 위하여 온 세상에 전파되리니 그제야 끝이 오리라." (마태복음 24:14)

그런데 위에서 언급된 예언들이 모두 사실이라면 말세인 현재 이 지상에는 이미 신권이 회복되고 예수 그리스도의 참된 교회가 세워졌다고 봐야 옳다. 하나님의 직접적인 지시에 따라 예수 그리스도의 참된 교회가 세워지고, 선지자와 사도의 주도 아래 그들은 지금 온 세상에 복음을 전파하고 있을 것이다. 그렇다면 우리는 앞에서 소개된 참된 교회의 조건을 살펴보아 어느 교회가 말세에 회복된 예수 그리스도의 참된 교회인지 꼼꼼히 알아볼 필요가 있다. 그 교회를 반드시 찾아내야 하는 이유는, 그래야만 우리가 거짓 교회 지도자에게 속지 않고 이 어지러운 세상에서 보호받을 수 있으며, 악인에게 두려움의 날이 될 예수 그리스도의 재림의 날을 잘 준비할 수 있기 때문이다.

1.2. 이스라엘의 집합 (Gathering of Israel)

우리는 앞서 말한 아마겟돈 전쟁에서 전쟁이 일어나기 전에 이스라엘의 집합이 있을 것과 그것이 어떻게 이루어질 것인지에 대해 간략하게 알아보았다. 그것에 대해 좀 더 알아보자. 성경에는 이스라엘이 분산지로부터 돌아와 황폐한 불모지를 옥토로 만들고 그곳에서 번영하기 위해 집합할 것이라고 씌어있다.

"보라 나는 그들을 북쪽 땅에서 인도하며 땅 끝에서부터 모으리라 그들 중에는 맹인과 다리 저는 사람과 잉태한 여인과 해산하는 여인이 함께 있으며 큰 무리를 이루어 이 곳으로 돌아오리라." (예레미아 31:8)

"그들에게 이르기를 주 여호와께서 이같이 말씀하시기를 내가 이스라엘 자손을 잡혀 간 여러 나라에서 인도하며 그 사방에서 모아서 그 고국 땅으로 돌아가게 하고." (에스겔 37:21)

"그러나 너희 이스라엘 산들아 너희는 가지를 내고 내 백성 이스라엘을 위하여 열매를 맺으리니 그들이 올 때가 가까이 이르렀음이라, 내가 돌이켜 너희와 함께 하리니 사람이 너희를 갈고 심을 것이며, 내가 또 사람을 너희 위에 많게 하리니 이들은 이스라엘 온 족속이라 그들을 성읍들에 거주하게 하며 빈 땅에 건축하게 하리라." (에스겔 36:8~10)

그렇다면 돌아와서 빈 땅에 건축하게 될 이스라엘 민족은 누구이고 그들은 어디에서 어디로 돌아온다는 것일까? 이스라엘의 집합을 논하기 전에 우선 그것에 대해 알아보자.

창세기에 보면 아브라함에 대한 이야기가 나온다. 그는 '갈대아'의 '우르'라는 곳에서 태어났다. 그곳은 오늘날 아랍의 걸프만 위쪽에 위치하는 곳으로 이라크의 남부 유브라테스 강가 가까이에 있던 고대 도시였다. 하나님께서는 아브라함에게 한가지 약속을 하셨는데 그것은 다음과 같다.

"아브라함이 그의 아내 사래와 조카 롯과 하란에서 모은 모든 소유와 얻은 사람들을 이끌고 가나안 땅으로 가려고 떠나서 마침내 가나안 땅에 들어갔더라, 여호와께서 아브라함에게 나타나 이르시되 내가 이 땅을 네 자손에게 주리라 하신지라 자기에게 나타나신 여호와께 그가 그 곳에서 제단을 쌓고." (창세기 12:5,7)

'가나안' 땅은 지중해 연안을 따라 있는 팔레스타인 서쪽 해안 지역 땅을 말하며 오늘날 이스라엘 국가가 있는 곳이다. 하나님께서는 아브라함에게 그 땅을 그의 자손에게 주시리라는 언약을 주셨다. 그런데 왜 하나님께서 아브라함의 자손에게 주신 그 땅에 이스라엘 민족이 돌아온다는 것일까? 아브라함하고 이스라엘 민족하고는 무슨 상관이 있을까? 창세기를 보면 아브라함은 이삭을 낳고 이삭은 야곱을 낳았다고 되어 있다. 하루는 야곱이 나루에서 하나님의 사람과 밤새도록 씨름을 했는데 야곱은 그 씨름에서 하나님의 사람을 이겼다. 그 결과 야곱은 하나님으로부터 '이스라엘'이란 이름을 받았는데(창세기 32:21~32), 이 이름은 '하나님께서 싸우신다', '하나님을 위한 투사'란 뜻을 가지고 있다. 하나님께서는 야곱이 씨름에서 이긴 이 때부터 야곱에게 새 이름, 즉 이스라엘을 사용할 것을 명하셨다(창세기 32:28). 그 후로 아브라함의 손자인 야곱의 자손들도 또한 이스라엘로 불리게 되었다. 이리하여 이스라엘이란 이름은 야곱의 후손, 또는 그 후손들이 소유했던 왕국, 또는 그 후손들의 땅인 가나안 땅, 또는 그리스도를 믿는 자들 모두를 의미하게 되었다. 그런데 왜 이스라엘 민족은 여러 나라로 분산되어 흩어지게 되었을까? 그 배경은 다음과 같다.

이스라엘(야곱)은 12명(12지파라고 불림)의 아들을 두었다. 그 12명(지파)의 아들은 '레아'가 낳은 르우벤, 시므온, 레위, 유다, 잇사갈, 스불론과 '빌하'가 낳은 단, 납달리와 '실바'가 낳은 갓, 아셀, 그리고 '라헬'이 낳은 요셉, 베냐민 등이다. 그들은 나중에 하나님의 언약대로 가나안 땅에 들어와 한 나라를 세우고 살았다. 그러나 솔로몬 왕이 죽고 나서 그들은 분쟁으로 인해 남쪽 유다 왕국과 북쪽 이스라엘 왕국으로 나뉘게 된다. 국가가 나뉘어지면서 이때 야곱의 12명의 아들 중 유다와 베냐민의 후손들은 남방의 유다 왕국에 속하게 되었고, 나머지 10명의 아들들의 후손들은 북방에 이스라엘 왕국에 속하게 되었다. 그러다가 B.C 721년에 북방 이스라엘 왕국은 앗수르의 살만아셀 왕에게 멸망 당하면서 그곳에서 살던 10지파는 결국 온 세상으로 흩어져서 잃어버린 10지파가 되었다(열왕기하 17:22~23). 또한 남방 유다 왕국도 B.C 587년에 바빌론의 느부갓네살 왕에게 멸망되어 많은 사람들이 포로로 잡혀가게 되었다. 그러나 그들은 포로가 된지 70년 만에 다시 돌아와 성전을 건립하는 등 나라를 재건하였다. 그리하여 그곳은 후에 예수 그리스도께서 성역을 행하실 수 있는 터전이 되지만, 예수 그리스도께서 돌아가시고 나서 A.D 70년에 그들은 로마의 '디도군'의 침략으로 다시 멸망하게 되었다. 그들은 또 다시 국가 없는 민족이 되어

1948년까지 세계도처에 흩어져서 온갖 고난을 겪게 되었는데, 이것을 '디아스포라(Diaspora)'라고 한다. 디아스포라는 그리스어로 '분산(分散)' 또는 '이산(離散)'을 뜻한다. 이 말은 흩어진 후에도 그들의 종교 생활방식을 그대로 유지하는 유대인 공동체 혹은 그 거주지를 의미한다. 위에서 언급된 것처럼 하나님께서는 분산된 이스라엘에 대해 예언하시면서 그들이 열국의 시대에 한 나라를 세우실 것이며, 그 나라는 영원히 망하지 아니할 것이라 하셨다.

"주 하나님이 이같이 말하노라, 내가 백성들 가운데 흩어져 있는 이스라엘 집을 모으고 이방의 목전에서 그들 가운데서 거룩하게 될 때 그들은 내가 내 종 야곱에게 주었던 그들의 땅에 거하게 되리라." (에스겔 28:25)

"이 열왕의 때에 하늘의 하나님이 한 나라를 세우시리니 이것은 영원히 망하지도 아니할 것이요, 그 국권이 다른 백성에게로 돌아가지도 아니할 것이요, 도리어 이 모든 나라를 쳐서 멸하고 영원히 설 것이라." (다니엘 2:44)

흩어진 후에도 그들의 종교방식을 유지하며 공동체로 살던 그들은 결국 때가 되면 세계 열국의 도움으로 독립하게 될 것이었다.

"주 여호와가 이같이 이르노라 내가 뭇 나라를 향하여 나의 손을 들고 민족들을 향하여 나의 기치를 세울 것이라 그들이 네 아들들을 품에 안고 네 딸들을 어깨에 메고 올 것이며, 왕들은 네 양부가 되며 왕비들은 네 유모가 될 것이며 그들이 얼굴을 땅에 대고 네게 절하고 네 발의 티끌을 핥을 것이니 네가 나를 여호와인 줄을 알리라 나를 바라는 자는 수치를 당하지 아니하리라." (이사야 49:22~23)

제 1차 세계 대전이 끝나고 팔레스타인은 대영 제국의 통치권 하에 놓이게 되었다. 예루살렘은 A.D 70년 로마에 의하여 멸망된 때부터 1917년까지 이방나라에 짓밟혀 왔지만 영국군이 팔레스타인을 지배함으로써 당시 그 땅을 지배하던 터키로부터 해방되었다. 그러자 영국은 흩어졌던 유대인들이 집합하는 것을 돕기 시작했는데, 이때 미국과 다른 여러 나라들도 유대인이 집합하는 것을 도와주었다. 영국은 이스라엘에 평화를 선포한 후에 유대인 하버트 샤뮤엘 박사를 그 곳의 통치자로 보냈다. 결국 이스라엘은 팔레스타인 지구의 영국 지배가 끝나는 날인 1948년 5월 14일에 국제연합 총회 181호 결의안이 통과되면서 독립국가가 되어 지금에 이르게 되었다. 유대인의 이스라엘로의 집합은 1880년대 미처 3만명이 안되었지만, 1948년에 하나의 독립국가가 될 때에는 65만명에 이르렀다. 그 수는 점점 불어나 현재에는 800만에 육박하고 있다.

이스라엘로 집합하는 사람들은 주로 분단된 국가 중 남쪽 유다 왕국에 있던 유대인들이다. 유대인은 이스라엘(야곱)의 12지파 중 유다 지파에 속하는 사람들이다. 나머지는 북 이스라엘이 멸망할 때 세상 속으로 흩어져버렸다. 그렇다면 나머지 이스라엘 지파들은 언제 어디로 집합하게 될까? 성경은 그들이 집합하는 곳으로 말세에 세워지는 '기치(깃발: Ensign)'에 대해 언급하고 있다.

"또 그가 기치를 세우시고 먼 나라들을 불러 땅 끝에서부터 자기에게로 오게 하실 것이라 보라 그들이 빨리 달려올 것이로되." (이사야 5:26)

"그 날에 이새의 뿌리에서 한 싹이 나서 만민의 기치로 설 것이요 열방이 그에게로 돌아오리니 그가 거한 곳이 영화로우리라." (이사야 11:10)

이사야는 하나님께서 말세에 '기치'를 세우시리라고 말했다. 그 기치는 말세에 지상의 영화로운 곳에 세워질 '예수 그리스도의 교회'를 말한다. 하나님께서는 열국 속으로 흩어졌던 북 왕국의 10지파(주요 지파는 '에브라임', 야곱의 11번째 아들 '요셉'의 차남이다)를 그곳으로 모으실 것이다. 교회로 모여든 그들은 그곳에 시온을 건설하고 성전(Temple)을 건설할 것이다. 이사야는 이에 대해 다음과 같이 말했다.

"말일(세)에 여호와의 전의 산이 모든 산 꼭대기에 굳게 설 것이요 모든 작은 산 위에 뛰어나리니 만방이 그리로 모여들 것이라." (이사야 2:2)

모든 땅 중에 뛰어난 땅인 여호와의 산에 성전이 세워지면 율법이 그곳 시온에서 나올 것이다. 시온에서 나온 율법은 예루살렘에서 나온 여호와의 말씀과 함께 세상에 퍼져 가르침을 줄 것이다.

"많은 백성이 가며 이르기를 오라 우리가 여호와의 산에 오르며 야곱의 하나님의 전에 이르자 그가 그의 길을 우리에게 가르치실 것이라, 우리가 그 길로 행하리라 하리니 이는 율법이 시온에서부터 나올 것이요 여호와의 말씀이 예루살렘에서부터 나올 것 임이니라." (이사야 2:3)

이사야는 이렇게 시온으로 집합하는 에브라임이 더 이상 이스라엘 땅으로 집합하는 유다 지파와 다투지 아니할 것이라고 말하고 있다.

"에브라임의 질투는 없어지고 유다를 괴롭게 하던 자들은 끊어지며 에브라임은 유다를 질투하지 아니하며 유다는 에브라임을 괴롭게 하지 아니할 것이요." (이사야 11:13)

그리고 마지막 전쟁인 크고 두려운 아마겟돈 전쟁이 일어나게 되면 하나님께서는 시온성에 세우신 그의 교회에서 두 증인을 이스라엘로 보내 유대인들을 도우실 것이다(요한계시록 11:3). 결국 유대인들은 그들이 그렇게 거부했던 예수 그리스도께서 그들이 오래 기다리던 메시아이셨음을 알게 되고(스가랴 12:8~10, 13:6), 애통해 하며 장자를 잃은

듯이 통곡하게 될 것이다. 그들은 용서받고 정결케 될 것이며(스가랴 13:4), 복천년이 오게 되면 유다의 집합장소 '예루살렘'과 에브라임의 집합장소 '시온성'은 두 곳의 거룩한 하나님의 도시가 되어 더 이상 시기하지 않고 연합하여 하나가 될 것이다.

1.3. 복음의 회복 (Restoration of Gospel)

하나님께서는 예수 그리스도의 재림이 있기 전에 지상에 있는 남녀노소 모두에게 당신의 영을 충만하게 부어주실 것이라 말씀하셨다. 말세라 일컬어지는 오늘날은 선지자 '요엘'이 말한 것처럼 그리스도의 영이 모든 사람에게 충만하게 부어지는 시기이다. 남녀노소, 신분고하를 막론하고 가르침이 주어질 것이며 자녀들이 예언하고, 설교하고, 권고할 것이다. 직접적인 계시와 영감이 주어지는데 있어서 남종이든, 여종이든 구분되지 않을 것이다.

"그 후에 내가 내 영을 만민에게 부어 주리니 너희 자녀들이 장래 일을 말할 것이며 너희 늙은이는 꿈을 꾸며 너희 젊은이는 이상을 볼 것이며, 그 때에 내가 또 내 영을 남종과 여종에게 부어 줄 것이며, 내가 이적을 하늘과 땅에 베풀리니 곧 피와 불과 연기 기둥이라, 여호와의 크고 두려운 날이 이르기 전에 해가 어두워지고 달이 핏빛 같이 변하려니와." (요엘 2:28~31)

사도 바울 또한 마지막 경륜의 시대인 오늘날에 넘치도록 부어질 지식과 진리의 충만함에 대해 이같이 말하였다.

"이는 그가 모든 지혜와 총명을 우리에게 넘치게 하사, 그 뜻의 비밀을 우리에게 알리신 것이요 그의 기뻐하심을 따라 그리스도 안에서 때가 찬 경륜을 위하여 예정하신 것이니." (에베소서 1:8~9)

이러한 일들이 가능하게 되는 것은 말세에 회복되는 복음 때문이다. 복음의 회복으로 예수 그리스도의 참된 교회가 다시 지상에 세워지고, 하늘로부터 직접적인 계시가 그곳에 주어지며, 하나님의 지혜와 총명이 사람들에게 주어지면서 이 모든 일은 가능하게 될 것이다. 그렇다면 말세에 회복될 '복음'이란 무엇일까? 이에 대해 알아보기 위해 하나님께서 에스겔에게 하신 다음의 말씀을 살펴보자.

"인자야 너는 막대기 하나를 가져다가 그 위에 유다와 그 짝 이스라엘 자손이라 쓰고 또 다른 막대기 하나를 가지고 그 위에 에브라임의 막대기 곧 요셉과 그 짝 이스라엘 온 족속이라 쓰고, 그 막대기들을 서로 합하여 하나가 되게 하라 네 손에서 둘이 하나가 되리라, 네 민족이 네게 말하여 이르기를 이것이 무슨 뜻인지 우리에게 말하지 아니하겠느냐 하거든, 너는 곧 이르기를 주 여호와께서 이같이 말씀하시기를 내가 에브라임의 손에 있는 바 요셉과 그 짝 이스라엘 지파들의 막대기를 가져다가 유다의 막대기에 붙여서 한 막대기가 되게 한즉 내 손에서 하나가 되리라 하셨다 하고."
(에스겔 37:16~19)

하나님께서 위에서 하신 말씀을 풀이해보자면 다음과 같다. 이스라엘의 집합에서 설명했듯이 고대 유대인들이 두 나라로 갈라졌을 때, 남쪽 유다 왕국에서는 12지파 중 다수의 유다 지파와 소수의 베냐민 지파가 살고 있었으며, 북쪽 이스라엘 왕국에서는 나머지 10지파가 살고 있었다. 그 10지파 중 가장 강력한 지파는 애굽으로 팔려간 요셉의 아들 에브라임의 지파로, 북 왕국의 수도 또한 에브라임 지파의 영토에 속해있었다. 그러나 후에 북 이스라엘 왕국은 앗시리아에 의해, 남 유다 왕국은 바벨론과 로마에 의해 멸망되어 전세계로 흩어지게 되었다. 그러다 남쪽 유다 왕국은 1948년 이스라엘이 독립 국가가 되면서 다시 이스라엘로 돌아오게 되었다. 따라서 북 이스라엘을 이루었던 에브라임 지파 또한 말세에 세워지는 하나님의 교회로 모여들게 될 것이다. 그런데 하나님께서는 위에서 에스겔에게 '유다의 막대기(목판-성경)'와 '에브라임의 막대기'가 하나가 될 날이 이를 것이라 말씀하셨다. 지금 이스라엘에 살고 있는 유대인들이 갖고 있는 것은 유다의 막대기, 즉 성경이며 그것은 현재 지상의 거의 모든 국가에서 읽혀지고 있다. 잃어버린 에브라임 지파가 돌아온다면 그들 또한 자신들의 기록을 가져올 것인데 이것이 하나님께서 말씀하신 에브라임의 막대기이다. 유다의 막대기와 에브라임의 막대기가 하나가 된다는 것은 현재 우리가 가지고 있는 '성경(구약전서와 신약전서)'과 에브라임 민족이 기록하여 세상에 나오게 될 '새 성경'이 하나됨을 의미한다. 두 성경은 서로 합쳐져 완전한 진리를 세상에 전할 것이며 넘치도록 흘러 넘치는 빛과 진리로 예수가 그리스도이심을 증거할 것이다.

사도 요한은 말세에 새롭고도 영원한 복음이 하나님의 천사에 의해 회복되는 것을 시현으로 보았는데 이는 다음과 같다.

"또 보니 다른 천사가 공중에 날아가는데 땅에 거주하는 자들 곧 모든 민족과 종족과 방언과 백성에게 전할 영원한 복음을 가졌더라, 그가 큰 음성으로 이르되 하나님을 두려워하며 그에게 영광을 돌리라 이는 그의 심판의 시간이 이르렀음이니 하늘과 땅과 바다와 물들의 근원을 만드신 이를 경배하라 하더라." (요한계시록 14:6~7)

복음은 사도 요한이 시현에서 본 것처럼 새 성경은 하늘로부터 오는 천사에 의해 주어질 것이다. 이사야는 새 성경이 주어지는 과정에 대해 다음과 같이 예언하였다.

"대저 여호와께서 깊이 잠들게 하는 영을 너희에게 부어 주사 너희의 눈을 감기셨음이니 그가 선지자들과 너희의 지도자인 선견자들을 덮으셨음이라, 그러므로 모든 계시가 너희에게는 봉한 책의 말처럼 되었으니 그것을 글 아는 자에게 주며 이르기를 그대에게 청하노니 이를 읽으라 하면 그가 대답하기를 그것이 봉해졌으니 나는 못 읽겠노라 할 것이요, 또 그 책을 글 모르는 자에게 주며 이르기를 그대에게 청하노니 이를 읽으라 하면 그가 대답하기를 나는 글을 모른다 할 것이니라, 주께서 이르시되 이 백성이 입으로는 나를 가까이 하며 입술로는 나를 공경하나 그들의 마음은 내게서 멀리 떠났나니 그들이 나를 경외함은 사람의 계명으로 가르침을 받았을 뿐이라, 그러므로 내가 이 백성 중에 기이한 일 곧 기이하고 가장 기이한 일을 다시 행하리니 그들 중에서 지혜자의 지혜가 없어지고 명철자의 총명이 가려지리라." (이사야 29:10~14)

봉한 책인 새 성경은 글을 아는 자인 학자에게 주어졌으나 그는 "책이 봉하여졌으니 나는 못 읽겠노라"고 하였다. 그 책은 다시 배움을 받지 못한 사람에게 주어졌는데, 그는 "나는 글을 모른다"고 하였다. 결국 그 책은 주님에게서 마음이 떠나고 오직 입술로만 주님을 공경하는 명철자들이 아니라, 자신의 미약함을 알고 글을 모른다고 솔직하게 고백한 겸손한 자에 의해 세상에 나오게 될 것이다. 말세에 주어질 기이하고 기이한 일들이란, 이렇게 경이로운 방법으로 새로운 성경이 주어질 것과, 더불어 하늘로부터 온 천사들에 의해 지상에 신권, 교회, 성전, 의식 등이 회복 되는 것을 말한다. 하늘로부터 오는 이러한 일들은 지혜자나 명철자의 지혜로는 이해될 수 없고 오직 진리를 받아드리는 자만이 이해할 수 있는 기이한 일이 될 것이다. 이 일들은 빠르게 진행될 것인데, 다니엘서에는 이에 대해 다음과 같이 언급되어 있다.

"그러나 오 너 다니엘아, 마지막 때까지 그 말씀을 닫고 그 책을 봉하라, 그 때에는 많은 사람이 이리저리 달릴 것이요 지식이 증가하리라 하더라." (다니엘 12:4)

그렇다면 사람은 어떻게 빨리 왕래하며 복음을 빠르게 전파할 수 있을까? 현대를 사는 우리는 지구 역사상 그 어느 시대에서도 볼 수 없었던 놀라운 산업과 과학의 발전을 보고 있다. 오늘날 주어지는 많은 발명품들은 사람들이 단시간 내에 많은 일을 할 수 있게 만든다. TV나 인터넷 등은 세계의 모든 사람에게 같은 소식을 실시간으로 전하게 하고, 기차나 비행기 등은 빠른 시간 내에 어디든지 갈 수 있게 만든다. 이사야는 말세에 있을 현대의 이런 모습들을 시현으로 보았는데 이는 다음과 같다.

"또 그가 기치를 세우시고 먼 나라들을 불러 땅 끝에서부터 자기에게로 오게 하실 것이라 보라 그들이 빨리 달려올 것이로되, 그 중에 곤핍하여 넘어지는 자도 없을 것이며 조는 자나 자는 자도 없을 것이며 그들의 허리띠는 풀리지 아니하며, 그들의 들메끈은 끊어지지 아니하며 그들의 화살은 날카롭고 모든 활은 당겨졌으며 그들의 말굽은 부싯돌 같고 병거 바퀴는 회오리 바람 같을 것이며, 그들의 부르짖음은 암사자 같을 것이요 그들의 소리지름은 어린 사자들과 같을 것이라 그들이 부르짖으며 먹이를 움켜 가져가 버려도 건질 자가 없으리로다." (이사야 5:26~29)

이사야는 시현에서 말굽은 부싯돌 같고 바퀴는 회오리 바람 같은 것을 보았다. 또 그 부르짖는 것이 암사자 같은 것도 보았다. 여기서 말굽이 부싯돌 같이 단단하고 바퀴가 회오리 바람 같이 도는 것은 '기차'를 의미하며 암사자 같이 부르짖는 소리를 내는 것은 '비행기'를 의미한다. 기차나 비행기는 밤에도 쉬지 않으므로 그들 중에는 조는 자나 자는 자가 없다. 그들의 허리띠는 풀리지 않고 신발끈은 끊어지지 않는다. 하나님께서는 이런 수송 수단을 이용하여 사람들을 땅 끝에서부터 주님에게로 빨리 달려오게 하실 것이다. 하나님께서는 그가 세우신 기치(예수 그리스도 교회)가 있는 곳으로 사람들을 부르실 것이다. 사람들은 비행기나 기차 등을 이용하여 빨리 그곳으로 달려갈 것이다. 그리하여 그곳에서 사람들이 전하는 예수 그리스도의 복음은 세상에 넘치도록 부어질 것이다.

"좋은 소식들을 가져오며 화평을 선포하고 번영의 기쁜 소식을 가져오며 구원을 선포하여 시온을 향하여 말하기를 "네 하나님이 통치하시는도다." 하는 자의 발이 산들 위에 있을 때 어찌 그리도 아름다운가!" (이사야 52:7)

이렇게 천국 복음이 온 세상으로 전파되고 나면 예수 그리스도의 재림과 함께 세상엔 끝이 오게 될 것이다.

"또 주께서 너희를 위하여 예정하신 그리스도 곧 예수를 보내 시리니 (재림), 하나님이 영원 전부터 거룩한 선지자들의 입을 통하여 말씀하신바 만물을 회복하실 때까지는 하늘이 마땅히 그(예수 그리스도)를 받아 두리라." (사도행전 3:20~21)

"이 천국 복음이 모든 민족에게 증언되기 위하여 온 세상에 전파되리니 그제야 끝(악인들이 멸망하는 때, 재림)이 오리라." (마태복음 24:14)

1.4. 주님의 집 (Temple, 성전)이 건립됨
(The House of Lord (Temple) is Constructed)

성전은 지상에 있는 모든 예배의 장소들 가운데서 가장 거룩한 곳이다 그곳은 여호와 하나님께서 선지자와 대화하시며(출애굽기 25:22, 33:9~11), 예물을 받으시는 곳이며(출애굽기 25:2), 거룩한 의식이 집행되는 곳이다. 성전은 사람들을 영생으로 이끄는데 반드시 필요한 장소가 되므로 하나님께서는 늘 자녀들에게 성전(Temple)을 건립하라 명하셨다(출애굽기 25:1~9, 26:1~37). 그러므로 유대인들은 출애굽 시대에 이동이 가능한 성전인 성소를 지어 사용하는 등, 늘 여호와 하나님의 명에 따라 성전을 건립하는데 힘썼다. 후에 그들이 세운 성전 중에는 솔로몬 성전과 헤롯 성전이 있다. 그러나 아름다운 솔로몬 성전은 바벨론인들에 의해서 주 전 600년경에 파괴되었으며, 헤롯 성전은 로마인들에 의해서 주 후 70년에 파괴되고 말았다. 이후로 지상에는 더 이상 하나님의 성전이 존재하지 않게 되었는데, 성경은 말세에 하나님의 성전이 다시 지상에 세워지리라 말하고 있다.

"말세에 여호와의 전(성전)의 산이 모든 산 꼭대기에 굳게 설 것이요 모든 작은 산 위에 뛰어나리니 만방이 그리로 모여들 것이라." (이사야 2:2)

그 동안 없었던 여호와의 전(성전)이 모든 산 위에 굳게 세워지는 이유는 무엇일까? 이는 엘리야의 인봉(印封, Seal)권세와도 연관이 있는데 선지자 말라기는 이에 대해 다음과 같이 기록하였다.

"보라 여호와의 크고 두려운 날(재림의 날)이 이르기 전에 내가 선지자 엘리야를 너희에게 보내리니, 그(엘리야)가 아버지(조상)의 마음을 자녀(후손)에게로 돌이키게 하고 자녀들의 마음을 그들의 아버지에게로 돌이키게 하리라 돌이키지 아니하면 두렵건대 내(여호와 하나님)가 와서 저주로 그 땅을 칠까 하노라 하시니라." (말라기 4:5~6)

엘리야는 분단된 고대 유대국가 중 북 이스라엘에서 성역을 베풀던 선지자였다. 생전에 그는 큰 신앙으로 많은 기적을 행하였다. 그는 3년 반 동안 지상에 비가 내리지 못하게 하였고, 하늘에서 불을 불러내기도 하였으며, 죽었던 소년도 살려내기도 하였다(열왕기상 17~18장). 하나님께서는 그에게 지상의 만물을 다스릴 권능과 인봉할 권세를 주셨는데 그가 행하는 모든 것은 무엇이든지 하늘에서도 인정되고 인봉되었다. 그런데 말라기는 그런 엘리야가 돌아오지 않으면 말세에 땅은 저주를 받게 된다고 했다. 그가 땅의 저주를 막기 위해 돌아와서 해야 하는 일은 무엇일까? 엘리야에게는 죽은 후에도 행해야 할 임무가 남아 있었다. 그는 말세에 지상에 돌아와서 조상의 마음을 후손에게, 후손의 마음을 조상에게 돌이키도록 해야 했다. 돌이킨다는 것은 무슨 뜻일까? "돌이킨다"는 것은 마치 고리가 연결되듯 '서로에게 인봉' 된다는 것을 의미한다. 아버지의 마음을 자녀에게 돌이키고 자녀의 마음을 아버지에게 돌이키게 한다는 것은, 아버지와 자녀의 마음이 서로에게 향해져서 그들이 영원히 하나의 가족으로 인봉된다는 뜻이다. 엘리야는 돌아와서 가족을 영원히 하나로 인봉하는 일을 해야 했다. 남편과 아내, 부모와 자식을 가족으로써 영원히 하나로 결속시킬 수 있는 인봉 권세를 그가 마지막으로 갖고 있었기 때문이다. 그의 인봉권세로 사람들이 결속된다면 그들은 하나님의 자녀로서 영원히 하나가 되어 하늘나라에 거할 수 있게 될 것이다. 그런데 그 인봉의식은 오로지 성전에서만 행할 수 있는 의식이다. 성전이 없다면 그 의식들은 지상에서 행하여질 수 없다. 그렇기 때문에 자녀들이 구원받기 위해서는 지상에 성전이 세워져야 했다. 그것은 모든 것을 불태워버리는 예수 그리스도의 재림 전에 반드시 일어나야 할 일이다. 그래야만 사람과 땅이 저주로부터 벗어나 구원을 받게 될 것이기 때문이다.

그런데 그 일이 일어나지 않는다면 땅은 왜 저주를 받게 되는 것일까? 본래 땅이 만들어진 목적은 사람들이 그곳에서 살면서 발전하여 하나님의 자녀로서 영원히 구원받도록 하는데 있다. 사람들이 지상에서 발전하고, 서로 가족으로 인봉되며, 그 인봉고리가 하나님에까지 올라가서 모두가 그분의 가족으로 살게 되는 것은 태초에 하나님께서 계획하셨던 일이었다. 그렇게 하나님의 자녀가 된 그들은 해의 영광(왕국)으로 변한 지구에서 하나님과 함께 영원히 살게 될 것이었다. 그것이 하나님께서 계획하신 자녀들과 지구의 운명이다. 그런데 말세에 엘리야가 와서 인봉사업을 하지 않는다면 사람들은 하나님의 자녀로서 인봉되지 못할 것이다. 그렇게 되면 그들은 각자 뿔뿔이 흩어져서 제각기 떠돌게 될 것인데 그렇게 된다면 땅은 그 만들어진 목적을 상실하게 되므로 결국 저주를 받아 황폐하게 될 것이다.

엘리야는 예수 그리스도의 시대에 변형의 산에 나타나서 베드로, 야고보, 요한에게 그의 인봉권세를 부여하였다(마태복음 17:3). 인봉권세를 부여 받은 베드로, 야고보, 요한은 그 권세로 지상에서 그들이 행한 일을 하늘에도 인봉시킬 수 있게 되었다. 하나님께서는 말세에 엘리야를 다시 지상에 보내시겠다 하셨다. 하나님께서는 거짓말하시지 않는 분이시기 때문에 엘리야는 다시 지상에 내려와 그의 인봉열쇠를 지상의 합당한 신권 소유자에게 부여할 것이다. 그렇게 되면 그 열쇠를 받은 신권 소유자는 그 권세를 다른 합당한 신권 소유자들에게 부여하여 그들이 인봉을 받기에 합당한 사람들을 성전에서 인봉하게 할 것이다.

만약에 이미 예수 그리스도에 의해 그분의 참된 교회가 지상에 다시 세워졌다면 우리는 이미 하나님의 성전이 산 위에 세워졌다고 봐야 옳다. 산 위에 하나님의 성전이 세워졌다면 주님과 엘리야가 이미 그곳을 방문했을 것이며(말라기 3:1), 합당한 하나님의 신권 소유자들은 벌써 주님의 집인 성전에서 대리 인봉의식을 행하고 있을 것이다.

1.5. 전쟁과 재난 (Wars and Disasters)

제자들이 "주의 임하심과 세상 끝에는 무슨 징조가 있겠느냐"고 묻자 예수 그리스도께서는 제자들에게 말세에 닥칠 재난에 대하여 다음과 같이 말씀하셨다.

"난리와 난리 소문을 듣겠으나 너희는 삼가 두려워하지 말라 이런 일이 있어야 하되 아직 끝은 아니니라 민족이 민족을, 나라가 나라를 대적하여

일어나겠고 곳곳에 기근과 지진이 있으리니 이 모든 것은 재난의 시작이니라." (마태복음 24:6~8)

복천년이 시작하기 전에 세상에 보여질 또 하나의 표적에는 세상에 악이 증가하면서 임하게 될 재앙과 전쟁 등을 들 수 있다. 말세에는 사람들이 복음을 거부함으로써 배교(배도)가 만연하게 될 것이다. 배교(배도)는 사람의 마음 속에 그리스도의 영이 머물 곳이 없도록 만들 것이며, 그리스도의 영이 물러가면 대신 악이 사람들의 마음 속에 들어앉아 그들을 지배하려 들 것이다. 지구에는 혼란과 적대감과 유혈이 팽배하게 되며, 악하게 된 사람들은 그들이 지닌 부로 인해 교만해지고 그들 스스로가 지은 것들을 숭배하게 될 것이다. 결국 그들은 멸망을 맞게 될 것인데 구약과 신약시대의 선지자들은 말세에 지구에 만연하게 될 죄악과 지구가 겪게 될 고통에 대해 다음과 같이 경고하였다.

"그 땅에는 은 금이 가득하고 보화가 무한하며 그 땅에는 마필이 가득하고 병거가 무수하며, 그 땅에는 우상도 가득하므로 그들이 자기 손으로 짓고 자기 손가락으로 만든 것을 경배하여, 천한 자도 절하며 귀한 자도 굴복하오니 그들을 용서하지 마옵소서." (이사야 2:7~9)

"불법이 성하므로 많은 사람의 사랑이 식어지리라." (마태복음 24:12)

"곳곳에 큰 지진과 기근과 전염병이 있겠고 또 무서운 일과 하늘로부터 큰 징조들이 있으리라." (누가복음 21:11)

"천사가 향로를 가지고 제단의 불을 담아다가 땅에 쏟으매 우레와 음성과 번개와 지진이 나더라." (요한계시록 8:5)

"그러나 그들을 죽이지는 못하게 하시고 다섯 달 동안 괴롭게만 하게 하시는데 그 괴롭게 함은 전갈이 사람을 쏠 때에 괴롭게 함과 같더라, 그 날에는 사람들이 죽기를 구하여도 죽지 못하고 죽고 싶으나 죽음이 그들을 피하리로다, 첫째 화는 지나갔으나 보라 아직도 이 후에 화 둘이 이르리로다." (요한계시록 9:5~6, 12)

말세에 대해 언급된 이러한 예언들은 참으로 두려운 것들이다. 말세에는 상상하지도 못할 크나큰 역병, 기근, 전쟁, 재난 등이 지상을 덮을 것이다. 바다와 산에 폭풍우가 몰아쳐서 산사태와 높은 파도와 해일이 일겠고 지진으로 건물들이 무너지고 파괴되면서 사람들이 다치거나 깔려 죽게 될 것이다. 번개와 뇌성과 우박이 사람들을 두렵게 하고 질병과 기근이 땅을 황폐케 할 것이다. 사람들 사이엔 사랑이 식어져서 사기와 불법이 성행하게 되고 세상은 강퍅해질 것이며 전쟁은 도처에서 일어날 것이다. 그 고통이 너무나 괴로워 사람들은 차라리 죽기를 원하나 죽을 수도 없는데, 이러한 난리와 고통은 세상에 알려진 가장 파괴적인 전쟁인 아마겟돈 전쟁을 지나 악인의 멸망을 가져올 예수 그리스도의 재림 때까지 계속될 것이다. 말세를 사는 우리들에게는 이러한 예언의 말들이 참으로 두렵게 느껴진다. 그러나 의로운 자들은 두려워할 필요가 없다. 그들은 그 크고 두려운 고통의 날을 미리 알고 대처할 수 있기 때문이다. 아모스는 이에 대해 다음과 같이 말했다.

　"실로 주 하나님은 선지자들인 그의 종들에게 그의 비밀을 나타내지 않고서는 아무것도 행 치 아니하느니라." (아모스 3:7)

　하나님께서는 당신께서 하시는 일을 그의 종 선지자에게 미리 알리리라 말씀하셨다. 하나님께서는 당신의 일을 하실 때 그의 종 선지자에게 비밀로 하고 행하시는 일은 없다. 그러므로 선지자들이 예언한 말세의 표적들을 성경에서 살피고 살아있는 하나님의 참된 선지자의 말을 주의 깊게 듣는다면 재난의 시기에 우리가 멸망 당하는 일은 없을 것이다. 재난의 시기에 세상의 고통으로 인해 우리의 마음도 아프겠지만 우리는 하나님의 날개 아래 안전하게 거하게 될 것이다.

1.6. 예수 그리스도의 재림(Jesus Christ's Second Coming)

오늘날 우리는 노스트라다무스의 예언이나 마야 달력의 마지막 날

등을 들어 2012년 12월 21일에 인류의 종말이 온다느니, 휴거가 임박했다느니 하면서 세상의 마지막 날을 예언하는 사람들이나 단체들을 종종 보아왔다. 그러나 사람들이 그렇게 수시로 세상의 종말을 예언했어도 그날이 온 적은 한번도 없다.

그렇다면 사람들이 지구의 종말이라고 하는 날은 언제 오게 될까?

다음의 말은 부활하신 예수 그리스도께서 40일 간의 성역을 마치시고 구름 사이로 사라져가실 때 하늘을 쳐다보고 있던 제자들에게 두 천사가 전한 말이다.

"말하기를 "너희 갈릴리 사람들아, 어찌하여 너희는 하늘을 쳐다보고 서 있느냐? 너희를 떠나 하늘로 들려 올라가신 바로 이 예수는 너희가 하늘로 가심을 본 그대로 오시리라." 고 하더라." (사도행전 1:11)

예수 그리스도께서는 위의 천사가 예언했던 것처럼 올라가실 때 모습 그대로 다시 지상에 오실 것이다. 그때 예수 그리스도께서는 그의 수많은 거룩한 자들과 함께 불에 옹위 되어 강림하실 것인데 우리는 이것을 예수 그리스도의 '재림'이라 한다. 예수 그리스도의 재림의 날은 악인들에게는 지구의 종말이 될 것이다. 그리스도의 밝은 빛으로 인해 지상의 모든 더러운 것들은 그 빛을 감당하지 못하고 불에 타게 될 것이기 때문이다. 그런데 고대의 선지자들은 예수 그리스도께서 재림 전에 지상을 세 번 다녀가실 것이라 예언하였다. 먼저 성도들에게 두 번, 그리고 유대인에게 한 번 나타나실 것이라 하였는데 우리는 이에 대해 앞에서 다룬 적이 있다. 왜, 그리고 언제 예수 그리스도께서 지상을 방문하실 것인지 그것에 대해 다시 한번 알아보자.

예수 그리스도께서는 재림하시기 전에 지상에 세워진 그분의 성전에 홀연히 오실 것이다. 오셔서 당신께서 택하신 선지자에게 계시를 주시며 성역을 베푸실 것이다. 말라기는 말세에 일어날 이 일에 대해 다음과 같이 예언했다.

"보라, 내가 내 사자를 보내리니, 그가 내 앞에서 길을 예비하리라. 또 너희가 찾고 있는 주가 갑자기 자기 성전에 오리니, 곧 너희가 기뻐하는 언약의 사자니라, 보라, 그가 오리라, 만군의 주가 말하노라." (말라기 3:1)

또한 다니엘은 예수 그리스도께서 지상에 오셔서 아담에게 인도될 것이며, 아담은 이때 자신의 권세와 영광과 나라를 그분께 다시 돌려 드릴 것이라 말했다. 우리는 앞에서 아담에 대해 알아볼 때 이에 대해 다루었다.

"내가 밤에 환상들을 보았더니, 보라, 인자 같은 분께서 하늘의 구름들과 함께 오셔서 옛날부터 계신 분께로 오시니 그들이 인자 같은 분을 그분

앞에 안내하였더라, 거기에서 그분께 통치권과 영광과 왕국이 주어졌으니, 이는 모든 백성과 민족들과 언어들로 그분을 섬기게 하려 함이더라, 그분의 통치권은 사라지지 않을 영원한 통치권이며 그분의 왕국은 멸망하지 않으리라" (다니엘 7:13~14)

마지막으로 예수 그리스도께서는 아마겟돈 전쟁 중에 감람 산(올리브 산) 골짜기에 오셔서 유대인들을 구해주실 것이다. 이 또한 우리는 아마겟돈 전쟁에서 다루었는데 스가랴는 이에 대해 다음과 같이 말하였다.

"그 날에 그의 발이 예루살렘 앞 곧 동쪽 감람 산에 서실 것이요 감람 산은 그 한 가운데가 동서로 갈라져 매우 큰 골짜기가 되어서 산 절반은 북으로, 절반은 남으로 옮기고." (스가랴 14:4)

이렇게 예수 그리스도께서는 말세에 성도들과 유대인에게 세 번 나타나고 나서야 온 세상이 보는 앞에서 큰 능력과 영광으로 불에 옹위되어 오실 것이다. 그렇다면 그분께서 다시 오실 때는 어떠한 모습으로 오시며 그때 지상에서는 무슨 일이 일어나게 될까?

처음 예수 그리스도께서 지상에 오셨을 때, 그분은 초라한 마구간에서 태어나 구유에 뉘이셨다. 하지만 그분께서 다시 오실 때에는 큰 영광과 권능으로 오시게 될 것이다. 아래에 주어지는 일련의 구절들은 예수 그리스도의 재림에 대해 말하고 있다.

"그 때에 사람들이 인자가 구름을 타고 능력과 큰 영광으로 오는 것을 보리라." (누가복음 21:27)

"아담의 칠 대 손 에녹이 이 사람들에 대하여도 예언하여 이르되 보라 주께서 그 수만의 거룩한 자와 함께 임하셨나니." (유다서 1:14)

"그 날 환난 후에 즉시 해가 어두워지며 달이 빛을 내지 아니하며 별들이 하늘에서 떨어지며 하늘의 권능들이 흔들리리라, 그 때에 인자의 징조가 하늘에서 보이겠고 그 때에 땅의 모든 족속들이 통곡하며 그들이 인자가 구름을 타고 능력과 큰 영광으로 오는 것을 보리라, 그가 큰 나팔소리와 함께 천사들을 보내리니 그들이 그의 택하신 자들을 하늘 이 끝에서 저 끝까지 사방에서 모으리라." (마태복음 24:29~31)

"주께서 호령과 천사장의 소리와 하나님의 나팔 소리로 친히 하늘로부터 강림 하시리니 그리스도 안에서 죽은 자들이 먼저 일어나고, 그 후에 우리 살아 남은 자들도 그들과 함께 구름 속으로 끌어 올려 공중에서 주를 영접하게 하시리니 그리하여 우리가 항상 주와 함께 있으리라." (데살로니카전서 4:16~17)

"또 보라 내가 하늘이 열린 것을 보니 백마와 탄 자가 있으니 그 이름은 충신과 진실이라 그가 공으로 심판하며 싸우더라, 또 그가 피 뿌린 옷을 입었는데 그 이름은 하나님의 말씀이라 칭하더라, 하늘에 있는 군대들이 희고 깨끗한 세마포를 입고 백마를 타고 그를 따르더라." (요한계시록 19:11~12,14)

"볼지어다 그가 구름을 타고 오시리라 각 사람의 눈이 그를 보겠고 그를 찌른 자들도 볼 것이요 땅에 있는 모든 족속이 그로 말미암아 애곡하리니 그러하리라 아멘." (요한계시록 1:7)

예수 그리스도께서 다시 지상에 오실 때에는 그분의 거룩한 자들과 함께 구름을 타고 오실 것이다. 그분은 수만의 거룩한 자들에 둘러싸여 큰 능력과 영광으로 돌아올 것이다. 예수 그리스도께서 오시는 모습은 하늘의 해가 뜨는 것 같아서 세상의 모든 사람들이 이를 보게 된다. 이때 그분의 눈은 불꽃같고 얼굴은 해보다 더 빛나므로 지구가 떨고 해와 달은 그 빛을 내지 못하고 어두워진다. 별은 떨어지고, 산은 녹아 내리며, 바닷물은 끓게 될 것이다. 그분의 영광스러운 밝은 빛이 너무 눈부시기 때문에 그 빛을 감당할 수 없는 더러운 모든 것들은 타버릴 것이다. 부패한 것들은 들의 풀이나 나무를 가리지 않고 모두 타버린다. 이때 부패한 악인 또한 강렬한 빛 속에서 초개 같이 타버릴 것인데 이에 대해 성경은 다음과 같이 말하고 있다.

"보라, 주가 불과 함께 올 것이며, 회오리바람과 같은 그의 병거들과 더불어 오리니 진노함으로 그의 분노를, 불꽃으로 그의 책망을 나타내리라, 주가 불로, 또 주의 칼로 모든 육체를 징책하리니 주에게 살육당할 자가 많으리라." (이사야 66:15~16)

"어찌하여 네 의복이 붉으며 네 옷이 포도즙 틀을 밟는 자 같으뇨." (이사야 63:2)

"이제 인자가 자기 아버지의 영광으로 자기 천사들과 함께 오리니, 그 때에 그가 각자에게 그들의 행한 대로 상 주실 것이라." (마태복음 16:27)

"오 주여, 내가 주께 부르짖으리니, 이는 불이 광야의 초장들을 삼켰고 화염이 들의 모든 나무를 태웠음이니이다, 들의 짐승들도 또한 주께 부르짖으오니, 이는 강물들이 말랐고 불이 광야의 초장들을 삼켰음이니이다." (요엘 1:19~20)

"보라, 이는 화덕같이 탈 그 날이 오기 때문이니, 교만한 자와 악을 행하는 자는 정녕 다 그루터기가 되리라. 오는 그 날이 그들을 태우리니, 뿌리나 가지도 그들에게 남기지 아니하리라. 만군의 주가 말하노라." (말라기 4:1)

"하나님을 모르는 자들과 우리 주 예수의 복음에 복종하지 않는 자들에게 형벌을 내리 시리니, 이런 자들은 주의 얼굴과 그의 힘의 영광을 떠나 영원한 멸망의 형벌을 받으리로다." (데살로니카후서 1:8~9)

그렇다면 그날은 언제 오게 될까? 그날을 알게 되면 우리는 조금 더 잘 준비할 수 있을 것이다. 그러나 불행히도 하나님 아버지 외엔 그날을 알 수 있는 사람은 아무도 없다.

"그러나 그 날과 시간에 관해서는 아무도 모르나니, 심지어는 하늘의 천사들도 모르고, 오직 나의 아버지만 아시느니라." (마태복음 24:36)

사도 바울 또한 데살로니가 사람들에게 보낸 그의 서신에서 예수 그리스도께서는 아무도 모르게 밤의 도둑처럼 오실 것이라고 말했다.

"이는 주의 날이 밤에 도둑같이 오리라는 것을 너희 자신이 정확히 알고 있기 때문이니라, 그들이 "평안하다, 안전하다," 고 말할 때에 아이 밴 여인에게 진통이 오듯 갑작스런 멸망이 그들에게 임하리니, 결단코 피하지 못하리라." (데살로니가전서 5:2~3)

이렇게 성경에서는 예수 그리스도께서 언제 다시 오실지 아무도 알 수 없다고 했지만, 그러나 그 시기를 아주 알 수 없는 것은 아니다. 하나님께서는 그의 하시는 일을 그 종 선지자에게 알리지 않으시고는 결코 행하시지 않으실 것이기 때문이다. 예수 그리스도께서는 우리가 우리 주변에서 일어나고 있는 일들을 살펴봄으로써 우리가 그분의 재림이 가까워 옴을 알 수 있다고 하셨다.

"무화과나무의 비유를 배우라 그 가지가 연하여지고 잎사귀를 내면 여름이 가까운 줄을 아나니, 이와 같이 너희도 이 모든 일을 보거든 인자가 가까이 곧 문 앞에 이른 줄 알라." (마태복음 24:32~33)

그러므로 예수 그리스도께서는 당신께서 다시 오실 날에 대비하여 준비하라고 제자들에게 말씀하셨다.

"그러므로 깨어 있으라 어느 날에 너희 주가 임할는지 너희가 알지 못함이니라, 만일 집 주인이 도둑이 어느 시각에 올 줄을 알았더라면 깨어 있어 그 집을 뚫지 못하게 하였으리라, 이러므로 너희도 준비하고 있으라 생각하지 않은 때에 인자가 오리라." (마태복음 24:42~44)

우리는 예수 그리스도의 말씀대로 항상 깨어있어 재림 전에 일어난다고 하는 일들을 살펴보고 대비해야 한다. 나는 얼마 전 텔레비전에서 이에 대해 아주 재미있는 것을 보게 되었다. 지금이 '멸망의 시기'라 생각하는 일부 사람들이 그것에 대비하기 위해 벙커를 짓고 현대판 방주를 만드는 것이었다. 그러한 것들이 전쟁과 재난의 시기에 얼마나 많은 도움이 될지 그것은 알 수 없다. 하지만 그들이 준비하는 그런 것들은 재림의 날에 그들의 목숨을 구할 수는 없다. 왜냐하면 예수 그리스도께서 재림하실 그날에는 오직 의인들만 살아남게 될 것이기 때문이다. 세상의 종말이 될 예수 그리스도의 재림의 날엔 아무리 세상적으로 잘 준비를 한다 하더라도 악한 자는 결코 살아남을 수 없다. 맹렬한 불꽃이 지구를 정결케 하는 동안에 그 의로움으로 변형되어 들리지 않고서는 그 불꽃을 피할 수 없기 때문이다.

"다 추수 때까지 함께 자라게 두라 추수 때에 내가 추수꾼들에게 말하기를 가라지는 먼저 거두어 불사르게 단으로 묶고 곡식은 모아 내 곳간에 넣으라 하리라." (마태복음 13:30)

"만군의 여호와께서 우레와 지진과 큰 소리와 회오리바람과 폭풍과 맹렬한 불꽃으로 그들을 징벌하실 것인즉." (이사야 29:6)

"두 여자가 매를 갈고 있음에 하나는 데려감을 당하고 하나는 버려둠을 당할 것이니라." (마태복음 24:41)

재림의 날에 멸망 당하지 않기 위해서는 우리는 더 늦기 전에 우리의 삶이 얼마나 의로운가 매일같이 되짚어 보아야 한다. 우리가 소망을 갖고 자주 회개하며 노력하는 삶을 산다면 우리는 예수 그리스도의 재림의 날을 기쁜 마음으로 기다리게 될 것이다. 예수 그리스도께서 오시는 날은 두려운 날이기는 하지만 의인에게는 영원한 행복이 시작되는 날이기도 하기 때문이다.

"그 날에 말하기를 이는 우리의 하나님이시라 우리가 그를 기다렸으니 그가 우리를 구원 하시리로다 이는 여호와시라 우리가 그를 기다렸으니 우리는 그의 구원을 기뻐하며 즐거워하리라 할 것이며." (이사야 25:9)

그런데 이때 지상을 태워버리는 불에 대해 우리가 생각해 보아야 할 것이 있다. 재림 때 지상을 태우게 되는 불에는 악인의 멸망 이외에도 또 다른 의미가 있기 때문이다. 우리는 지구가 물로 침수 받는 것을 보며 언젠가는 지구가 불로 깨끗해지는 날이 있으리라는 것을 알게 되었다. 이처럼 모든 더러운 것들을 불로 태우고 지구가 깨끗해지게 되는 그날이 바로 예수 그리스도께서 불과 함께 재림 하시는 날이다. 이때 땅 위의 모든 원소는 그분의 영광과 권능의 불로 녹아 깨끗하게 되고 성결하게 될 것이며 만물은 새로워질 것이다. 땅은 낙원의 영광을 받게 될 것이며 예전의 에덴 동산처럼 아름다워 질 것이다. 그러므로 그날은 예수 그리스도를 기다리는 사람들에겐 기쁨의 날이 되겠다.

다음의 시는 예수 그리스도께서 지상에 다시 오시는 그날을 기쁨으로 기다리는 한 사람이 그의 마음(소망)을 노래한 것이다. 잠시 쉬어가며 그의 마음과 함께 해 보자.

소 망

박 효 숙

아름다운 당신이 온 마음으로 당신의 일을 하고 계시면

저는 그 옆에 앉아 고요히 한 권의 시집을 읽겠습니다.

당신이 이따금씩 저에게 환한 미소를 보이시면

저는 정말 행복하겠습니다.

햇살이 비처럼 눈부시게 쏟아지며 파랗게 대지 위에 부서지는 날

별 쏟은 듯 반짝이는 싱그러운 벌판을 따뜻한 손으로 거닐자 시면

고운 꽃 빛 온통 난무하는 들에서 저는 당신의 손을 잡고 사뿐히

바람 흐르는 들꽃 사이를 걷겠습니다.

밝은 꽃 가득한 따뜻한 곳에서 마냥 설레고 포근한 날에

크신 사랑으로 아름다운 당신은 끝없는 평온으로 제 곁에 계시고

저는 해를 따라 피어나는 꽃처럼 영원히 당신과 마주하리란

햇볕 닮은 소망 가득 가슴에 담습니다.

그러나 작은 꽃잎 나부끼는 들꽃 길로 호젓이 행여 아름다운 내님 오실까

패랭이꽃 곱게 핀 양지바른 들녘에서 함초롬히 꼼짝 않고 있어보아도

꽃 간 뒤 잎도 지고 줄기마저 누웠는데 홀로 먼 길 보고 또 바라보아도

저는 아득한 꿈속에서도 당신을 뵐 수 없습니다.

갈잎 날리는 나무 아래 저만큼 쯤 내님이 오신다면 좋겠습니다.

해거름 노을 빛이 햇살 마저 걷기 전에 당신을 뵈었으면 좋겠습니다.

늦은 가을 찬바람 속 홀로 있는 꽃처럼 흔들려도 오직 한 향 임 향해 섰거든

아름다운 당신이 제게 오시길 저는 제가 존재하는 시간만큼

언제나 변함없이 기도할 겁니다.

그분께서 다시 오시는 날은 평화와 의의 날이 될 것이며 지상은 복된
천 년을 시작하게 될 것이다. 우리가 고대하던 복천년은 어떤 세상일까?
우리 모두 복천년의 세상 속으로 함께 가보자.

복천년의 상태
(The Status of the Millennium)

예수 그리스도의 재림 때에 모든 악한 사람들은 멸망하고 지상에는 고결하고 정직한 삶을 살았던 의로운 사람들만 남게 되었다. 살아남은 사람들은 여전히 지상에서 살게 될 것이며 결혼도 하고 자녀도 낳을 것이다. 그렇다면 복천년 때의 삶은 현재 우리의 삶과 어떻게 다를까? 그때는 어떠한 삶을 살기에 복된 천 년이라고 하는 것일까? 이에 대해 살펴보자.

2.1. 복천년 동안의 땅의 상태 (The Status of the Earth during the Millennium; 지구는 나뉘기 이전으로 회복 (The Restoration of the Earth before being Divided)

태초에 지구에는 하나의 땅이 있었다. 그러던 것이 아담의 15대 손인 벨렉 시대에 오늘날처럼 땅이 갈라져 동반구(아시아, 유럽, 아프리카, 오세아니아)와 서반구로(남아메리카, 북아메리카)로 나뉘게 되면서 바다(태평양, 대서양, 인도양, 북극해, 그리고 남극해)도 나뉘게 되었다.

"에벨은 두 아들을 낳고 하나의 이름을 벨렉이라 하였으니 그 때에 세상이 나뉘었음이요......" (창세기 10:25)

벨렉 시대에 나뉘게 된 지구는 복천년이 오기 전에 다시 하나가 될 것이다. 이때 흩어졌던 섬들은 다시 옮기어져 하나가 될 것이며 바다는 다시 북쪽으로 밀려나게 될 것이다.

"하늘은 두루마리가 말리는 것 같이 떠나가고 각 산과 섬이 제 자리에서 옮겨지매." (요한계시록 6:14)

"각 섬도 없어지고 산악도 간 데 없더라." (요한계시록 16:20)

이사야는 이렇게 하나가 된 땅은 평평한 상태가 될 것이라 했다. 평평한 상태가 된 땅은 사람들이 살기에 매우 쾌적한 곳이 될 것이다.

"골짜기마다 돋우어지며 산마다, 언덕마다 낮아지며 고르지 아니한 곳이 평탄하게 되며 험한 곳이 평지가 될 것이요." (이사야 40:4)

땅은 새로워져서 타락하기 이전인 에덴 동산처럼 아름다운 곳이 될 것이다. 땅은 원래 낙원의 상태로 창조되었으나 아담의 타락과 더불어 별의 상태로 떨어지게 되었다. 현재 별의 상태인 지구는 복천년 시대에 다시 아담과 이브가 살았던 에덴동산 같이 되어 달의 상태가 될 것이다.

"그러면 그들이 말하기를 "황폐했던 이 땅이 에덴의 동산같이 되었도다, 삭막하고 황폐하고 파괴된 성읍들이 성벽이 세워지고 사람들이 살고 있도다 하리라." (에스겔 36:35)

에덴 동산이 된 지구는 천 년 동안 안식을 취하면서 사랑이 충만하고 웃음과 기쁨이 넘치는 곳이 될 것이다. 지구는 복천년이 끝난 후에 불멸의 상태로 부활하여 성결하게 될 것인데, 하나의 커다란 수정 같은 *¹ 우림과 둠밈의 상태로서 해의 영광(왕국)이 될 것이다.

* ¹우림과 둠밈(Urim and Thummim): 히브리어로 '빛과 완전함'을 의

미하는 두 개의 보석으로 고대 선지자들은 하나님께서 주신 이것으로 하나님으로부터 계시를 받았다. 사도 요한은 우림과 둠밈을 '흰 돌'이라 말했는데 흰 돌 모양의 이것은 부활 후에 해의 왕국에 갈 사람들에게 하나씩 주어질 것이며 사람들은 이 우림과 둠밈으로 해의 왕국에 관한 모든 진리를 알게 된다. 우림과 둠밈에 관한 성경 구절은 다음과 같다.

"너는 우림과 둠밈을 판결 흉패 안에 넣어 아론이 여호와 앞에 들어갈 때에 그의 가슴에 붙이게 하라 아론은 여호와 앞에서 이스라엘 자손의 흉패를 항상 그의 가슴에 붙일지니라." (출애굽기 28:30)

"귀 있는 자는 성령이 교회들에게 하시는 말씀을 들을지어다 이기는 그에게는 내가 감추었던 만나를 주고 또 흰 돌을 줄 터인데 그 돌 위에 새 이름을 기록한 것이 있나니 받는 자 밖에는 그 이름을 알 사람이 없느니라." (요한계시록 2:17)

2.2. 복천년 동안의 동물과 식물
(Animals and Plants during the Millennium)

복천년 동안에는 동물의 왕국 또한 변화가 있을 것이다. 새나, 짐승이나, 물고기의 사나운 성질은 변하여 마치 양처럼 순해질 것이다. 독사는 더 이상 독을 품지 않을 것이며 고기를 먹는 육식 동물들도 육류 대신에 풀이나 곡물을 먹게 될 것이다. 사자와 양이 사이 좋게 뒹굴고 어린 아이와 독사가 함께 놀아도 아무 해가 없을 것이다.

"이리와 어린 양이 함께 먹을 것이며 사자가 소처럼 짚을 먹을 것이며 뱀은 흙을 양식으로 삼을 것이니 나의 성산에서는 해함도 없겠고 상함도 없으리라 여호와께서 말씀하시니라." (이사야 65:25)

"그 때에 이리가 어린 양과 함께 살며 표범이 어린 염소와 함께 누우며 송아지와 어린 사자와 살진 짐승이 함께 있어 어린 아이에게 끌리며, 암소와 곰이 함께 먹으며 그것들의 새끼가 함께 엎드리며 사자가 소처럼 풀을 먹을 것이며, 젖 먹는 아이가 독사의 구멍에서 장난하며 젖 뗀 어린 아이가 독사의 굴에 손을 넣을 것이라." (이사야 11:6~8)

지구 위의 동물과 식물도 때가 되면 사람처럼 부활하게 될 것이다. 사도 요한은 부활하여 성결케 된 짐승들이 해의 왕국에 있는 것을 시현으로 보았는데 이는 다음과 같다.

"보좌 앞에 수정과 같은 유리 바다가 있고 보좌 가운데와 보좌 주위에 네 생물이 있는데 앞뒤에 눈들이 가득하더라, 그 첫째 생물은 사자 같고 그 둘째 생물은 송아지 같고 그 셋째 생물은 얼굴이 사람 같고 그 넷째 생물은 날아가는 독수리 같은데, 그 생물들이 보좌에 앉으사 세세토록 살아 계시는 이에게 영광과 존귀와 감사를 돌릴 때에." (요한계시록 4:6~7,9)

짐승이나 새나 물고기들이 죽어야 할 것으로 변해야 했던 이유는 아담의 타락 때문이었다. 아담과 이브가 불멸의 상태에서 필멸의 상태로 바뀌었기 때문에 아담과 이브를 위해 창조된 그들도 역시 불멸의 상태에서 필멸의 상태로 바뀌게 되었다. 그러나 그들에게는 사람들처럼 이 지구에 와서 시험 받고 발전할 책임도, 죽어야 할 책임도 없다. 그들은 예수 그리스도에 의해 창조되었기에 그분에 의해 영원히 구속받을 권리가 있다. 그들은 인간이 구속되는 바로 그 동일한 시기에 죽음으로부터 구속되어 영원히 존재하게 될 것이다. 구약전서의 전도서에는 하나님께서 만드신 것들이 영원히 존재할 것에 대해 다음과 같이 씌어있다.

"내가 아는 것은 하나님께서 하신 것은 무엇이나 영원히 있을 것이라는 것이라, 아무것도 거기에 첨가될 수 없고 또 아무것도 거기서 뺄 수도 없으니 하나님께서 그것을 행하심은 사람들이 그분 앞에서 두려워하게 하려 하심이라." (전도서 3:14)

땅과 하늘도 마찬가지다. 땅과 하늘 또한 사망과 부활의 과정을 거쳐 불사불멸로 새롭게 될 것인데 사도 요한은 이에 대해 이렇게 말했다.

"또 내가 새 하늘과 새 땅을 보니 처음 하늘과 처음 땅이 없어졌고 바다도 다시 있지 않더라." (요한계시록 21:1)

아담과 이브가 타락함으로써 지구는 타락하여 별의 상태가 되었다. 그러나 예수 그리스도께서 재림하시게 되면 하늘, 땅, 짐승, 새, 사람, 등 모든 피조물들은 소멸의 과정을 거쳐 새로워질 것이며 지구 또한 새롭게 부활할 것이다. 예수 그리스도께서 창조하신 것은 어느 것이라도 그 머리털 하나, 티끌 하나도 없어지지 아니하고 다 새롭게 부활할 것이다.

"하나님의 날이 오기를 고대하고 열망하라, 그때는 하늘들이 불에 타서 녹아 버리고 우주의 구성 요소들도 맹렬한 불에 녹아 내릴 것이나, 우리는 그의 약속대로 의가 거하는 새 하늘들과 새 땅을 기다리도다." (베드로후서 3:12~13)

2.3. 복천년 동안의 정부
(The Government during the Millennium)

복천년은 예수 그리스도께서 친히 통치하기 위해 지상으로 돌아오신 후에 시작되는 천 년의 기간을 말한다. 예수 그리스도께서는 이 지구를 창조하시고 그 위의 모든 피조물들을 창조하셨으며 언젠가는 그들을 다스리게 될 왕이셨다. 예수 그리스도께서 재림하시게 되면 지상에는 오직 한 왕국인 예수 그리스도의 왕국만이 있게 될 것이다.

"나는 여호와 너희의 거룩한 이요 이스라엘의 창조자요 너희의 왕이니라." (이사야 43:15)

"여호와께서 천하의 왕이 되시리니 그 날에는 여호와께서 홀로 한 분이실 것이요 그의 이름이 홀로 하나이실 것이라." (스가랴 14:9)

생전에 예수 그리스도께서는 그분이 천 년 동안 다스리게 될 나라가 임하는 것에 대해 당신의 제자들에게 다음과 같이 말씀하셨다.

"그러므로 너희는 이렇게 기도하라, '하늘에 계신 우리 아버지, 아버지의 이름이 거룩하게 되시옵고, 아버지의 왕국이 임하시오며, 아버지의 뜻이 하늘에서와 같이 땅에서도 이루어지이다." (마태복음 6:9~10)

예수 그리스도께서는 또한 총독인 본디오 빌라도에게도 그분의 나라에 대해 언급하셨는데 이는 다음과 같다.

"예수께서 대답하시되 내 나라는 이 세상에 속한 것이 아니니라 만일 내 나라가 이 세상에 속한 것이었더라면 내 종들이 싸워 나로 유대인들

에게 넘겨지지 않게 하였으리라 이제 내 나라는 여기에 속한 것이 아니니라." (요한복음 18:36)

예수 그리스도의 나라는 그분께서 필멸의 몸으로 계실 때 그곳에 존재하던 사악함으로 가득한 그런 나라가 아니었다. 그분의 나라는 예수 그리스도의 재림 후에 오게 되는 나라로, 의인들이 백성인 진리의 나라요, 질서의 나라였다. 복천년이 되면 모든 정부와 족속과 방언과 민족은 없어지고 오로지 예수 그리스도의 왕국만이 홀로 세상을 통치할 것이다.

"여호와께서는 영원무궁하도록 왕이시니 이방 나라들이 주의 땅에서 멸망하였나이다." (시편 10:16)

"그에게 권세와 영광과 나라를 주고 모든 백성과 나라들과 다른 언어를 말하는 모든 자들이 그를 섬기게 하였으니 그의 권세는 소멸되지 아니하는 영원한 권세요 그의 나라는 멸망하지 아니할 것이니라." (다니엘 7:14)

복천년 때의 왕국은 예수 그리스도, 즉 하나님께서 왕이 되어 다스리시는 '신정제'가 될 것이다. 이 때의 왕국은 하나님의 참된 교회에 속하게 될 것인데 예수 그리스도께서는 이 기간 동안에 정치적인 통치뿐만 아니라 교회의 인도 또한 맡으실 것이기 때문이다. 세상의 모든 사람들은 교회의 가입 여부에 상관 없이 예수 그리스도의 교회에 속한 왕국의 다스림을 받게 될 것이다. 교회의 사도들이나 성도들은 예수 그리스도를 도와 그분의 왕국을 다스릴 것이며 부활한 예수 그리스도의 제자들이 그들을 도울 것이다. 사도 바울과 사도 요한은 이에 대해 다음과 같이 말했다.

"너희는 성도들이 세상을 심판하리라는 것을 알지 못하느냐? 세상이 너희에게 심판을 받을진대 너희가 지극히 작은 일들을 심판할 역량도 없느냐?" (고린도전서 6:2)

"또 내가 보좌들을 보니, 그들이 그 위에 앉았는데 심판이 그들에게 주어졌더라, 또 예수에 대한 증거와 하나님의 말씀으로 인하여 목 베임을 당한 사람들의 혼들도 보았는데, 그들은 그 짐승에게나 그 형상에게 경배하지 아니하였을 뿐만 아니라 그의 표를 그들의 이마 위에나 손에도 받지 아니하였더라, 그러므로 그들은 살아서 그리스도와 함께 천 년을 통치하더라." (요한계시록 20:4)

고대 이스라엘 역사를 보면 이스라엘 민족은 한때 하나님의 종인 사사들이 그들의 지도자가 되는 것을 반대하고 그들도 열국과 같이 왕을 갖게 해달라고 요구한 적이 있었다.

"그에게 말하기를 "보소서, 당신은 늙고 당신의 아들들은 당신의 법도 대로 행하지 아니하니, 이제 모든 민족들처럼 우리에게 왕을 세워 우리를 재판하게 하소서 하더라, 우리 또한 모든 민족들과 같이 될 것이요 우리 왕 으로 우리를 재판하고, 우리 앞에 나가서 우리의 싸움을 싸우도록 할 것이 니이다, 하더라." (사무엘상 8:5,20)

이때 하나님께서는 백성들이 왕을 갖게 될 때 따를 수 있는 폐단에 대해 백성들에게 경고하셨다.

말하기를 "너희를 치리 할 왕의 제도가 이러하리라, 그가 너희 아들들 을 데려다가 자기를 위해 그의 병거에 임명하고 그의 기병이 되게 할 것이 요, 일부는 그의 병거 앞에서 달리게 하리라, 그가 그를 임명하여 천부장 들과 오십부장들로 삼으며, 그의 땅을 경작하고 그의 수확을 거두도록 배 치하며, 그의 무기들과 그의 병거의 기구들을 만들게 할 것이요, 그가 너희 딸들을 데려다가 향료 만드는 자와, 음식 만드는 자와, 빵 굽는 자로 만들 것이라, 또 그가 너희 밭과 포도원과 올리브 밭 중에서 가장 좋은 것을 취 하여 자기 신하들에게 줄 것이요." (사무엘상 8:11~14)

그렇다면 예수 그리스도께서 왕이 되시는 복천년은 이들이 원했던 군주제와 어떻게 다를까?

세상의 나라들의 정치형태를 보면 왕 같은 강력한 일인이 다스리는 군주제나, 국민의 다수결의 원리에 의해 이루어지는 민주제나, 선출된 소수의 대표들이 다스리는 공화제나, 민주제와 공화제가 섞인 민주공화제 등이 있다. 사람들은 보통 민주제가 이상적인 제도라 생각할 수 있지만 그렇지 않다. 다수결에 의해 결정되는 것이 모두 공정하고 진리인 것은 아니기 때문이다. 가장 이상적인 나라는 모든 것을 알고 있고 모든 것을 할 수 있는 강력한 이가, 완전한 공의와 사랑과 자비와 평온으로 나라를 다스리는 것이다. 복천년에 세워질 정치형태가 바로 그런 것이 될 것이다. 복천년은 전지전능하시고 사랑으로 가득한 예수 그리스도께서 그의 권세와 영광으로 다스리시기에 어떠한 악도 그 권세를 떨치지 못하는 평화롭고 안전한 나라가 될 것이다.

"그가 모든 민족들 가운데서 심판하시며, 많은 백성을 책망 하시리니 그들이 자기 칼들을 두들겨서 보습을 만들며, 자기 창들을 두들겨서 낫을 만들 것이요, 민족이 민족을 대적하여 칼을 들어올리지 아니할 것이며, 그들이 더 이상 전쟁을 배우지 아니하리라." (이사야 2:4)

그러기에 시편의 저자는 복천년에 있게 될 왕국에 대해 다음과 같이 찬송했다.

"찬송하라 하나님을 찬송하라 찬송하라 우리 왕을 찬송하라, 하나님은 온 땅의 왕이심이라 지혜의 시로 찬송할지어다." (시편 47:6~7)

2.4. 복천년 동안의 수도
(Capital Cities during the Millennium)

어느 나라든지 국가가 세워지고 나면 그 나라의 중심 도시인 수도가 정해지기 마련이다. 그렇다면 복천년 동안에 세워지는 하나님 왕국의 수도는 어디가 될까? 예수 그리스도께서 지상을 다스리시게 된다면 예수 그리스도께서 생전에 머무셨던 예루살렘이 그 나라의 수도가 될 것이라 생각할 수 있다. 그런데 성경은 끝 날에 있게 될 도시로써 두 성에 대해 자주 언급하고 있다. 그 성은 하나가 '예루살렘 성'이요, 또 다른 하나가 '시온 성'이다.

"누구든지 여호와의 이름을 부르는 자는 구원을 얻으리니 이는 나 여호와의 말대로 '시온 산'과 '예루살렘'에서 피할 자가 있을 것임이요 남은 자 중에 나 여호와의 부름을 받을 자가 있을 것임이니라." (요엘 2:32)

"그의 많은 백성이 가며 이르기를 오라 우리가 여호와의 산에 오르며 야곱의 하나님의 전에 이르자 그가 길을 우리에게 가르치실 것이라 우리가 그 길로 행하리라 하리니 이는 율법이 '시온에서' 부터 나올 것이요 여호와

의 말씀이 '예루살렘에서' 부터 나올 것 임이니라." (이사야 2:3, 미가 4:2)

위 성구에서 말하여지는 '예루살렘 성'과 '시온 성'이 복천년 동안에 지상에 있게 될 두 개의 수도가 될 것이다. 이사야는 예루살렘과 더불어 복천년의 수도가 될 시온 성을 시현으로 보았는데, 그는 이 시온 성이 높은 산 정상 위에 세워지고 많은 사람들이 그리로 모여드는 것을 보았다.

"유다의 왕들, 곧 웃시야와 요담과 아하스와 히스키야의 시대에 아모즈의 아들 이사야가 유다와 예루살렘에 관하여 본 환상이라, 마지막 날들에 주의 전의 산이 산들의 정상에 세워질 것이요, 작은 산들 위에 높아지리니 모든 민족들이 그곳으로 몰려들 것이라." (이사야 1:1, 2:2)

말세에 여호와의 전(殿)이 있는 시온 성으로 몰려드는 사람들은 오래 전에 흩어져서 그 거처를 알 수 없었던 잃어버린 이스라엘의 10지파(주된 지파는 에브라임)가 될 것이다. 흩어질 때 북 이스라엘 왕국의 백성이었던 그들은 유다 지파가 주를 이루었던 남 유다 왕국과 사이가 좋지 않았다. 그러나 시온 성에 모여든 다음에 그들은 더 이상 예루살렘과 투쟁하지 않게 될 것이다. 유다 지파와 에브라임 지파가 기록한 성경이 하나가 되어 예수 그리스도를 증거할 것처럼, 이 두 도시도 예수 그리스도를 위한 본부로써 서로 연합하여 그의 말씀을 선포하게 될 것이다.

"인자야 너는 막대기 하나를 가져다가 그 위에 유다와 그 짝 이스라엘 자손이라 쓰고 또 다른 막대기 하나를 가지고 그 위에 에브라임의 막대기 곧 요셉과 그 짝 이스라엘 온 족속이라 쓰고, 막대기들을 서로 합하여 하나가 되게 하라 네 손에서 둘이 하나가 되리라." (에스겔 37:16~17)

2.5. 복천년 동안의 사람들(The People during the Millennium)

2.5.1. 사람들의 생활과 수명(The People's Live and Lifespan)

복천년 동안에도 사람들은 의식주를 위해 일하며 살게 될 것이다. 그들은 새로 순결케 되고 정화된 땅 위에 아름다운 집을 짓고 포도나무도 심을 것이다. 풍요로운 환경에서 그들은 애써 일하고 수고한 만큼 소득을 거두게 된다. 태풍이나 홍수와 같은 자연 재해로 인해 농작물 피해를 입는 일은 생기지 않을 것이며, 자신이 소득한 것을 타인에게 빼앗기는 등의 억울한 일도 일어나지 않는다. 하나님께서는 이에 대해 다음과 같이 말씀하셨다.

"그들이 가옥을 건축하고 그 안에 살겠고 포도나무를 심고 열매를 먹을 것이며, 그들이 건축한 데에 타인이 살지 아니할 것이며 그들이 심은 것을 타인이 먹지 아니하리니 이는 내 백성의 수한이 나무의 수한과 같겠고 내가 택한 자가 그 손으로 일한 것을 길이 누릴 것이며, 그들의 수고가 헛되지 않겠고 그들이 생산한 것이 재난을 당하지 아니하리니 그들은 여호와의 복된 자의 자손이요 그들의 후손도 그들과 같을 것임이라." (이사야 65:21~23)

복천년 기간에 사람들의 노력이 헛되지 않을 수 있는 것은 예수 그리스도의 통치 아래 법의 질서가 완전하게 유지되기 때문이다. 달의 왕국의 질서가 온전히 세워진 복천년 기간에는 의로움의 대가가 그때그때 즉각적으로 주어지므로 불법이나 속임수는 통할 수 없게 된다.

"그들이 부르기 전에 내가 응답하겠고 그들이 말을 마치기 전에 내가 들을 것이며." (이사야 65:24)

복천년 동안에는 사망으로 인하여 애통하는 일 또한 없을 것이다. 그때의 사람들 몸은 지금의 우리와는 다를 것이기 때문이다.

또 보좌에 앉으신 분이 말씀하기를 "보라, 내가 만물을 새롭게 만드노라", 하시고 내게 말씀하시기를 "이 말씀들은 참되고 신실하니 기록하라,

하시고." (요한계시록 21:5)

예수 그리스도의 재림 시에 사악한 사람들이 불에 타는데도 의로운 사람들의 몸이 소멸되지 않을 수 있었던 것은 그들의 몸이 예수 그리스도의 빛을 감당할 수 있도록 변화되었기 때문이다.

"내가 심판하러 너희에게 임할 것이라…… 그러므로 야곱의 자손들아 너희가 소멸되지 아니하느니라." (말라기 3:5~6)

예수 그리스의 통치를 받으며 달의 왕국 상태에서 살게 되는 그들의 몸은 지금의 우리와는 다를 것이다. 만물이 새롭게 변화되는 과정에서 그들의 몸도 변화했기 때문에 사람들은 활기차고 강건해져서 질병이 그 몸에 침범할 수 없게 된다. 사람들은 평생 병이나 재난으로 고통 받지 않을 것이며 평화롭고 행복하게 백세 이상 살게 될 것이다.

"내가 예루살렘을 즐거워하며 나의 백성을 기뻐하리니 우는 소리와 부르짖는 소리가 그 가운데에서 다시는 들리지 아니할 것이며, 거기는 날 수가 많지 못하여 죽는 어린이와 수한이 차지 못한 노인이 다시는 없을 것이라 곧 백 세에 죽는 자를 젊은이라 하겠고 백 세가 못되어 죽는 자는 저주받은 자이리라." (이사야 65:19~20)

"하나님께서 그들의 눈에서 모든 눈물을 닦아 내시며, 다시는 사망이나 슬픔이나 울부짖음이 없고 고통 또한 없으리니, 이는 이전 것들은 다 사라져 버렸음이라" 고 하더라." (요한계시록 21:4)

하지만 사망이 없고 애통하는 것이 없다고 해서 복천년 때의 변화된 몸이 부활한 몸처럼 불멸의 존재가 되었다는 것은 아니다. 그 때에도 인간은 수명이 다하면 죽게 된다. 그때 태어나는 신생아들은 병마 없이 성장하여 백세 이상 살 것이지만 그들도 죽음을 피할 수는 없다. 그러나 그 때의 죽음은 현재와는 다를 것이다. 예수 그리스도의 재림 때에 살아남는 의로운 자들이나 그들의 자녀로 태어나서 죄 없이 성장할 사람들은, 사망의 슬픔을 겪을 새 없이 눈 깜박할 사이에 변화(부활)할 것이기 때문이다. 그들의 몸은 사망하여 무덤에 묻히는 일이 없을 것이기에 복천년 동안에는 무덤이 생기는 일도, 사망으로 애통해 하는 일도 없을 것이다. 이때 이루어지는 부활은 매우 순식간에 이루어질 것인데 사도 바울은 부활에 대해 다음과 같이 말했다.

"보라, 내가 너희에게 한 가지 신비를 말하노니 우리가 다 잠잘 것이 아니요 마지막 나팔에 순식간에 홀연히 다 변화하려니." (고린도전서 15:51)

2.5.2. 부활한 사람들과 함께 거함
(Living with the people who were resurrected)

복천년 기간에는 부활하여 불멸의 상태가 된 사람들과 새로 태어나는 필멸의 사람들이 함께 지상에 거하는 기간이 될 것이다. 그렇다고 부활한 사람들이 지상의 집에서 필멸의 사람들과 함께 먹고 자며 생활하는 것은 아니다. 부활한 사람들은 그들의 처소에 머물면서 필요한 경우 지상으로 와서 지상의 사람들을 도울 것이다. 지상의 사람들이 행정직이나 제반 일들을 맡아 일하면서 어려움을 겪게 될 때마다 그들은 지상에 머물면서 지상의 사람들에게 도움을 줄 것이다. 성경은 이들에 대해 기록했는데 이때 도움을 주는 사람들 중에는 12사도와 목 베임을 당한 세례(침례) 요한 등이 있다. 그들은 이미 오래 전에 죽은 사람들이지만 부활하여 지상에 머물면서 사람들을 돕고, 심판하고, 다스리는 역할을 하게 된다.

"예수께서 가라사대 내가 진실로 너희에게 이르노니 세상이 새롭게 되어 인자가 자기 영광의 보좌에 앉을 때에 나를 좇는 너희도 열 두 보좌에 앉아 이스라엘 열 두 지파를 심판하리라." (마태복음 19:28)

"또 내가 보좌들을 보니, 그들이 그 위에 앉았는데 심판이 그들에게 주어졌더라, 또 예수에 대한 증거와 하나님의 말씀으로 인하여 목 베임을 당한 사람들의 혼들도 보았는데, 그들은 그 짐승에게나 그 형상에게 경배하지 아니하였을 뿐만 아니라 그의 표를 그들의 이마 위에나 손에도 받지 아니하였더라, 그러므로 그들은 살아서 그리스도와 함께 천 년을 통치하더라." (요한계시록 20:4)

복천년 기간에는 위에서 말한 것처럼 비단 12사도나 세례(침례) 요한 뿐만 아니라 많은 의로운 사람들이 부활하여 지상의 통치에 참여하게 될 것이다.

2.5.3. 복천년 동안의 주된 활동
(The Main Activities during the Millennium)

하나님을 믿는 신앙인이라면 누구나 하나님의 낙원에서 행복하게 살게 되기를 바란다. 그것은 지상에서 살았었고, 현재 살고 있으며, 앞으로 살게 될 모든 기독교인들이 바라는 바이다. 그래서 그들은 빠른 시일 내에 복천년이 오기를 소망한다. 그런데 여기서 우리는 한가지 의문이 생긴다. 우리가 복천년에 할 일이 오직 예수 그리스도와 함께 천 년간 행복하게 사는 것이라면 우리가 부활한 후에 즉시 하나님의 나라로 가서 영원히 행복하게 살면 좋지 않을까? 왜 굳이 복천년이라는 기간이 필요한 것일까?

복천년 기간이 오로지 웃고, 노래하고, 담소하는 행복한 시간이 될 것이라면 우리에게는 굳이 복천년이라는 기간이 필요하지 않을 것이다. 우리에게 복천년이 필요한 이유 중에 한가지는 이 기간 동안에 피와 살을 지닌 사람들이 꼭 해야 할 의식들이 있기 때문이다. 사람들이 받는 세례(침례), 확인, 성임, 인봉 등의 의식은 모두 현세에 속한 의식이다. 이 의식들은 오직 피와 살을 갖고 지상에서 살아가는 사람들에 의해서만 행해질 수 있다. 부활한 사람이 죽은 자를 위하여 세례(침례)를 받는다든지, 죽은 후에 결혼을 하고 부부 인봉을 받는다든지 하는 등의 일은 있을 수 없기 때문이다.

예수께서 그들에게 대답하여 말씀하시기를 "이 세상의 자녀들은 장가가고 시집가지만, 저 세상과 죽은 자들로부터의 부활을 얻기에 합당하다고 여겨질 자들은 장가가거나 시집가지 않으며, 그들은 다시 죽을 수도 없으니, 이는 그들이 천사들과 동등하며 또 부활의 자녀로서 하나님의 자녀들이기 때문이라." (누가복음 20:34~36)

그렇기 때문에 성전에서 행해지는 사업은 복천년의 주된 사업이 될 것이다.

이 지구 상에는 많은 사람들이 살다 갔으며 앞으로도 그럴 것이다. 그런데 사람들이 이 세상에서 맺은 계약이나 임무는 그들이 죽는 순간 모두 끝나버리고 만다. 우리는 영원히 살 것인데, 만약에 우리에게 주어진 축복이나 우리의 가족 관계가 이 세상을 떠날 때 모두 끝나버 린다면 얼마나 슬프겠는가? 복천년 기간은 모든 산 사람들과 죽은 자 들을 위해 성전 사업이 이루어지는 기간이다. 하나님께서는 충실한 그 의 자녀들에게 영원한 축복을 주시고자 성전에서 행해지는 이러한 의 식들을 마련하셨다. 하나님께서는 이러한 축복이 주어짐에 있어 어떠 한 영혼도 무시되거나 차별 받는 것을 용납하지 않으셨다. 그리하여 생전에 그런 의식을 받을 수 없었던 그분의 의로운 자녀들을 위해 살 아있는 후손이 성전에서 그 조상을 위해 대리 의식을 행할 수 있도록 계획하셨다.

"만일 죽은 자들이 도무지 다시 살지 못하면 죽은 자들을 위하여 세례 (침례) 받는 자들이 무엇을 하겠느냐 어찌하여 저희를 위하여 세례(침례)를 받느냐?" (고린도전서 15:29)

그러나 아무리 복천년을 사는 후손이라고 해도 알지도 못하는 조상 을 위해 대리의식을 해줄 수는 없다. 그리하여 그들은 대리사업을 위 해 그들 조상의 가계도(족보)를 조사하게 될 것이다. 그들은 조사하는 과정에서 불완전한 사람으로서 실수를 한다거나, 옛 기록의 부정확함 으로 인하여, 또는 그 기록이 남아있지 않은 이유로 인해 그들은 대리 의식을 수행하는데 있어서 많은 어려움에 처하게 된다. 이렇게 복천년 동안에 지상의 사람들이 자료 부족으로 어려움에 처해 있을 때 부활한 사람들이 그들을 돕기 위해 지상을 방문할 것이다. 부활한 사람들은 죽은 후의 사람들과 그들의 상태에 대해 잘 알고 있으므로 필요한 모든 정보를 지상의 사람들에게 제공해 줄 수 있다. 부활한 사람들이 제공하는 정보로 그 동안 잘 알지 못해 시행되었던 과오들은 수정될 것이며 아담에서부터 시작된 인봉의 고리는 최후의 마지막 후손까지 완전하게 이어질 것이다. 성경을 보면 우리는 "누구는 누구를 낳았고……" 하는 식의 계보에 대한 기록이 자주 나오는 것을 볼 수 있다. 옛 선지자들은 중요한 사건을 기록하였을 뿐만 아니라 그들의 계보도 또한 기록하여 보존하였는데, 그것은 계보가 그들의 구원에서 반드시 필요한 것이었기 때문이다. 이렇게 정확한 계보가 주어짐으로써 지상을 살다 간 의로운 사람들은 한 사람도 빠짐 없이 가족에게 인봉되어 영원히 함께 살 수 있게 되었다. 그러나 아무리 계보가 잘 보존되어 있어 후손들이 그들을 위해 대리 인봉의식을 해준다 하더라도 누구나 가족으로 인봉되어 영원히 행복하게 살 수 있는 것은 아니다. 가족을 이루어 행복하게 살 사람들은 하나님의 집에서 하나님과 함께 살 사람들이다. 의롭지 못한 사람들은 가족의 연결 고리에서 떨어져 나와 영원히 홀로 거하게 될 것이다.

그렇다면 복천년 동안에 살아있는 사람들이 죽은 사람들을 위해서 꼭 해야 하는 성전의식에는 어떤 것이 있을까?

복천년 기간 동안에 사람들이 꼭 행해야 하는 대리의식 중에 하나는 세례(침례) 의식이다. 우리의 죄를 깨끗이 하는 세례(침례)의식은 우리가 하나님의 왕국에 들어가는 문을 통과하게 해준다.

"예수께서 대답하시되 진실로 진실로 네게 이르노니 사람이 물과 성령으로 나지 아니하면 하나님 나라에 들어갈 수 없느니라." (요한복음 3:5)

복천년 기간에 사람들이 해야 할 대리의식 중에 또 다른 하나는 남편과 아내를 영원히 맺어주는 인봉의식이다. 하나님 왕국에는 남자 없이 여자만 있다든지, 여자 없이 남자만 있다든지 하는 일은 없기 때문이다. 따라서 어렸을 때 죽었던 자녀라든지 결혼 전에 죽었던 의로운 사람들도 복천년 때 대리의식을 통해 부부로 인봉 받을 수 있다. 그렇게 인봉 받은 그들은 누구도 나눌 수 없는 부부가 되어 하나님의 나라에서 영생을 유업으로 받아 영원히 행복하게 살 것이다.

"그러나 주 안에는 남자 없이 여자만 있지 않고 여자 없이 남자만 있지 아니하니라." (고린도전서 11:11)

"이러므로 남자가 부모를 떠나 그 아내와 연합하여 둘이 한 몸을 이룰 찌로다." (창세기 2:24)

"이러한즉 이제 둘이 아니요 한 몸이니 그러므로 하나님이 짝지어 주신 것을 사람이 나누지 못할찌니라 하시니." (마태복음 19:6)

"남편 된 자들아 이와 같이 지식을 따라 너희 아내와 동거하고 저는 더 연약한 그릇이요 또 생명의 은혜를 유업으로 함께 받을 자로 알아 귀히 여기라." (베드로전서 3:7)

하나님의 나라에 들어가기 위해 살아있는 사람들이 꼭 행해야 할 그 다음 의식으로는 아비와 자녀를 서로에게 연결시켜 주는 인봉의식을 들 수 있다. 이 세상이 끝나고 나면 우리는 하나님 아버지의 자녀로서 하나님과 함께 영원히 살게 될 것인데, 그것은 성전에서 이루어지는 아비와 자녀를 위한 인봉의식으로 가능하게 된다. 자녀에서 아비에게로 연결되는 인봉고리는 아담과 이브에게까지 올라가게 되고 최종적으로 하나님께 인봉되어 우리는 하나님의 자녀로서 영원한 그분의 가족이 될 것이다.

"보라 여호와의 크고 두려운 날이 이르기 전에 내가 선지자 엘리야를 너희에게 보내리니, 그가 아비의 마음을 자녀에게로 돌이키게 하고 자녀들의 마음을 그들의 아비에게로 돌이키게 하리라 돌이키지 아니하면 두렵건대 내가 와서 저주로 그 땅을 칠까 하노라." (말라기 4:5~6)

복천년은 사람들의 구원을 위해서 정말로 중요하다. 위에서 말한 대리의식들이 열외 없이 지상을 산 모든 사람에게 공평하게 주어질 수 있는 기간이기 때문이다. 그 동안 지상에서 살다간 사람들이 많음으로 대리의식을 온전히 마치려면 오랜 시간이 필요하다. 하나님께서는 그 기간을 천 년으로 잡으셨다. 그 천 년의 기간 동안에 부활한 조상들과 지상에 사는 후손들은 함께 기록을 첨가하고 바로잡으며 힘을 모아 모든 대리의식을 마무리할 것이다. 자녀들의 영원한 행복을 위해 계획하신 하나님의 목적은 온전히 성취될 것이며, 가족으로 인봉된 자녀들은 해의 왕국이 된 지상에서 영원히 행복하게 살 것이다.

2.5.4. 종교 (Religion)

예수 그리스도의 재림 때에 살아남을 사람들은 깨끗한 생활을 해온 사람들이다. 세상에는 타락한 종교 지도자들도 많지만 순수한 믿음으로 살아가는 사람들도 많다. 그들 중에는 천주교, 불교, 회교, 힌두교 등 다양한 종교를 가진 사람들뿐 아니라 무신론자들도 있을 수 있다. 하나님을 믿지는 않았지만 세상을 덕망 있게 살던 이들도 역시 예수 그리스도의 재림 때에 살아남을 자들이다. 이렇게 살아남은 자들은 복천년에도 자신의 신앙을 지킬 수 있는 자유의지를 갖게 된다. 지금처럼 하나님의 이름을 속되게 할 특권을 가질 수는 없겠지만, 그들 중 아무도 교회에 가입하도록 강요당하지 않을 것이다. 자유의지는 하나님께서 사람들에게 부여하신 영원한 능력이자 특권이기 때문이다. 그러나 복천년 동안에도 지상의 자녀들을 위해 선교사업은 계속될 것이다. 이때 하나님의 복음을 접하고도 회개하지 않으며 복음을 받아드리지 않는 사람은 현재 지상에서 복음을 배척하는 사람들처럼 하나님의 축복을 받을 수 없게 된다. 그들은 그 결과로 그릇되게 되며 결국 저주를 받게 될 것이다.

"예루살렘을 치러 온 모든 민족들 가운데서 남아 있는 자도 각기 그 왕, 만군의 주께 경배하러, 또 장(초)막절을 지키려고 해마다 올라올 것이라, 땅의 모든 족속 중에서 그 왕, 만군의 주를 경배하려고 예루살렘에 올라오지 아니하는 자들에게는 비가 내리지 아니하리라, 만일 이집트의 족속이 올라오지 아니하면, 비가 없을 것이며, 재앙이 있으리니 그 재앙으로 주께서 장(초)막절을 지키려고 올라오지 아니하는 그 이방을 치시리라." (스가랴 14:16~18)

결국 복천년에 다른 종교를 갖은 사람들은 진리를 받아드리거나 죽어 없어지거나 하여 지상에는 예수 그리스도 교회만이 존재하게 될 것이다.

2.5.5. 충만한 지식 (Knowledge in Full)

복천년에는 물이 바다를 덮는 것처럼 주님에 대한 충만한 지식이 온 땅을 덮는 시기가 될 것이다. 이에 대해 이사야는 다음과 같이 말했다.

"그들은 나의 모든 거룩한 산에서 해치거나 파괴시키지 않으리니 이는 마치 물들이 바다를 덮음 같이 세상이 주의 지식으로 충만할 것 임이니라." (이사야 11:9)

예수 그리스도께서는 다시 오셔서 만물을 회복하실 것이라 말씀하셨다. 만물의 회복이란 하나님께서 그의 자녀들의 구원과 축복과 발전을 위해 그간 주셨던 모든 필수적인 일들이 다시 지상에 회복되는 것을 말한다. 그 중에는 충만한 지식이 포함된다.

"하늘은 만물이 회복될 때까지 그분을 마땅히 받아들여야 하나니 이는 하나님께서 세상이 시작된 이래로 이 일에 관하여 그의 모든 거룩한 선지자들의 입을 통하여 말씀하신 바니라." (사도행전 3:21)

하나님께서는 때때로 그의 종들에게 세상 끝까지의 모든 일들을 보여주시고, 그것을 기록하여 봉하라고 하신 일들이 종종 있었다.

"다니엘아 마지막 때까지 이 말을 간수하고 이 글을 봉합하라." (다니엘 12:4)

"모든 환상은 너희에게 마치 봉인된 책의 말과 같이 되었으니 사람들이 그것을 유식한 자에게 건네주며 말하기를 '청컨대 이것을 읽으라,' 하나 그가 말하기를 '봉인되어 있으니 읽을 수 없노라,' 하며." (이사야 29:11)

이 책들이 봉하여져서 아직 사람들에게 알려지지 않은 이유는 사람들이 참 진리를 얻기에 부족하거나 혹은 아직 때가 차지 않았기 때문이다. 그러나 복천년 에는 그 동안 봉해져서 알 수 없었던 복음 교리에 대한 충만한 지식들이 세상에 밝게 드러나는 시기이다. 모든 비밀스러운 것들이 낱낱이 밝혀질 것이며 그 동안 의문 속에 잠자던 모든 나라들의 일과 사람들의 일이 알려질 것이다. 지나간 일들이나, 어느 누구도 알지 못하였던 감추어진 일들이나, 무엇으로 땅을 만들었는지, 땅이 만들어진 의도와 목적이 알려질 것이며 지극히 귀한 일, 땅 속과 땅 위와 하늘에 있는 모든 일들이 드러날 것이다. 은밀하고 어둠 속에 있었던 추한 일들이 빛 가운데 들어날 것이기 때문에 사람들은 사탄의 유혹으로부터 벗어나 진리를 받아들일 것이다. 이때에 사람들이 알지 못해서 예수 그리스도를 믿지 못하게 되거나 하는 일은 일어나지 않을 것이다. 결국 비밀이 없는 세상에서 평화가 모든 사람들의 마음에 깃들게 될 것이다.

2.5.6. 사탄의 묶임 (Satan's Bound)

하나님께서는 사탄의 지배를 받으려 하는 사람들이 있는 한 강압적으로 사탄을 묶어두거나 쫓아내시는 일은 하지 않으신다. 자유의지는 하나님께서 특별히 인간들에게 부여해 주신 것으로 어느 시대든 무엇인가를 강압적으로 하는 것은 그분의 구원의 계획에 상반되는 일이기 때문이다. 강압적으로 무엇인가를 하는 것은 진정한 발전이나 성공을 가져올 수 없다. 이에 대해 나는 오래 전에 짐바브웨의 독재자인 '무가베'에 대해 재미있는 기사를 읽은 적이 있다. 이 기사는 나로 하여금 왜 강압적으로 무엇을 해서는 안 되는지 알려주었는데 이를 소개해보면 다음과 같다.

독재자 무가베는 짐바브웨의 물가가 너무 높자 자신의 권력을 이용하여 물가를 50% 이상 인하하라고 명했다. 그리고는 그는 이를 법으로 시행하게 하였다. 정부 감시단은 상점과 공장을 돌며 이 법의 이행을 강요했고 이를 어길 경우 구속하거나 벌금을 내게 했다. 그런데 이 법이 시행되는 첫날, 상점의 문이 열리자 상점들은 물건을 사려는 사람들로 인해 북새통을 이루었다. 싹쓸이해 가는 자들로 인해 상점의 모든 물건은 동이 나게 되었으며 이후에는 생필품을 구하는 것이 힘들어졌다. 시간이 흐를수록 수지타산을 맞추지 못하는 공장들이 생산량을 줄이면서 품귀현상은 더욱 심화되었고, 근로자 해고가 잇따르면서 경제는 파탄 위기에 빠지게 되었다(2007년 8월4일 조선일보).

위 기사를 보면 알 수 있듯이 강제적으로 무엇을 행하는 것은 많은 문제를 낳게 된다. 그렇다면 강압적으로 사탄을 쫓아내는 것도 아닌데 복천년 동안에는 어떻게 사탄이 묶이게 되는 걸까?

복천년 동안에 사탄이 묶이게 되는 이유는 기도에 대한 응답이 즉시 주어지기 때문이다.

"그때에는 그들이 부르기 전에 내가 대답할 것이요 그들이 말을 마치지 아니하였는데도 내가 들으리라." (이사야 65:24)

완전한 질서와 공의 속에 법이 온전히 준수되는 복천년에는 의로운 행위와 악한 행위에 따른 결과 또한 즉시 주어지기 때문에 사람들은 결국 의로운 것만 간구하게 될 것이다.

복천년 동안에 사탄이 묶이게 되는 또 다른 이유는 위에서 말했던 것처럼 사람들에게 충만한 지식이 주어지기 때문이다. 복천년 기간에 주어지는 충만한 지식은 선과 악을 밤과 낮을 구별함 같이 명확히 구별할 수 있게 해주어 사람들이 더 이상 악을 모르고 행하게 되는 일은 없을 것이다. 그러면 아무리 속임수에 노련한 사탄일지라도로 사람들을 속이거나 유혹하지 못하게 된다. 결국 그의 영향력과 권능은 묶이게 될 것이며 사탄은 천 년 간 무저갱(악마가 벌을 받아 한번 떨어지면 헤어나지 못한다는 영원한 구렁텅이) 속에 빠지게 될 것이다.

"또 내가 보매 천사가 무저갱의 열쇠와 큰 쇠사슬을 그의 손에 가지고 하늘으로부터 내려와서, 용을 잡으니 곧 옛 뱀이요 마귀요 사탄이라 잡아서 천 년 동안 결박하여, 무저갱에 던져 넣어 잠그고 그 위에 인봉하여 천 년이 차도록 다시는 만국을 미혹하지 못하게 하였는데 그 후에는 반드시 잠깐 놓이리라." (요한계시록 20:1~3)

그러나 복천년이 끝날 무렵이 되면 위에서 사도 요한이 말한 것처럼 사람들은 크게 두 무리로 나뉘게 될 것이다. 사람들 중에 하늘의 율법에 대항하는 사람들이 생기게 될 것이기 때문이다. 복천년 기간에는 모든 복음의 충만함이 주어지는 시기이기 때문에 그들이 모반하는 것은 그들의 무지나 불신앙 때문이 아니다. 사람들은 의도적으로 하늘의 율법에 대항할 것이며 이에 힘을 얻은 사탄은 옥에서 풀려 나와 그의 군대를 모을 것이다. 사탄은 그의 권세와 그를 따르는 모래알 같이 많은 군대로 인해 틀림없이 자기가 승리를 거두고 지구를 소유하게 되리라고 자만심에 빠지게 된다. 그러나 그의 가장 큰 결점 중 하나는 그가 하나님의 권능에 대해 잘 모르고 있다는 것이다. 사탄과 그의 무리들이 널리 퍼져 성도들을 둘러쌀 때 하늘에서 불이 쏟아져내려 그들을 태워버릴 것을 그는 알 수 없었다. 결국 사탄은 불과 유황 못이 있는 자기 장소로 다시 던짐을 받아 다시는 성도들에게 힘을 갖지 못하게 된다. 그리하여 예수 그리스도를 믿고 따르는 의로운 자들은 영원한 승리를 거두게 된다.

"천 년이 차매 사탄이 그 옥에서 놓여, 나와서 땅의 사방 백성 곧 곡과 마곡을 미혹하고 모아 싸움을 붙이리니 그 수가 바다의 모래 같으리라, 그들이 지면에 널리 퍼져 성도들의 진과 사랑하시는 성을 두르매 하늘에서 불이 내려와 그들을 태워버리고, 또 그들을 미혹하는 마귀가 불과 유황 못에 던져지니 거기는 그 짐승과 거짓 선지자도 있어 세세토록 밤낮 괴로움을 받으리라." (요한계시록 20:7~10)

이제까지 우리는 복천년에 대해 알아보았다. 그럼 이제 이 여행의 마지막 종착지인 최후의 심판으로 가보자. 3개의 영광과 지옥이 있는 그곳에서 과연 우리는 어디에 머물게 될까?

The Greatest Plan

6막

최후의 심판과
3개의 영광과 지옥(음부)

(The Last Judgment and The Three Glories
and Hell)

"우리가 다 하나님의 심판대 앞에 서리라." (로마서 14:10)

"해의 영광이 다르고 달의 영광이 다르며 별의 영광도 다른데
별과 별의 영광이 다르도다." (고린도전서 15:41)

최후의 심판

(最後의 審判, The Last Judgment)

복천년의 끝과 함께 시험의 기간에도 끝이 오게 되었다. 전세에 있었던 영들은 모두 지상에 와서 육체를 얻고 그 수명만큼 살다 부활하였다. 이제 사람들이 지상의 삶에서 하나님을 선택하고 자신을 발전시킬 수 있었던 시간들은 모두 지나갔다. 낮이 지나면 아무 것도 할수 없는 밤이 오듯이 사람들에겐 두 번 다시 그런 기회가 주어지지 않을 것이다. 그들에겐 오로지 시험의 결과를 확인할 시간만이 남게 된것이다. 성경은 우리가 맞을 최후의 심판에 대해 많은 것을 말해주고 있다. 그 속으로 함께 가보자.

사도 바울은 로마서에서 지상에 살았던 사람들은 모두가 다 하나님 앞에 서서 심판을 받게 될 것이라고 말했다.

"그런데 너는 어찌하여 네 형제를 판단하느냐? 어찌하여 네 형제를 업신여기느냐? 우리가 모두 그리스도의 심판석 앞에 서리라." (로마서 14:10)

우리를 심판하실 분은 여호와 하나님이신 예수 그리스도가 될 것이다. 영의 아버지이신 엘로힘 하나님께서 심판을 다 아들이신 여호와 하나님(예수 그리스도)께 맡기셨기 때문이다.

"아버지께서 아무도 심판하지 아니하시고 심판을 다 아들에게 맡기셨으니." (요한복음 5:22)

그러나 지상을 다녀간 수많은 사람들을 예수 그리스도께서 혼자 심판하시는 것은 아니다. 심판의 때가 오면 예수 그리스도께서는 그분을 도울 다른 사람들을 부르실 것이다. 부름을 받은 이스라엘의 12사도들은 예수 그리스도를 도와 이스라엘의 열 두 지파를 심판하게 될 것이다.

예수께서 그들에게 말씀하시기를, "진실로 내가 너희에게 말하노니, 나를 따르는 너희들은 인자가 자기 영광의 보좌에 앉을 새 세대에, 너희도 열두 보좌에 앉아 이스라엘 열두 지파를 심판하리라." (마태복음 19:28)

그런데 사람들은 어떻게 예수 그리스도의 심판에 반기를 들지 않고 그분의 심판에 수긍하게 되는 것일까? 그것은 예수 그리스도의 심판이 편견 없이 오직 공의와 정직으로 행하여질 것이기 때문이다. 그렇기에 사람들은 아무도 이에 대해 이의를 제기할 수 없을 것이며 결국 모든 사람이 다 그 앞에 무릎을 꿇을 것이다.

"그는 의로 세상을 심판하실 것이며 정직으로 백성들을 판단 하시리로다." (시편 9:8)

"내가 스스로 맹세하였으며, 그 말이 의로움으로 내 입에서 나갔으니 되돌아오지 아니하리라, 나에게 모든 무릎이 꿇을 것이며, 모든 혀가 맹세하리라." (이사야 45:23)

모든 사람으로 하여금 무릎을 꿇게 하는 하나님의 공의로운 심판은 무엇을 근거로 이루어지며 그것을 뒷받침하는 증거가 되는 것에는 어떤 것이 있을까?

사람들의 심판의 근거가 되는 그 첫 번째는 그들의 행위이다. 사람들이 아무리 스스로가 의롭다고 주장하여도 그들의 행위가 의롭지 못했다면 그들은 천국에 들어가지 못한다. 사람들의 말과, 은밀한 행동, 진리를 믿고 따르는 것 등이 심판의 근거가 되어 그들을 심판하게 것이다.

"하나님 앞에서는 율법을 듣는 자가 의인이 아니요 오직 율법을 행하는 자라야 의롭다 하심을 얻으리니." (로마서 2:13)

"나의 형제들아, 만일 누가 믿음을 가지고 있다 하면서 행함이 없다면 무슨 유익이 있겠느냐? 믿음이 그를 구원할 수 있겠느냐?" (야고보 2:14)

"나더러 주여 주여 하는 자마다 다 천국에 들어갈 것이 아니요 다만 하늘에 계신 내 아버지의 뜻대로 행하는 자라야 들어가리라." (마태복음 7:21)

말하기를 "보라, 우리가 그것을 알지 못하였다 할지라도, 마음을 감찰하시는 분이 어찌 주시하지 못하시겠으며, 네 혼을 지키시는 분이 어찌 그것을 알지 못하시겠느냐? 그분께서 각자의 행위에 따라 보응하지 않으시겠느냐?" (잠언 24:12)

사람들에게 심판의 근거가 되는 그 두 번째 것으로는 사람들의 소망을 들 수 있다. 아무리 좋은 것이라도 소망하지 않는 사람에게 강제로 그것을 줄 수는 없다. 그러므로 사람들은 마음에 먹은 소망에 따라 심판 받게 될 것인데 여기에는 다른 이유도 있다. 소망은 그것을 소망하는 사람들을 변화시킨다. 사람의 소망이 어떠하면 그들의 행동도 그렇게 바뀌기 때문이다. 영생을 얻으려는 소망을 갖은 사람들은 그것을 얻기 위해 늘 자신을 그 조건에 맞추려 애쓰게 된다. 그러면 그들의 소망은 영혼의 튼튼하고 견고한 닻 같이 되어서 사람들로 하여금 하나님의 나라에 들어가 그곳에 닻을 내려 영원히 머무를 수 있게 하여준다.

"주를 향하여 이 소망을 갖은 자마다 그의 깨끗하심과 같이 자기를 깨끗하게 하느니라." (요한1서 3:3)

"우리가 이 소망이 있는 것은 영혼의 닻 같아서 튼튼하고 견고하여 휘장 안에 들어 가나니." (히브리서 6:19)

그러므로 하나님께서는 사람들의 행위와 소망으로 사람들을 심판하실 것이다.

"이런 일은 하나님께서 나의 복음대로 예수 그리스도를 통하여 사람들의 은밀한 것들을 심판하실 그 날에 있으리라." (로마서 2:16)

그러나 사람들의 은밀한 생각이나 의도는 사탄도 알 수 없는 마음속의 일이다. 하나님께서는 어떻게 그들의 은밀한 행위나 소망을 사람들 앞에 내보이셔서 그것으로 하여금 심판의 증거가 되게 하실까? 그것은 그들에 대해 쓰여지는 기록으로 가능하게 된다. 하나님께서는 천사들로 하여금 지상의 사람들에 대해 기록하라 명하셨다. 이에 따라 하늘에서는 지상에 살고 있는 각 개인의 생활에 대해 기록하여 왔으며, 지금도 기록하고 있다. 하나님께서는 이렇게 씌어지는 사람들의 기록을 심판의 증거로 삼으실 것이다. 하늘에서 씌어지는 그들 기록 중 하나는 '생명책'이다. 천사들은 의로운 사람들만 따로 모아 그들의 생각과 행동을 생명책에 기록하여 관리해오고 있다. 그러므로 생명책에서 그 이름을 찾을 수 없다면 그는 의로운 사람이라 할 수 없다. 죄인들은 생명책에서 그 이름이 지워질 것이기 때문이다.

"또 내가 죽은 자들을 보니, 작은 자나 큰 자나 하나님 앞에 서 있는데, 책들이 펴져 있으며 또 다른 책도 펴져 있는데 그것은 생명의 책이라, 죽은 자들은 자기들의 행위에 따라 그 책들에 기록된 대로 심판을 받더라." (요한계시록 20:12)

"이기는 자는 흰 옷을 입을 것이요, 내가 그의 이름을 생명의 책에서 지워 버리지 아니할 것이며, 또 그의 이름을 내 아버지 앞과 그의 천사들 앞에서 시인할 것이니라." (요한계시록 3:5)

"여호와께서 모세에게 이르시되 누구든지 내게 범죄하면 그는 내가 내 책에서 지워버리리라." (출애굽기 32:33)

그렇다면 하나님께서는 오로지 하늘의 기록만으로 모든 사람들을 심판하실 것일까? 아니다. 하나님께서는 사람들이 자신의 행위를 부인할 수 없도록 그들에게 또 다른 증거를 대실 것이다. 그것은 그들 자신이 지상을 사는 동안 자신에 대해 적고 있는 '양심의 기록'이다. 우리의 양심은 마음에 저장된 율법과도 같다. 우리가 율법에 어긋나는 행위를 했을 때 우리의 양심은 우리의 마음 판에 그것에 대해 기록할 것이다. 기록은 꼭 종이나 돌 판에만 쓸 수 있는 것은 아니다. 기록은 사람들의 마음에도 할 수 있다. 사람의 악한 행위는 양심에 의해 그들 마음 판에 기록되며 머리가 그것을 기억하든 아니든 결코 그 마음에서 지워지지 않게 된다. 지워지지 않고 스스로에 대한 증거로 남게 되어 심판의 날에 그 자신을 고발하게 될 것이다.

"너희는 우리로 말미암아 나타난 그리스도의 편지니 이는 먹으로 쓴 것이 아니요 오직 살아 계신 하나님의 영으로 쓴 것이며 또 돌판에 쓴 것이 아니요 오직 육의 마음판에 쓴 것이라." (고린도후서 3:3)

"율법이 없는 이방인들이 본성으로 율법에 있는 일들을 행할 때에는 율법이 없어도 이것들이 스스로에게 율법이 되나니, 그들의 양심도 증거하고 그들의 이성이 송사하거나 서로 변명하여 그들의 마음에 기록된 율법의 행위를 보여 주느니라." (로마서 2:14~15)

결국 사람들은 심판의 때에 자신의 앞에서 펼쳐지는 하늘에서 기록된 책과, 지상에서 그들에 대해 기록된 책과, 그 자신의 양심의 기록으로 인해 자신의 행위를 하나님 앞에 고백하게 된다.

"그러므로 우리 각 사람이 하나님께 자신에 관해 설명하리라." (로마서 14:12)

그리하여 사람들은 결국 예수 그리스도 앞에 무릎을 꿇고 그분의 심판이 공의롭다 말할 것이다. 의로운 자는 하늘나라에 들어갈 것이며 신앙이 없어 회개하지 아니하는 사람들은 자신의 죄에 대하여 스스로 죗값을 치르게 될 것이다.

"아들을 믿는 사람은 정죄를 받지 아니하나 믿지 않는 사람은 이미 정죄를 받은 것이라, 이는 그 사람이 하나님의 독생자의 이름을 믿지 않았기 때문이라." (요한복음 3:18)

그런데 후손들에 의해 '죽은 사람을 위한 대리의식'을 받은 사람들은 어떻게 되는 것일까? 그들이 살았을 때 했던 행위와 상관 없이 후손에 의해 모든 대리 의식이 행하여지면 그들은 결국 하늘나라로 가게 되는 것일까? 아니다. 살아있는 후손이 죽은 조상을 위해 모든 대리의식을 받았다고 해서 반드시 그들 모두가 해의 왕국에 들어갈 수 있는 것은 아니다. 구원은 하나님의 모든 의식이 행해졌다고 해서 주어지는 것이 아니기 때문이다. 구원은 그들의 의로운 행위와 소망으로 이루어진다. 회개로 그 자신을 깨끗하게 하지 않았다면 그는 결코 하나님의 나라에 갈 수 없다. 또한 지상에서 한번 복음을 거절한 뒤, 죽은 후에 그것을 받아드리는 자도 해의 왕국에는 갈 수 없다. 하지만 그는 회개하지 않는 자가 가는 별의 왕국보다는 훨씬 더 좋은 달의 왕국으로 가게 될 것이다.

그렇다면 사람들이 심판 받고, 심판에 따라 가게 될 곳에는 어떤 곳들이 있을까? 사람들이 가게 될 세 개의 영광(왕국)과 사탄과 그를 따랐던 불의한 자들이 가게 될 지옥(음부)으로 함께 가보자.

세 개의 영광(왕국)과 지옥(음부)
(The Three Glories and Hell)

이제 최후의 심판에 따라 사람들이 가게 될 곳이 정해지게 되었다. 사람들은 심판 때에 그들이 속할 영광(왕국)을 지명 받게 될 것이다. 고린도전서 15장 40절과 41절에는 사람들이 가게 될 하늘의 영광에 관한 다음과 같은 기록이 있다. 우리는 이에 대해 앞에서 다룬 적이 있다.

"하늘에 속한 형체도 있고 땅에 속한 형체도 있으나 하늘에 속한 것의 영광이 따로 있고 땅에 속한 것의 영광이 따로 있으니(40절),"

"해의 영광이 다르고 달의 영광이 다르며 별의 영광도 다른데 별과 별의 영광이 다르도다(41절)."

사도 바울이 위에서 말한 것처럼 사람들이 심판을 받고 가게 될 곳에는 '해의 영광', '달의 영광', 그리고 '별의 영광'이 있다. 사도 바울은 이곳 세 영광 중에서 셋째 하늘에 이끌려 간 자를 안다고 말했다.

"내가 십사 년 전에 그리스도 안에서 한 사람을 알았는데 (그가 몸 안에 있었는지 나는 말할 수 없고 몸 밖에 있었는지 나는 말할 수 없지만 하나님께서는 아시느니라) 그 사람이 셋째 하늘로 끌려 올라갔느니라." (고린도후서 12:2)

사도 바울이 아는 자로서 셋째 하늘로 간 자는 바로 해의 영광을 상속받은 사람이다. 심판을 받고 사람들이 가게 될 세 영광 중에서 가장 높은 영광의 단계가 바로 셋째 하늘인 해의 영광(왕국)이다. 해의 왕국 외에 사람들이 상속받아 가는 곳으로는 그 다음의 단계인 달의 영광이 있으며, 그리고 가장 낮은 단계가 되는 별의 영광이 있다. 그 외에 악한 자들이 가게 될, 영원한 어둠이 거하는 지옥(음부)가 있다.

그런데 여기서 우리가 주의해서 살펴봐야 할 진리가 있다. 그것은 '별과 별의 영광이 다르도다'란 말이다. 이 말은 별의 영광 안에도 여러 단계의 영광이 있다는 뜻이다. 달의 영광 안에도 여러 단계의 영광이 있으며 해의 영광 안에도 여러 단계의 영광이 있다. 같은 영광 안에도 여러 단계의 영광이 있는 것은 사람마다 발전의 단계가 같지 않기 때문이다. 만 명의 사람들은 만별의 수준 차이를 보일 수 있다. 그런데도 이들이 모두 한 곳으로 가게 된다면 어찌되겠는가? 우리의 하나님이신 예수 그리스도께서는 공의의 하나님이시다. 하나님께서는 누구에게도 불공평한 일이 일어나는 것을 용납하지 않으신다. 그러므로 같은 영광에 간다 할지라도 사람들은 모두 그들 자신의 발전의 상태에 따라 분리되어, 공평하게 자신에게 주어진 합당한 그들의 처소로 가게 될 것이다. 예수 그리스도께서는 아버지의 왕국에 사람들이 거할 수 있는 많은 집들이 있다고 가르치셨다.

"내 아버지 집에 거할 곳이 많도다." (요한복음 14:2)

그럼 각각의 영광 속으로 함께 여행하면서 우리가 거하게 될 영광의 세계에 대해 좀더 자세히 살펴보기로 하자.

2.1. 해의 영광 (Glory of the Sun)

해의 영광에 가게 될 사람들은 성령이 그들이 하나님의 자녀임을 증거한 사람들이다. 그들은 복음이 전해졌을 때 세례(침례)를 받고 계명을 지키면서 하나님의 종으로서 의롭게 생활했던 사람들이다. 그들은 더 이상 하나님의 종이 아닌 자녀로서 하나님과 함께 해의 영광에서 영원히 살 것이다.

"너희는 다시 두려워하는 종의 영을 받지 아니하였고 양자 되는 영을 받았으므로 그에 따라 우리가 '아바, 아버지' 라 부르짖느니라, 성령이 친히 우리의 영과 함께 우리가 하나님의 자녀임을 증거하시거니와." (로마서 8:15~16)

해의 영광을 상속받아 그곳에서 살게 될 사람들은 다음과 같이 행한 사람들이다.

1) 그들은 복음이 전해졌을 때 그것을 거절하지 않고 받아들여서,

2) 예수 그리스도를 믿는 강한 신앙을 갖고 회개하여

3) 뱁티즘(Baptism, 세례, 침례)를 받아 모든 죄에서 깨끗하게 되며,

4) 성전의식을 포함한 모든 의식을 행하고 계명을 지키며,

5) 끝날까지 깨끗함을 유지함으로써 성령이 거하기에 합당하게 된
   사람들이다.

이곳에 갈 사람들 중에는 복음을 모르고 죽었으나 영의 세계에서 이를 받아들인 사람들도 포함된다. 그들은 복음을 몰랐기 때문에 살아서는 복음대로 살 수 없었다. 하지만 만약 알았더라면 열심히 하나님의 계명을 지키며 기꺼이 위의 다섯 가지 사항들을 행했을 사람들이다. 이렇게 살아서든 죽어서든 복음이 주어졌을 때 이를 받아드려 신앙으로 계명을 지키며 열심히 산 사람들은 모두 해의 왕국으로 가게 된다. 성경은 해의 왕국의 사람들이 살게 되는 아름다운 새 예루살렘에 대하여 묘사하고 있는데 이는 다음과 같다.

"하나님의 영광이 있으매 그 성의 빛이 지극히 귀한 보석 같고 벽옥과 수정 같이 맑더라. 크고 높은 성곽이 있고 열 두 문이 있는데 문이 열 두 천사가 있고 그 문들 위에 이름을 썼으니 이스라엘 자손 열 두 지파의 이름들이라……그 성벽은 벽옥으로 쌓였고 그 성은 정금인데 맑은 유리 같더라 그 성의 기초석은 각색 보석으로 꾸몄는데 첫째 기초석은 벽옥이요 둘째는 남보석이요…… 그 열 두 문은 열 두 진주니 문마다 한 진주요 성의 길은 맑은 유리 같은 정금이더라. 성안에 성전을 내가 보지 못하였으니 이는 주 하나님 곧 전능하신 이와 및 어린 양이 그 성전이심이라. 그 성은 해나 달의 비침이 쓸데 없으니 이는 하나님의 영광이 비취고 어린 양이 그 등이 되

심이라, 만국이 그 가운데로 다니고 땅의 왕들이 자기 영광을 가지고 그리로 들어오리라." (요한계시록 21:11~24)

안타깝게도 해의 영광에 속할 자는 지상에 살게 되는 전체 주민 수를 생각하면 상대적으로 그 수가 많지는 않을 것이다.

"생명으로 인도하는 문은 좁고 또 그 길이 협소하여 그 길을 찾는 자가 적음이니라." (마태복음 7:14)

해의 영광에 가는 사람들에게는 크나큰 축복이 주어지는데, 이는 그들이 아버지의 상속자로서 아버지와 같은 신(神)이 될 수 있다는 것이다. 성경에서는 이에 대해 다음과 같이 씌어있다.

예수께서 그들에게 대답하시기를 "너희의 율법에 너희는 신들이라고 내가 말했다고 기록되지 아니하였느냐? 하나님의 말씀이 임한 그들을 신들이라 불렀다면 성경은 폐기될 수 없나니." (요한복음 10:34~35)

"내가 말하기를 너희는 신들이며 다 지존자의 아들들이라 하였으나." (시편 82:6)

해의 영광을 상속받은 사람들은 하나님 아버지와 그분의 아들 예수 그리스도의자녀로서 그분들이 누리는 모든 것을 함께 누리며 영원토록 그 곳에서 가족과 함께 살게 될 것이다. 그들은 하나님 아버지의 후사가 되어 아버지처럼 우주의 다른 은하계의 창조주가 될 것이다. 또한 자신들이 창조한 세상에서 그들의 하나님이 되어 신이 되는 즐거움에 참여할 것이다.

"그의 주인이 그에게 말하기를 잘하였도다 착하고 신실한 종아, 네가 적은 일에 신실하였으니 내가 너로 많은 것들을 다스리도록 하리라. 네 주인의 기쁨에 동참하라고 하더라." (마태복음 25:23)

2.2. 달의 영광 (Glory of the Moon)

해와 달과 별의 빛이 다르듯이 달의 영광은 해의 영광보다는 못하지만 별의 영광보다는 말할 수 없을 정도로 훌륭한 곳이 될 것이다. 이들은 달의 영광의 율법을 감당할 수 있는 자들인데, 달의 영광은 어떤 사람들이 가게 될까?

이들은 지상에 살았을 때 예수 그리스도의 복음을 받아 들이지 않았거나 배척하다가 나중에 내세(영의 세계)에서 복음을 받아들인 자들이다. 이들은 세상사에 매어 살면서 세상에서 존경을 받았으나 오직 사람들 사이에서만 교류하고 하나님의 복음을 멀리한 자들이다. 또한 이곳에는 살아있었을 때 예수 그리스도의 복음과 간증을 받아드렸으나 성도로서 예수 그리스도에 대한 간증에 용감하지 않았던 자들도 포함된다. 이러한 사람들이 달의 왕국을 배정받게 되면 이들은 예수 그리스도의 방문을 받게 되지만 하나님 아버지의 방문은 받지 못할 것이다. 이곳에 간 사람들은 그들의 세상적인 의로움으로 인하여 예수 그리스도의 재림 때에 불에 타지는 않겠지만, 죽은 후에는 달의 왕국으로 분리되어 가족으로 인봉되지 못한 채 개별적으로 흩어져서 영원히 혼자 살게 될 것이다.

이 영광에 머물 자격이 있는 사람들은 달의 영광의 율법을 지킬 수 있어야 하는 자들로 최소한 지상 생활에서 기꺼이 세상의 법을 지켜 세상의 존경을 받았던 사람들이다.

2.3. 별의 영광 (Glory of the Star)

사도 바울은 고린도전서 15장 41절에서 말했던 것처럼 별의 영광을 보았다. 별의 영광에 머물 자들은 하나님을 진노케 한 자들이다. 이들은 예수 그리스도의 재림 때에 들어 올려지지 못하고 불에 타게 되는 자들로서 거짓말하는 자들이요, 마술 하는 자들이요, 간음하는 자들이요, 음행 하는 자들이요, 거짓을 사랑하는 자들이다. 별의 영광에 속할 이들은 비록 성령을 부인하지는 않았지만 지상 생활에서나 내세 (영의 세계)에서 예수 그리스도의 복음과 간증을 받아들이지 않은 사람들이다. 이들은 천 년이 지날 때까지 지옥에 던짐을 받아 지옥에서 거하다가 복천년이 끝나게 되면 부활하여 별의 왕국으로 가게 된다. 별의 왕국을 배정받고 나면 이들은 하나님 아버지나 예수 그리스도의 방문은 받지 못한 채 오직 그들을 위하여 성역을 베풀도록 임명된 천사들의 방문만 받게 될 것이다. 이들이 가게 되는 별의 영광은 심판 후에 거하게 될 영광 중에는 가장 낮은 등급이지만 그곳도 우리의 모든 이해력을 뛰어넘는 훌륭한 곳이 될 것이다. 그렇더라도 그들은 낮은 별의 영광에 살면서 자신들이 영원히 갈 수 없게 된 더 높은 영광을 갈망하게 될 것이다. 성경에는 별의 왕국에 살게 될 주민이 하늘의 별과 같이 무수히 많을 것이라 말하고 있다.

"좁은 문으로 들어가라 멸망으로 인도하는 문은 크고 그 길이 넓어 그리로 들어가는 자가 많고." (마태복음 7:13)

2.4. 지옥 (음부, Hell)

예수 그리스도께서는 그분의 마지막 기도에서 멸망의 자식에 대해 말씀하셨다.

"내가 그들과 함께 세상에 있었을 때는 아버지의 이름으로 그들을 지켰나이다, 아버지께서 내게 주신 그들을 내가 지키었고 멸망의 아들 외에는 그들 중 아무도 잃어버리지 아니하였으니 이로써 성경이 이루어지게 한 것이옵니다." (요한복음 17:12)

사도 바울 또한 멸망의 자식들에 대해 언급했는데, 멸망의 자식들이란 다음과 같은 사람들을 말한다.

"한 번 깨우침을 받고 하늘의 선물을 맛보며, 성령의 동참자가 되고, 하나님의 선한 말씀과 오는 세상의 능력을 맛본 자들이 만약 떨어져 나간다면 다시 새롭게 하여 회개시킬 수 없나니, 이는 그들이 스스로 하나님의 아들을 다시 십자가에 못박아 공개적으로 조롱함이라." (히브리서 6:4~6)

"이는 우리가 진리의 지식을 받고 난 후에도 고의적으로 죄를 지으면 더 이상 죄들을 위한 희생제가 남아 있지 아니하고, 다만 대적하는 자들을 집어삼킬 심판과 맹렬한 분노를 두려운 마음으로 기다리는 것만 남아 있기 때문이라." (히브리서 10:26~27)

멸망의 자식들이란 사탄과 함께 영원히 고통을 받게 될 그의 추종

자들이다. 그들은 성신을 통하여 한번 예수 그리스도에 대한 간증을 가졌던 자들이다. 간증을 통해 예수 그리스도의 권세를 알게 되었지만 그들은 후에 완전히 돌아서서 사탄을 섬기게 되었다. 이러한 자들에겐 다시 새롭게 될 수 있는 회개의 기회가 주어지지 않는다. 그들을 구원하기 위한 속죄의 제사 또한 행해질 수 없기에 그들의 죄는 지워지지 않을 채 늘 그들과 함께 할 것이다. 그들은 죽고 나서 마지막 순간에 부활할 것이나 영광의 왕국에는 속하지 못한 채 곧바로 지옥으로 떨어진다. 그렇다면 지옥(음부)은 어떤 곳이며 그곳에 가는 것은 얼마나 처참한 것일까? 이에 신약전서에는 다음과 같이 설명하고 있다.

"바다도 그 안에 있던 죽은 자들을 넘겨주고 또 사망과 지옥도 그들 안에 있던 죽은 자들을 넘겨주니 그들이 각자 자기들의 행위에 따라 심판을 받으며, 사망과 지옥도 불 못에 던져지니 이것이 둘째 사망이라, 누구든지 생명의 책에 기록되지 않은 자는 불 못에 던져지더라." (요한계시록 20:13~15)

"그곳에는 그들의 벌레도 죽지 않고, 불도 꺼지지 아니하느니라, 모든 사람이 불로 소금치듯함을 받을 것이며, 모든 제물이 소금으로 소금치듯함을 받으리라." (마가복음 9:48~49)

멸망의 자식들은 심판 후에 용광로보다 더 뜨거운 음부로 떨어져서 영원한 암흑 속에 거하게 된다. 불과 유황으로 타는 불 못이 있는 그곳은 죽지 않는 구더기가 사는 곳이다. 지옥에 처하게 됨으로써 그들이 마음에 느끼는 실망과 분개는 그들을 불로써 소금 치듯이 괴롭게 할 것이다. 그들은 차라리 태어나지 않았더라면 더 나았을 자들이다. 그러기에 마가복음에는 그들에 대해 다음과 같이 씌어있다.

"만일 네 손이 너를 범죄하게 하거든 찍어버리라 장애인으로 영생에 들어가는 것이 두 손을 가지고 지옥 곧 꺼지지 않는 불에 들어가는 것보다 나으니." (마가복음 9:43)

"만일 네 발이 너를 범죄하게 하거든 찍어버리라 다리 저는 자로 영생에 들어가는 것이 두 발을 가지고 지옥에 던져지는 것보다 나으니라." (마가복음 9:45)

"만일 네 눈이 너를 범죄하게 하거든 빼버리라 한 눈으로 하나님의 나라에 들어가는 것이 두 눈을 가지고 지옥에 던져지는 것보다 나으니라." (마가복음 9:47)

우리는 지금까지 우리가 심판 후에 가게 될 곳들에 대해 알아보았다. 사람들이 가게 되는 영광은 각기 그곳의 고유한 율법으로 다스려진다. 그 영광의 율법에 순종할 수 없는 사람들은 그 영광에 갈 수 없다. 만일 예수 그리스도께서 지금 재림하신다면 과연 우리는 어디에 속하게 될까? 한번 생각 해보자. 아래의 표는 성경을 참고로 하여 만든 것이다. 과연 나는 지금 어디에 속하는가?

3. 세 개의 영광(왕국)과 지옥(음부)의 비교 및 요약
(Comparison and Summary of the Three Glories and Hell)

구별	해의 영광	달의 영광	별의 영광	지옥(음부)
법	복음의 율법	세상의 법	죄의 법	사탄의 법
행위	의로운 행동	존경 받을 행동	악하나 양심이 있는 행동	무자비하게 악한 행동
죄	용서함	보상함	보복함	전쟁, 파괴와 보복
감정	분내지 않음	살인 않음	살인이 발생함	살인을 일삼음
도덕성	탐욕 없음	간음 않음	쾌락을 즐김	음탕, 퇴폐와 배신 그리고 분노를 즐김
정직성	완전 정직	정직을 애써 지킴	정직하지 않음	완전한 부정직과 속임
사랑	원수 사랑	친구 사랑	이기적 사랑	사랑 없이 오직 증오심

최후의 심판에 대비함
(Preparing for the Last Judgment)

　이제까지 우리는 심판에 대하여 알아보았다. 과연 우리는 위에서 언급된 왕국 중에 어디에 속하게 될 것인가? 알고 보면 사실상 하루하루가 심판의 날이다. 우리가 매일 하게 되는 행동과 생각이 해의 율법, 달의 율법, 그리고 별의 율법 중 어느 곳에 해당되는지 하늘과 땅에서 기록되고 있기 때문이다. 그것은 결국 우리가 가게 될 왕국을 결정하게 될 것이다. 이 얼마나 무서운 일인가? 우리에게 회개의 율법이 주어진 것은 참으로 다행한 일이다. 회개는 우리의 기록에서 우리가 행한 죄를 새하얗게 지울 수 있기 때문이다. 만약 우리가 잘못한 것이 있다면 회개를 통해 하늘과 땅에서 씌어지는 우리의 기록이 온전한 것이 되도록 해야겠다. 어떤 때는 이 모든 것이 마음을 무겁게 하기 때문에 복음을 모르고 사는 것이 더 행복할 것이라 생각될 수도 있다. 그래서 때로 우리는 '알고도 하지 않는 것은 큰 죄이니 차라리 하나님의 뜻을 모르는 것이 좋지 않을까' 하고 생각한다. 그러나 그건 틀린 생각이다. 심판은, 신앙이 있는 사람이든 없는 사람이든 이에 상관 없이 지상을 사는 모든 사람에게 임하게 되는 미래의 일이기 때문이다. 우리가 복음을 몰랐다고 해서 우리에게 죄가 없는 것은 아니다. 누가복음 12장 47절과 48절에는 알고도 회개하지 않았거나 몰라서 회개할 수 없었던 사람들에 대해 기록되어 있는데 이는 다음과 같다.

"주인의 뜻을 알고도 준비하지 아니하고 그 뜻대로 행하지 아니한 종은 많이 맞을 것이요 (47절),"

"알지 못하고 맞을 일을 행한 종은 적게 맞으리라 무릇 많이 받은 자에게는 많이 요구할 것이요 많이 맡은 자에게는 많이 달라 할 것이니라 (48절)."

위에서 누가가 말했듯이 모르는 자는 단지 적게 맞을 뿐이다. 우리가 심판의 날에 맞는 종이 아니라 하나님의 사랑하는 자녀가 되기 위해서는 하나님 아버지에 대한 지식을 가져야 한다. 아버지에 대한 지식으로 신앙을 갖고 가르침대로 행하며 회개를 통해 깨끗하게 된다면 우리는 아버지께서 계획하신 대로 영원한 행복 속에 거할 수 있을 것이다. 우리가 그렇게 한다면 심판의 날 예수 그리스도께서 우리에게 다음과 같이 말씀하실 것이기 때문이다.

"왕이 그의 오른편에 있는 사람들에게 말하기를 오라, 내 아버지의 복을 받은 자들아, 세상의 기초가 놓인 이래로 너희를 위하여 준비한 그 왕국을 이어받으라." (마태복음 25:34)

The Greatest Plan

종막

(終幕, Denouement)

이제 시간 속으로의 여행을 마치고 우리는 무사히 본래 있던 자리로 돌아왔다.

그 동안 우리는 함께 타임머신을 타고 우리의 과거, 현재, 미래의 세계를 여행하였다. 그 속에서 우리는 우리가 어디서 왔고, 왜 이곳에서 살고 있으며, 죽은 후에는 어떻게 될 것인지에 대해 알게 되었다. 또한 과거에 나의 신분은 어떠했는지, 미래의 나에게 주어질 축복이 얼마나 위대할 것인지에 대해서도 알게 되었다. 이제 잠시 시간을 멈추고 맑은 하늘을 올려다 보자. 그리고 각자 자신의 내면의 세계로 여행을 떠나보자. 그곳에서 우리는 지금까지 어떻게 살아왔고, 어떻게 살고 있으며, 앞으로 어떻게 살게 될 것인지에 대해 생각해보자. 만약 내가 하나님께서 보시기에 합당한 자녀로 살아왔다면 겸손하게 예수 그리스도의 재림 때까지 '신앙의 막대기'를 붙잡고 끝까지 견뎌야 하겠다. 그러나 만약 내가 그렇게 하지 못하였다 해도 실망하거나 포기할 필요는 없다. 그것을 깨닫게 되는 순간 즉시 회개를 함으로써 하나님께로 돌아선다면 그 때도 늦은 건 아니기 때문이다. 우리의 노력 여하에 따라 때로는 나중에 된 자가 먼저 될 수도 있다.

"그러나 먼저 된 자로서 나중 되고 나중 된 자로서 먼저 될 자가 많으니라." (마가복음 10:31)

지금 우리 모두는 하나님께서 마련해주신 그분의 '위대한 계획'의 무대 위에 서 있다. 그 무대 위에는 하나님께서 우리와 함께 계시며, 또한 사탄도 우리를 유혹하기 위해 함께 서 있다. 우리가 무대 위에서 무엇을 행하며 어느 편으로 가게 될지는 전적으로 우리의 자유의지에 달려있다. 우리는 하나님의 편에 서서 선을 행할 수도 있으며, 사탄의 편에 가서 악을 행할 수도 있다. 우리가 하나님의 편에 서서 선을 행한다면 하나님께서는 우리가 발전하도록 도우셔서 우리로 그분의 상속자가 되게 하실 것이다. 그러나 우리가 하나님의 충고를 따르지 않고 사탄을 더 사랑하여 악을 행한다면 사탄은 우리의 목에 올무를 걸 것이다. 그리하여 어둡고 더러운 그의 처소로 우리를 끌고 가 끝없는 고통과 비참함 속에 우리를 가둘 것이다.

"지상에서의 시간은 심판의 시간이 아니다. 지상에서의 시간은 발전을 위해 주어진 시간이다."

그러므로 우리는 과거에 우리가 저지른 잘못으로 인해 너무 절망할 필요가 없다. 우리가 발전하는 과정에서 저지르게 되는 죄를 대속하시고자 예수 그리스도께서 오셨기 때문이다. 지금 우리에게 중요한 것은 더 늦기 전에 우리의 발걸음을 하나님께로 돌리는 것이다. 하나님께로 가서 회개로써 새롭게 태어나 '모든 것을 참으며, 모든 것을 견디며, 온유하며, 시기하지 아니하며, 자랑하지 아니하며, 교만하지 아니하며, 무례히 행하지 아니하며, 성내지 아니하며, 악한 것을 생각지 아니하며, 불의를 기뻐하지 아니하며, 진리와 함께 기뻐하는 사람이 되도록' 노력해야겠다(고린도전서 13:4~7). 우리가 그렇게 되도록 노력해야 하는 이유는 우리가 거하게 되는 하늘나라의 율법이 그러하기 때문이다. 시기하고 악한 것을 사랑하는 자로서 하늘나라의 율법을 지키며 하나님과 함께 살아야 하는 것은 차라리 지옥에서 악마와 함께 사는 것보다 더 괴로운 것이 될 것이다.

이제 이 글을 끝내면서 마지막으로 우리 조상이 사랑하던 글귀 하나를 여러분과 함께 나누고자 한다. 혹독한 겨울이 가고 춘분을 맞아 봄이 시작되는 시기가 오면 우리 선조들은 매해 새로운 각오를 한지에 써서 대문이나 집 기둥 등 눈에 잘 보이는 곳에 붙여 놓았다. 그리고 남녀노소 누구나 그 글귀를 보고 길흉화복(吉凶禍福)에 대해 기원하게 했는데 그 중 하나는 다음과 같다. "積善當前無限樂, 長春花下有餘香 (적선당전무한락, 장춘화하유여향),"

"선을 쌓은 문 앞에 즐거움이 끝 없고, 긴 봄 꽃 아래에는 향기가 넉넉하다"

하나님을 알지 못해 그분의 뜻을 알 수 없었던 우리 선조들의 지혜가 어찌 이렇게 위대할 수 있는지! 우리 선조들의 말대로 우리가 늘 선하게 행동한다면 그 즐거움에는 끝이 없게 될 것이다. 우리의 선한 행동이 심판의 마지막 날에 꽃 향기 넉넉한 하나님의 왕국으로 우리를 이끌 것이기 때문이다. 나는 이 글을 읽는 우리 모두가 하나님의 왕국에서 그분의 후사가 되어 다시 만나기를 간절히 바란다. 다시 만나 봄의 넉넉한 꽃 향기에 취해 서로 한가로이 정담을 나누었으면 한다.

이제 여행을 마치면서 나는 독자 여러분에게 작별을 고하기 전에 나의 마지막 간증을 나누고 싶다. 다음은 나의 간증을 적은 것이다.

이 세상에서 삶이 끝나면 사람은 모두 죽게 됩니다. 그러나 그 죽음이 삶의 끝은 아닙니다. 죽음은 한 과정일 뿐, 죽은 후에도 사람은 계속 존재하게 됩니다. 이생의 행위에 따라 죽은 후의 삶이 영원한 슬픔이 될지, 영원한 기쁨이 될지 결정될 것입니다.

"사람은 반드시 죽어야 할 운명을 갖고 태어났으나, 영생(하나님 왕국에서 영원히 삶)을 위해 또 다시 새롭게 태어납니다."

우리가 영생을 위해 다시 태어날 수 있는 길은 요한복음 17장 3절에서 사도 요한이 말했던 것처럼 하는 것입니다.

"영생은 곧 유일하신 참 하나님과 그를 보내신 자 예수 그리스도를 아는 것이다."

그렇습니다. 하나님 아버지와 그의 아들 예수 그리스도를 알고, 성신의 음성에 귀를 기울이며, 그분들의 말씀을 따를 때, 우리는 영생의 상속자로서 다시 태어날 수 있습니다. 사람에게 두 번의 기회란 없습니다. 사탄을 따르는 무리가 전세에서 있었던 한번의 선택으로 영원한 악마가 되었듯이, 이 지상 생활이 끝날 때 우리의 영원한 운명도 결정됩니다. 나는 이 글을 읽는 우리 모두가 흠이 없는 '하나님의 자녀'가 되어 하나님과 함께 하나님의 왕궁에서 영원한 기쁨을 누리길 바랍니다. 이것이 나의 간증입니다. 아멘.